I0820763

clave

Thupten Jinpa, además de ser monje, tiene un doctorado de la Universidad de Cambridge y ha sido el principal traductor al inglés del Dalai Lama por casi treinta años. Es profesor adjunto de filosofía tibetana budista en McGill University, y presidente del Mind and Life Institute, dedicado a promover diálogos y colaboraciones entre las ciencias y el conocimiento contemplativo, especialmente el budismo. Vive en Montreal con su esposa y sus hijas.

Anatomía del corazón

Compasión budista para transformar tu vida

THUPTEN JINPA

DEBOLS!LLO

El papel utilizado para la impresión de este libro ha sido fabricado a partir de madera procedente de bosques y plantaciones gestionadas con los más altos estándares ambientales, garantizando una explotación de los recursos sostenible con el medio ambiente y beneficiosa para las personas

Anatomía del corazón
Compasión budista para transformar tu vida

Título original: *A Fearless Heart. How the Courage to Be Compassionate Can Transform Our Lives*

Primera edición en Debolsillo: octubre, 2025

Diseño de portada: Penguin Random House / Karina Torres
Fotografía de portada: © iStock
Fotografía del autor: © Sonam Zoksang

ISBN: 978-607-386-457-2

Impreso en México – *Printed in Mexico*

A mis difuntos padres, quienes a pesar de las dificultades vividas como refugiados tibetanos en India, me inculcaron fe en la bondad esencial del ser humano.

ÍNDICE

Introducción 15

PRIMERA PARTE
Por qué es importante la compasión

1. EL SECRETO MEJOR GUARDADO DE LA FELICIDAD: LA COMPASIÓN 37

Nacidos para conectar 39

Yo soy el otro 42

Adónde nos conduce la investigación 44

Los beneficios de la compasión 46

Recibir bondad 47

El placer de ayudar 49

Más compasión, más sentido 51

Más compasión, menos estrés 52

La cura para la soledad 54

La bondad es contagiosa 56

Aguantar con paciencia 58

2. LA CLAVE DE LA AUTOACEPTACIÓN: TENER COMPASIÓN POR UNO MISMO 63

Qué no es la compasión por uno mismo 64

El alto costo de la baja compasión por uno mismo 73

Los beneficios de la compasión por uno mismo 77

Renovar nuestros recursos 77

Fijar metas realistas 77

Aprender de nuestra propia experiencia 78

Sentirnos menos solos 78

"Sé bondadoso y sé feliz" 78

Todo regresa a la conexión 81

3. DEL TEMOR A LA VALENTÍA: VENCER NUESTRAS RESISTENCIAS 85

La valentía de la compasión 85

Miedo a la compasión 92

Orgullo: la falsa protección 96

Una cultura de bondad 97

Soltar nuestra resistencia 98

Ejercitar nuestro músculo de compasión: cultivo de la compasión en la Universidad de Stanford 101

SEGUNDA PARTE
Entrenar la mente y el corazón

4. DE LA COMPASIÓN A LA ACCIÓN: CONVERTIR LA INTENCIÓN EN MOTIVACIÓN 107

Los Cuatro Inconmensurables 108

Establecer la intención consciente 111

Ejercicio: Establecer una intención 113

Dedicar nuestra experiencia 115

Ejercicio: Hacer una dedicación 115

Los beneficios de la intención y la dedicación 117

Cómo la intención se convierte en motivación 122

5. ABRIRLE PASO A LA COMPASIÓN: CÓMO LA CONCIENCIA ENFOCADA NOS MANTIENE EN RUTA 127

Divagación mental: ¿un estado del cerebro por omisión? 128

Silenciar la mente 131
Ejercicio: Respiración profunda 133
Ejercicio: Mente espaciosa 136
Centrar la mente 137
Ejercicio: Atención centrada por medio de la respiración consciente 138
Ejercicio: Atención centrada utiizando una imagen 142
Fortalecer la metaconciencia 145
Ejercicio: Metaconciencia 146

6. LIBERARTE: ESCAPAR DE LA PRISIÓN DE PENSAR DEMASIADO EN UNO MISMO 151
Abrir tu corazón en lo cotidiano 153
Abrir tu corazón por medio del amor benevolente y la meditación compasiva 158
Ejercicio: Meditación de amor benevolente 160
Ejercicio: Meditación de compasión 162
Una práctica silenciosa con resultados poderosos 163
Hay algo más en el amor benevolente y la compasión que sólo deseos 167
Y todo vuelve a la conexión 170

7. "QUE SEA FELIZ": CUIDAR DE NOSOTROS MISMOS 173
Compasión por uno mismo y estilos de apego 174
Aprender a estar con nuestro sufrimiento 175
Cultivar el perdón a uno mismo 179
Ejercicio: Perdonarnos 182
Aceptación de uno mismo 183
Ejercicio: Aceptarnos a nosotros mismos 185
Bondad hacia uno mismo 186
Ejercicio: Bondad hacia uno mismo 187
Mostrar amor benevolente hacia nosotros mismos 190
Reavivar nuestra fuente interior 192

8. “EXACTAMENTE COMO YO”: EXPANDIR NUESTRO CÍRCULO DE AFECTO 195

El poder de la similitud compartida 198

Aceptar nuestra humanidad compartida 201

Ejercicio: Aceptar la humanidad compartida 202

Cultivar el aprecio por los demás 206

Ejercicio: Apreciar a los demás 208

Expandir nuestro círculo de afecto 209

Ejercicio: Expandir nuestro círculo de afecto 210

Preparar nuestro corazón para una compasión más activa 213

Ejercicio: Preparar nuestro corazón (Tonglen) 217

TERCERA PARTE
Una nueva manera de ser

9. MAYOR BIENESTAR: LA COMPASIÓN NOS VUELVE FUERTES Y SALUDABLES 223

Entrenamiento de la compasión para el bienestar psicológico 225

Una mente compasiva es una mente resiliente 228

Entrenamiento de la compasión y regulación emocional 233

Una base para nuestra ética personal 235

10. MÁS VALENTÍA, MENOS ESTRÉS, MAYOR LIBERTAD: HACER DE LA COMPASIÓN NUESTRA POSTURA BASE 241

La compasión en la vida diaria 244

Una teoría de la transformación personal 245

Ver, sentir y actuar 248

Un cambio perceptual puede transformar la manera en que nos sentimos 252

Un modo de ser en el mundo 254

De un sentimiento a nuestra manera propia de ser 257

11. EL PODER DE UNO SOLO: EL CAMINO A UN MUNDO MÁS COMPASIVO 259

La compasión en nuestros sistemas de salud 260

Replantear cómo educamos a nuestros hijos 263

Cuidado laboral, economía del cuidado 268

"*Una compañía diferente*" 272

Hacia una sociedad más justa y compasiva 275

Notas 281

Agradecimientos 301

INTRODUCCIÓN

Nada es más poderoso que la idea a la que le ha llegado su tiempo.

VICTOR HUGO

Recuerdo caminar emocionado junto a Su Santidad el Dalai Lama, tomado de su mano e intentando seguirle el paso. Debo haber tenido unos seis años cuando visitó la Residencia para Niños Tibetanos del Castillo de Stirling en Shimla, al norte de India; yo era uno de los más de doscientos hijos de refugiados tibetanos que residían ahí. Este hogar fue establecido por la organización caritativa británica Save the Children en 1962 en dos edificios coloniales en una pequeña colina. Los niños habíamos estado ocupados preparándonos para la visita, ensayando canciones tibetanas de bienvenida mientras los mayores barrían el camino y lo decoraban con símbolos tibetanos hechos de cal: lotos, nudos infinitos, vasijas, dos peces dorados (cara a cara), las ruedas de ocho radios del dharma, el emblema de la victoria, un parasol y una concha. El día en que el Dalai Lama llegó, había muchos policías indios alrededor de la escuela; recuerdo que jugaba canicas con algunos de ellos mientras esperábamos. Cuando finalmente llegó el momento, fue mágico. Un espeso humo se levantó del incensario construido especialmente para la ocasión. Vestidos con nuestros más coloridos atuendos y sosteniendo en las manos las *katas* — tradicionales estolas blancas tibetanas de saludo—, cantábamos a todo pulmón a ambos lados del sendero que llegaba hasta nuestra escuela.

Yo había sido seleccionado como uno de los estudiantes que caminarían al lado del Dalai Lama durante su recorrido por la escuela. Mientras lo hacíamos, le pregunté si yo podría convertirme en monje, a lo que replicó: "Estudia con entusiasmo y puedes convertirte en monje en el momento en que lo desees." En retrospectiva, pienso que la única razón por la que la idea de convertirme en monje me resultaba atractiva tan temprano era porque había dos maestros monjes en el internado. De todos los adultos ahí, eran los más amables y parecían los más cultos; siempre se veían contentos y en paz, incluso radiantes por momentos. Y lo más importante para nosotros como niños, ellos contaban las historias más interesantes.

Así que en la primera oportunidad que tuve, a la edad de once años —resultó ser el día del Año Nuevo tibetano (hacia finales de febrero, en esa ocasión)— me convertí en monje y me uní a un monasterio a pesar de las protestas de mi padre: él estaba contrariado pues creía que yo evadía la oportunidad de convertirme en el proveedor de la familia. Muchos padres de esa generación consideraban que los hijos debían ir a la escuela y trabajar en una oficina. Casi una década después yo vivía, trabajaba, meditaba, cantaba y pertenecía a la pequeña comunidad del monasterio de Dzongkar Choede. Fue ahí, en las siempre verdes colinas de Dharamsala, al norte de India, que aprendí los rudimentos del inglés con algunos *hippies* buscadores de iluminación.

Hice amistad con John y Lars. John no era un *hippie*: era un estadounidense medio ermitaño que vivía solo en un lindo búngalo rentado cerca de la cabaña de meditación de un reverenciado maestro tibetano. Me reunía con él una o dos veces por semana; platicábamos y leíamos un texto tibetano que era a su vez la traducción de un clásico budista indio del siglo VIII. Fue gracias a John que conocí los *hot cakes* y el jamón.

Lars era danés y vivía muy cerca del monasterio; lo visitaba con frecuencia para conversar y comer pan tostado con mermelada.

En la primavera de 1972 el monasterio se mudó al caluroso sur de India, donde había iniciado un programa de reubicación de los tibetanos. Ahí, tal como los demás monjes del monasterio, a la edad de trece años me uní a la fuerza de trabajo del programa de reasentamiento despejando bosques, cavando zanjas y ocupándome de los campos de maíz. Durante los primeros dos años, mientras se preparaba el asentamiento, se nos pagaban diariamente 0.75 rupias, unos 1.5 centavos de dólar.

Había muy poca educación formal en Dzongkar Choede; tampoco es costumbre entre los jóvenes monjes asistir a una escuela secular. Para la época en que nuestra comunidad se mudó al sur de India, yo había finalmente memorizado todos los textos litúrgicos requeridos. Las labores en el asentamiento terminaban a las cuatro de la tarde, por lo que decidí usar mi tiempo libre para reforzar mi inglés. Sin embargo, sin oportunidades para practicar la conversación en este idioma, me conformaba con la lectura de cómics. Un día conseguí un radio de transistores usado y a partir de entonces escuchaba todos los días la BBC World Service y Voice of America (VOA), de Estados Unidos. En aquellos días, VOA tenía un programa único "transmitido en inglés especial", donde el locutor hablaba muy lentamente y repetía dos veces cada oración; esto me fue inmensamente útil, ya que en ese tiempo mi conocimiento del idioma era muy rudimentario.

Era motivo de orgullo ser el único muchacho del monasterio que podía hablar y leer inglés, aunque fuera de modo muy elemental en un principio, y una manera de distinguirme de los demás. Allí estaba un mundo —figurativa y literalmente, todo el mundo más allá de la comunidad de refugiados, más allá del monasterio— al que de toda la comunidad monástica únicamente yo tenía acceso. Por medio del inglés aprendí a leer el globo terráqueo y los países de los que hablaban en las noticias cobraron vida: Inglaterra, Estados Unidos, Rusia y por supuesto nuestro amado Tíbet, sometido trágicamente a la China comunista.

Alrededor de 1976, cuando yo tenía diecisiete o dieciocho años, conocí a una mujer sobresaliente que cambió mi karma con el inglés. La doctora Valentina Stache-Rosen era una indóloga alemana especializada en textos del sánscrito y chinos que vivía en Bangalore (donde su esposo dirigía el Instituto Max Muller), y se interesó en mi progreso con el inglés. Me introdujo a la literatura occidental y me enviaba libros —Herman Hesse y Agatha Christie, *Red Star over China* (La estrella roja sobre China), de Edgar Snow, y, lo mejor de todo, un enorme diccionario de inglés con muchos ejemplos del uso de las palabras en distintas oraciones. También aprendí, en casa de la doctora, a usar el tenedor y el cuchillo por primera vez. Mantuvimos correspondencia hasta su muerte en 1980. Sin su generosidad, no puedo imaginar cómo habría podido mejorar en nada mi inglés; ni siquiera hacia dónde me habría llevado la vida, en todo caso.

También leí *El Buda*, de Trevor Ling, un retrato, en inglés, de la vida y enseñanzas del Buda como revolucionario, filósofo y maestro espiritual. En este libro en particular, el poder evocativo de la lengua inglesa me impresionó profundamente. Encontré en ella una vivacidad e inmediatez que nunca había sentido con la lengua tibetana escrita; era como escuchar a alguien hablar. (La distancia entre el tibetano escrito y hablado es enorme.)

Por esa época conocí a un maestro tibetano que más tarde se convertiría en una de las influencias más importantes de mi educación budista clásica. Famoso por su erudición y su poesía, Zemey Rinpoche era la persona más gentil que yo había conocido. Vivía parcialmente retirado y dedicado a la reflexión meditativa en un asentamiento tibetano a una hora en autobús de mi monasterio. El nombre de Rinpoche me era ya familiar por los múltiples libros de texto que había publicado en tibetano; conocerlo en persona y hablar con él me devolvió aquel entusiasmo por aprender que originalmente me inspiró para convertirme en monje. Desde nuestro primer encuentro, Rinpoche advirtió mi incansable intelecto y se convirtió en mi mentor. Así pues, en el verano de 1978 dejé mi pequeño monasterio para unirme a Ganden, un gran monasterio académico en otra parte del sur de India, a unas diez o doce horas en autobús.

En 1985, mientras visitaba Dharamsala, en el norte de India, veinte años después de aquella caminata apresurada de la mano de su Santidad, tuve el maravilloso aunque accidental honor de ser solicitado como intérprete en una serie de conferencias del Dalai Lama, debido a que el traductor designado no pudo presentarse el primer día. Tras algunos días de conferencias, la oficina del Dalai Lama me comunicó que Su Santidad deseaba verme. A la hora estipulada, el secretario me hizo pasar a la sala de audiencias en el complejo de oficinas del Dalai Lama, un sencillo búngalo de estilo colonial construido con piedra y madera y con un techo de lámina acanalada verde. Al entrar, Su Santidad dijo: "Te conozco. Eres un gran polemista del monasterio Ganden. Pero no sabía que hablabas inglés". Algunos occidentales que habían escuchado mi interpretación le habían dicho al Dalai Lama que mi inglés era fácil de escuchar. Su Santidad me preguntó si yo podría estar disponible cuando él necesitara un intérprete, especialmente durante los viajes. Mis ojos se llenaron de lágrimas: nunca, ni siquiera en sueños, imaginé que un día tendría el honor de servir al Dalai Lama de manera tan cercana. No es necesario decir que respondí que sería el más grande de los honores.

Para un tibetano que creció como refugiado en India, servir al Dalai Lama —tan reverenciado por los tibetanos— es también una manera de honrar los sacrificios que nuestros padres tuvieron que hacer en los primeros años del exilio.

Así que empecé a acompañar al Dalai Lama en sus viajes internacionales, trabajando como intérprete en las conferencias para público de habla inglesa, reuniones con colegas del campo multidisciplinario de los estudios contemplativos, incluidas importantes reuniones científicas como los Diálogos de Mente y Vida (*Mind and Life Dialogues*)[1] y asistiéndolo en proyectos literarios. De tal modo que he sido el traductor oficial del Dalai Lama al inglés desde 1985, sirviendo a esta destacada voz de compasión por casi tres décadas.

Desde un principio, Su Santidad me aclaró que yo no sería parte de su equipo permanente de trabajo; decía que eso sería un desperdicio de mi educación monástica y de mi talento. Me aconsejó, en cambio, que me concentrara en mis estudios y buscara una vida independiente dedicada a la academia. Eso fue verdaderamente compasivo.

Al paso del tiempo me di cuenta de que mi destino podía encontrarse en servir como un medio para dar a conocer mi propia tradición budista tibetana clásica al mundo contemporáneo. Quizá el extraño entorno de mi juventud —crecer en un monasterio, con la fascinación que me provocaba el idioma inglés y todo lo occidental— me había preparado para este papel. En ese entonces no había mucha gente entrenada en la tradición budista clásica que además supiera inglés. En la medida en que perfeccionaba mi inglés, se me fue haciendo claro que tal vez yo tenía un papel especial que cumplir como la interfaz entre las dos culturas que amaba.

La motivación para cumplir con este destino de modo más eficaz me llevó a la Universidad de Cambridge, en Inglaterra; inicié entonces una nueva fase en mi vida. Gracias a la amabilidad de mucha gente, tuve la fortuna de poder dedicar mi vida profesional a ser ese enlace de intercambio cultural, ya fuera sirviendo como intérprete al Dalai Lama o traduciendo textos tibetanos claves al inglés. Mis experiencias han confirmado aquella intuición temprana de que mucho bien provendría del encuentro entre la tradición budista tibetana clásica y la cultura y el pensamiento contemporáneos, incluida la ciencia. Este libro es parte de ese trabajo mayor de interpretación intercultural.

He estado interesado en la compasión durante toda mi vida. En mi infancia recibí la compasión de los demás. Gracias a las aportaciones de miles de ciudadanos británicos comunes a Save the Children, más de mil niños tibetanos como yo contaron con un hogar seguro en el cual crecer a inicios de la década de 1960, mientras nuestros padres batallaban como refugiados en una tierra donde nadie hablaba su idioma o conocía sus costumbres. Gracias a individuos como la doctora Valentina Stache-Rosen y Zemey Rinpoche pude encontrar un propósito en medio de las complicaciones de mi muy poco ortodoxa educación. En mi vida profesional, al servir al Dalai Lama de manera tan cercana he tenido el privilegio de ser testigo, de primera mano, de lo que significa vivir una vida con convicción absoluta en la compasión como una cualidad humana definitoria.

Hoy soy esposo y soy padre de dos chicas adolescentes. Vivo en una ciudad de América del Norte y tengo una vida muy diferente a aquella que alguna vez viví en un monasterio tibetano en India. Lucho diariamente, como la mayoría de las personas, con las dificultades típicas de esta acelerada vida moderna: encontrar el equilibrio entre el trabajo, la familia, las relaciones, la economía doméstica y mantener la cordura, un sentido de proporción y optimismo esencial. Notoriamente, es en la enseñanza de mi propia tradición budista tibetana donde encuentro muchas de las herramientas que me ayudan a navegar a través de los retos de la vida cotidiana en el mundo contemporáneo. Espero poder compartir algo de eso en este libro.

¿Qué es la compasión? La mayoría de nosotros valoramos la compasión y estamos de acuerdo en que es importante tanto en nuestras vidas como en general en la sociedad; innegablemente, es parte de nuestra experiencia cotidiana de ser humanos. Amamos y cuidamos a nuestros niños; frente al dolor ajeno instintivamente sentimos empatía y cuando alguien nos pide ayuda nos sentimos conmovidos. Los más aceptamos que la compasión está relacionada de alguna manera con llevar una buena vida, así que no es una pequeña coincidencia que se haya convertido en la base común de las enseñanzas éticas de todas las grandes tradiciones religiosas y humanísticas; incluso en el polémico campo de la política, la compasión es un valor que ambos lados del espectro reclaman para sí ávidamente.

A pesar de la extensa experiencia y las creencias que compartimos sobre la compasión, fracasamos en darle un papel central en nuestras vidas y en nuestra sociedad. En la cultura contemporánea tendemos a mantener una relación más bien confusa con valores como la amabilidad y la compasión. En el Occidente secular carecemos de un marco estructural cultural coherente que nos permita articular qué es la compasión y cómo funciona. Para algunos es una cuestión de religión y moral, un asunto privado e individual, con poca o ninguna relevancia social. Otros cuestionan incluso que sea posible el altruismo entre los seres humanos, y sospechan de sentimientos como la compasión, que para algunos significa que el bienestar ajeno es prioritario. Un reconocido científico afirmó una vez: "Raspa a un altruista y mira cómo sangra un hipócrita".[2] En el otro extremo, algunas personas elevan estas cualidades a alturas tales que quedan fuera del alcance de la mayoría de nosotros, accesibles tan sólo para individuos excepcionales como la Madre Teresa, Nelson Mandela o el Dalai Lama. La compasión entonces se convierte en algo para admirar a la distancia, en seres grandiosos, pero no es relevante para nuestra vida cotidiana.

A grandes rasgos, la compasión es *un sentido de preocupación y cuidado que surge cuando nos vemos enfrentados al sufrimiento de otros y nos sentimos motivados a paliar ese sufrimiento.* La palabra *compasión* tiene su raíz en el latín y literalmente significa "sufrir con". Según Karen Armstrong,[3] historiadora de las religiones, la palabra *compasión* en lenguas semíticas —*rahama-nut* en hebreo y *rahman* en árabe— está relacionada etimológicamente con la palabra para designar la matriz, evocando así el amor de la madre por el hijo como una expresión arquetípica de nuestra compasión. En su núcleo, la compasión es una respuesta a la inevitable realidad de nuestra condición humana, nuestra experiencia del dolor y la pena.

La compasión ofrece la posibilidad de responder al sufrimiento con comprensión, paciencia y amabilidad más que con, digamos, miedo y repulsión. De esta manera, la compasión nos permite abrirnos a la realidad del sufrimiento y buscar su alivio. La compasión es lo que conecta nuestro sentido de la empatía con actos de bondad, generosidad y otras expresiones de nuestras tendencias altruistas.

Cuando la compasión surge en nosotros frente a la necesidad o el sufrimiento, tres cosas suceden casi instantáneamente: percibimos el sufrimiento o la necesidad del otro; nos conectamos emocionalmente a esa necesidad o sufrimiento; y respondemos instintivamente al desear alivio para esa situación. La compasión puede conducir a la acción; es una disposición inmediata para ayudar o querer hacer algo en cuanto a la situación de alguien más. Hoy en día los científicos empiezan a rastrear las bases neurobiológicas de la compasión y a explorar sus profundas raíces evolutivas.[4]

Como sociedad, hemos ignorado largamente el papel fundamental que nuestro instinto de compasión juega en la definición de nuestra naturaleza y comportamiento. Hemos aceptado la noción popular que busca explicar nuestro comportamiento por medio de la competencia y el interés egoísta; esa es la historia que nos hemos estado contando.

El problema con una historia así es que tiende a verificarse. Cuando nuestra narrativa dice que en el fondo somos egoístas y criaturas agresivas, asumimos que *de verdad* cada quien ve para sí mismo. En este panorama de "todos contra todos" es lógico que veamos a los demás como fuente de rivalidad y antagonismo. Así pues, nos relacionamos con aprensión, miedo y sospecha en lugar de hacerlo con camaradería y un sentido de conexión con el otro. En contraste, si nuestra narrativa dice que somos criaturas sociales dotadas de instintos de compasión y generosidad, y que como seres profundamente interconectados, nuestro bienestar se entreteje, entonces cambia nuestro punto de vista sobre el mundo, y por tanto, nuestro comportamiento. Así pues, las historias que nos contamos sobre nosotros mismos importan, y mucho.

¿Por qué la compasión, ahora?

Hoy en día distintas fuerzas convergen para indicar que el momento de la compasión ha llegado. A medida que nuestro mundo se hace pequeño —con la población en rápido aumento frente a recursos naturales limitados, problemas ambientales que nos afectan a todos, y el encuentro de personas, culturas y religiones gracias a la tecnología, los cambios demográficos y la economía global— nos vemos urgidos a asumir un espíritu de coexistencia y cooperación. De verdad estamos juntos en esto. Esta realidad de la unidad del género humano es de lo que se trata la compasión. Si, por ejemplo, los creyentes del mundo reafirmaran colectivamente la compasión como el fundamento de sus enseñanzas, habría una robusta base común a partir de la cual millones de personas podrían acercarse unas a otras y respetarse.[5] En una serie de conmovedores diálogos con el Dalai Lama, Paul Ekman, destacado científico de las emociones, establece con fuerza que lo que él llama "compasión global"[6] es el reto más importante de nuestro tiempo. Si nosotros como individuos y juntos como sociedad global podemos asumir seriamente la parte compasiva de nuestra naturaleza, tendremos una verdadera oportunidad de hacer de este mundo un lugar más humano.

Descubrimientos en diversos campos —estudios en primates, psicología del desarrollo infantil, neurociencia, nueva economía— muestran que no somos únicamente criaturas competitivas y egoístas, sino afectuosas y cooperativas también. Esto nos brinda esperanza. Es más, gracias a las nuevas tecnologías de imágenes cerebrales[7] y el descubrimiento de la plasticidad cerebral —la manera en que nuestro cerebro se modifica físicamente en respuesta al ambiente y a las experiencias a lo largo de la vida— los investigadores han empezado a comprender qué tanto un entrenamiento mental consciente, como la meditación, afecta nuestro cerebro. Realizados por el neurocientífico Richard Davidson y otros investigadores, los estudios de imágenes cerebrales en personas que llevan largos años meditando han abierto nuevos caminos de exploración sobre los efectos de la meditación a nivel neuronal. Este desarrollo científico ha promovido un campo completamente nuevo llamado ciencia contemplativa, el cual estudia los efectos de las prácticas contemplativas, como la meditación, en la salud, el desarrollo cognitivo, la regulación de las emociones y mucho más. Al entrenar nuestra mente, nos dice este nuevo campo de la ciencia, literalmente podemos modificar nuestro cerebro.

Recuerdo que hace años, en uno de los Diálogos de Mente y Vida (*Mind and Life Dialogues*) en su residencia en India, el Dalai Lama lanzó un reto a los científicos allí presentes. "Ustedes, los científicos", dijo, "han realizado un trabajo extraordinario al trazar las patologías del cerebro humano. Pero han hecho una labor nula, o muy pequeña, en cuanto a cualidades positivas como la compasión, y no hablemos del potencial para su cultivo. Las tradiciones contemplativas, por otra parte, han desarrollado técnicas para entrenar la mente y estimular las cualidades positivas como la compasión. Así que, ¿por qué no usan ahora sus poderosas herramientas para estudiar los efectos de las prácticas contemplativas? En el momento en que tengamos un mayor entendimiento científico de los efectos de estas prácticas, podremos ofrecerlas al mundo no como prácticas espirituales, sino como técnicas para el bienestar mental y emocional."

Fueron proféticas aquellas palabras, tal como lo atestigua la historia de la conciencia plena. La conciencia plena en Occidente comenzó con las meditaciones budistas —en especial aquellas desarrolladas para laicos en Birmania a principios del siglo xx— que algunos budistas estadounidenses pioneros como Jack Kornfield y Joseph Goldstein llevaron a Estados Unidos en la década de 1970 tras pasar años en monasterios del sudeste asiático. La influencia del maestro indobirmano S. N. Goenka y el maestro zen Thich Nhat Hanh fue también clave para este movimiento. En 1979, Jon Kabat-Zinn abrió una clínica en la escuela de medicina de la Universidad de Massachusetts para personas que sufrían dolor crónico y utilizó una práctica de conciencia plena especialmente desarrollada para ese programa,[8] la que se conoció como MBSR por sus siglas en inglés (*mindfulness-based stress reduction*) y se refiere a la reducción del estrés por medio de la conciencia plena. A partir del éxito de su tratamiento, Kabat-Zinn escribió *Full Catastrophe Living* (*Vivir con plenitud las crisis*), obra que presentaba el programa y las prácticas con meditaciones guiadas en discos compactos. Para cuando su segundo libro, *Wherever You Go, There You Are* (*Mindfulness en la vida cotidiana. Dondequiera que vayas, ahí estás*) se publicó, el mundo clínico había puesto los ojos en la conciencia plena, probando su potencial terapéutico en todo tipo de problemas, incluso estrés, dolor crónico y déficit de atención.

En la última década, los apoyos otorgados por el Instituto Nacional de Salud (NIH, por sus siglas en inglés) a los estudios de aplicación de la conciencia plena se han incrementado exponencialmente hasta alcanzar las decenas de millones de dólares. La promoción explícita del Dalai Lama para adaptar las prácticas budistas de entrenamiento mental al mundo secular ha jugado un papel significativo en dar a conocer los beneficios de la conciencia plena. Hoy en día, la práctica de la conciencia plena puede encontrarse en la terapia, la capacitación para la administración y el liderazgo, en las escuelas y en los deportes de competencia. Frases como "crianza con conciencia plena", "liderazgo con conciencia plena", "escuelas con conciencia plena" y "manejo del estrés con conciencia plena" son ya de uso común. Y la búsqueda de "conciencia plena" en títulos de libros en Amazon arroja más de tres mil resultados.

El escenario está listo para que la compasión impacte al mundo de gran manera. Hay un creciente movimiento científico que busca redefinir el lugar que tiene la compasión en nuestro entendimiento de la naturaleza y el comportamiento humanos. Las terapias basadas en el entrenamiento de la compasión parecen prometedoras en cuanto a condiciones que van desde las fobias sociales hasta el excesivo juicio negativo hacia nosotros mismos; desde el estrés postraumático hasta los trastornos alimenticios. Los educadores exploran formas de incorporar la amabilidad y la compasión a las escuelas como parte del desarrollo ético, social y emocional de los niños. En este contexto, se me presentó la oportunidad de desarrollar un programa estandarizado para el entrenamiento secular de la compasión, conocido actualmente como Entrenamiento para Cultivar la Compasión (ECC).

Entrenamiento para Cultivar la Compasión en Stanford

La historia del ECC comenzó en el invierno de 2007 cuando conocí a Jim Doty, un neurocirujano de espíritu empresarial. Jim quería crear un foro para profesionales de todos los campos con el propósito de explorar científicamente el comportamiento altruista y sus motivaciones subyacentes, en especial la compasión. Me preguntó si estaba interesado, y claro que lo estaba. El resultado fue el Centro de Educación e Investigación de la Compasión y el Altruismo (CCARE, por sus siglas en inglés) en la Universidad de Stanford, el cual ha ayudado a ubicar adecuadamente el estudio de la compasión dentro de la ciencia establecida. Como académico invitado en Stanford, ayudé a desarrollar el entrenamiento para cultivar la compasión.

El ECC inició como un programa de ocho semanas, con una clase interactiva semanal de dos horas que abarcaba temas introductorios a la psicología y prácticas de meditación guiada para ayudar a desarrollar una mayor conciencia y comprensión de la dinámica de nuestros pensamientos, emociones y comportamiento. Los participantes hacen "tarea" entre clases: al principio meditaciones guiadas previamente grabadas de unos 15 minutos, que se incrementan hasta llegar a media hora. Además, llevan a cabo prácticas informales usando las posibilidades de la vida diaria para trabajar con la lección de una semana en particular.

Podrías preguntar: ¿qué tan efectivas pueden ser estas prácticas de meditación, extraídas de la tradición budista, una vez que las despojas de sus elementos religiosos? Mi punto de vista a este respecto es muy concreto. Como traductor profesional, he admirado por mucho tiempo lo que Ralph Waldo Emerson dijo sobre la traducibilidad entre idiomas. En un pasaje memorable de *Society and Solitude* (Sociedad y soledad), Emerson escribió: "Lo que es verdaderamente bueno de cualquier libro, es traducible: cualquier percepción o sentimiento humano".[9] Creo que este principio es verdadero no sólo para la traducción entre idiomas, sino para otras formas de comunicación que usamos para transmitir percepciones acerca de la condición humana. Si las prácticas budistas tradicionales de compasión nos mueven de maneras tan fundamentales que nos ayudan a cultivar y desarrollar nuestro mejor yo, es claro que estas técnicas tradicionales pueden ser traducidas a formas que todos comprendamos sin importar nuestra raza, religión o cultura. En otras palabras, las más profundas y mejores verdades son universales.

En un inicio se ofreció el ECC a los jóvenes de las licenciaturas de Stanford y al público en general que habitaba en las cercanías; posteriormente, gracias a esta primera experiencia, pulimos el programa. Por ejemplo, advertí que la primera versión del programa descansaba demasiado en la práctica de la meditación, lo cual no funcionaba tan bien para aquellos que no tuvieran un temperamento propenso al típico enfoque silencioso y reflexivo de la posición sentada. Ejercicios más activos o interactivos resultaron más efectivos para estas personas al evocar aquellos estados emocionales y mentales que buscábamos cultivar, así que incorporé técnicas no meditativas. Los ejercicios interactivos —dos personas involucrándose sin juzgarse, practicando la comprensión y la empatía, por ejemplo— y las discusiones en clase fueron especialmente útiles.

Para hacer más completo el entrenamiento busqué la ayuda de diversos colegas, especialmente tres maestras sobresalientes: Kelly McGonigal, una académica de Stanford y reconocida maestra de yoga y meditación; Margaret Cullen, terapeuta familiar y de pareja y entrenadora certificada de conciencia plena; y Erika Rosenberg, investigadora de las emociones y maestra de meditación. Estas tres colegas fueron las primeras maestras en ECC, y después se les unieron Monica Hanson y Leah Weiss. (Leah trabajaba también como directora de educación sobre la compasión en CCARE.) Fueron Kelly y Leah quienes, tras consultar con el equipo, diseñaron un programa completo de capacitación para maestros en ECC; a la fecha, más de cien instructores han sido capacitados formalmente para impartir este curso. A través de ellos, se ha ofrecido el ECC a un amplio rango de participantes: desde estudiantes de licenciatura en Stanford hasta público en general en Palo Alto y la bahía de San Francisco; desde redes de apoyo a pacientes con cáncer hasta veteranos en residencias para el tratamiento de estrés postraumático; desde un importante grupo privado de atención a la salud en San Diego hasta los ingenieros de Google y los estudiantes de la Escuela de Administración de Stanford. Comparto en este libro algunas de las historias vividas. Para aquellos interesados, en las notas finales ofrezco las fuentes que he utilizado, incluidos los estudios científicos citados en este libro.

Una vez el Dalai Lama dijo que ve un futuro en el que, tal como hoy en día aceptamos que una buena dieta y el ejercicio son claves para la salud física, el mundo reconocerá la importancia del cuidado y el entrenamiento de la mente para lograr salud mental y plenitud humana. Ese momento quizá no sea tan lejano.

Sobre este libro

Esto es lo que trato de decir: la compasión es fundamental para nuestra naturaleza básica como seres humanos. Conectarnos con nuestro lado compasivo, alimentarlo y relacionarnos con nosotros mismos, con los demás y con el mundo que nos rodea a partir de este punto es la clave para nuestra felicidad como individuos y nuestro bienestar como sociedad. Cada uno de nosotros puede dar pasos para hacer de la compasión una realidad central en nuestras propias vidas y en el mundo que compartimos. En la segunda parte de este libro mostraré cuáles son esos pasos.

El objetivo de este libro es simple *pero* ambicioso: redefinir la compasión como algo que todos podemos alcanzar, y reposicionarla en nuestras vidas y en la sociedad como algo que deseamos, no sólo que debemos hacer. Espero bajar la compasión del pedestal en que ha sido colocada como un ideal inalcanzable y convertirla en una fuerza activa en medio de la caótica realidad de la cotidianeidad humana. Al presentar un entrenamiento sistemático de nuestra mente y corazón, este libro traza el camino para hacer de la compasión nuestra posición básica, la base misma de una vida más feliz, menos estresante, más satisfactoria, y un mundo más estable y pacífico.

Es una de las paradojas de la compasión que nosotros mismos seamos sus mayores beneficiarios. Tal y como veremos en la primera parte, la compasión nos hace más felices; nos saca de nuestra manera ordinaria de pensar, llena de frustración, arrepentimiento y preocupación por nosotros mismos, y nos enfoca en algo mayor. Quizá contra toda lógica, la compasión nos vuelve más optimistas porque, aunque se enfoca en el sufrimiento, es un estado cargado de energía en el que nuestra preocupación se dirige, en última instancia, hacia el deseo positivo de terminar con el sufrimiento y la posibilidad de hacer algo al respecto. La compasión nos otorga un propósito más allá de nuestras mezquinas obsesiones habituales: aligera nuestros corazones y nos libera del estrés. Nos hace más pacientes y nos permite una mayor comprensión de nosotros mismos y de los demás. Le da a nuestras mentes una alternativa frente a la ira y otros estados reactivos, lo cual ha demostrado ser especialmente benéfico para los veteranos de guerra con estrés postraumático. Y la compasión nos permite sentirnos menos solos y menos temerosos. También, de manera sorprendente pero grata, nos atrae el beneficio de la bondad de los demás.

Una participante del ECC, una doctora de treinta y dos años de edad que trabajaba en una clínica, describía cómo la ayudó la compasión:

> A veces atiendo a treinta y cinco pacientes al día. Dejé de sentirme conectada con ellos; parecían haberse convertido en simples números. Me sentía totalmente agotada y abrumada. Pensaba incluso en renunciar a la medicina. Después del ECC y de iniciar la práctica de la compasión, las cosas empezaron a cambiar para mí. Yo cambié. Respiraba profundamente tres veces antes de entrar al cuarto de examinación y procuraba no traer conmigo, dentro de mi cabeza, a mi último paciente: de alguna manera podía poner atención únicamente a la persona que se encontraba en el cuarto conmigo. El sufrimiento del paciente que tenía

> frente a mí volvió a serme importante. Sobre todo me di cuenta de que podía darle a esa persona mis cuidados más allá de extenderle una receta médica. Mi día es aún muy ocupado y lleno de exigencias, pero me siento mucho menos estresada; es como si las cosas tuvieran sentido nuevamente y me siento más en equilibrio. Mi intención es continuar practicando la medicina y la compasión.[10]

Celebro el hecho de que, como humanos, nunca estamos completamente libres de los dictados de la compasión. Nacimos a merced del cuidado de alguien. Crecimos y alcanzamos la adultez porque alguien cuidó de nosotros. Incluso en nuestra mayor autonomía como adultos, la presencia o la ausencia del afecto de otros define poderosamente nuestra felicidad o nuestra miseria. Ésta es la naturaleza humana: somos vulnerables y eso es algo bueno. Un corazón valiente asume esta verdad fundamental de la condición humana. Podemos desarrollar el arrojo necesario para ver y tener mayor compasión hacia el mundo, para vivir con el corazón abierto al dolor —y la alegría— de ser humanos en este planeta. Como criaturas netamente sociales y morales, cada uno de nosotros ansía ser reconocido y valorado. Anhelamos ser importantes, especialmente en la vida de aquellos a quienes amamos. Deseamos creer que nuestra existencia sirve a un propósito. Somos criaturas "buscadoras de significado". Es por medio de la conexión con los demás, de ayudar a hacer una diferencia y llevar alegría a la vida de otros que podemos darle valor y sentido a nuestra existencia. Éste es el poder de la compasión.

PRIMERA PARTE

Por qué es importante la compasión

1
EL SECRETO MEJOR GUARDADO DE LA FELICIDAD

La compasión

¿Qué es aquello que, si lo posees, tienes todas las virtudes? La compasión.

ATRIBUIDO AL BUDA

¿Qué sabiduría más grande puedes encontrar que la bondad?

JEAN-JACQUES ROUSSEAU (1712-1778)

Mi madre murió cuando yo tenía nueve años. En ese entonces yo estaba en un internado para refugiados tibetanos en Shimla. Mis padres eran parte de un enorme grupo de refugiados —más de ochenta mil— que salieron del Tíbet después de que el Dalai Lama escapó a India en 1959. Muchos refugiados, incluidos mis padres, acabaron en campamentos de construcción de carreteras al norte de India. Después de que el Tíbet fuera anexado por la República Popular China, India necesitaba con urgencia defender una frontera internacional de más de tres mil kilómetros: de ahí la necesidad de nuevas carreteras. Los refugiados recién llegados del Tíbet eran la fuerza de trabajo perfecta para enfrentar el reto de construir caminos en zonas altas. Mis padres trabajaron en el tramo que iba de la pintoresca localidad de Shimla, un pueblo situado a casi dos mil metros de altitud, a la montañosa frontera con el Tíbet. A pesar de las dificultades físicas, de cambiar de campamento cada pocos meses según progresara la construcción, y de estar separados de sus hijos casi todo el tiempo, mis padres lograron crear en mí bellos recuerdos de infancia. Al recordar esos años aún me siento acogido y agradecido.

Más tarde descubrí que mi madre murió de una causa perfectamente prevenible. Cuando dio a luz a mi hermana en el campamento, sufrió una hemorragia que se complicó debido al polvo y a la falta de atención médica; después se aventuró en un viaje de seis horas en autobús desde Shimla hasta Dharamsala para visitar a mi padre, quien estaba enfermo de gravedad y había sido internado en la clínica tibetana de esa ciudad. Pocos días después de su llegada a Dharamsala, mi madre murió. Para entonces mi hermano más joven estaba ya internado en la Villa Tibetana de los Niños en Dharamsala; puesto que no había nadie que pudiera cuidarla, mi hermana recién nacida fue dejada también ahí. Recuerdo haber visitado el "cuarto de bebés", una cabaña con techo de lámina verde e hileras perfectas de cunas donde mi hermana vivía con otros niños pequeños, muchos de ellos huérfanos. Yo le llevé algunos dulces y esperé al borde del porche hasta que una de las "madres" de la casa me la llevó.

Poco después, luego de recuperarse de su enfermedad, mi padre decidió convertirse en monje y se unió a un monasterio.

Doy gracias por mi tío Penpa. El hermano de mi madre era un hombre alto y delgado con pómulos prominentes y una leve cojera en una rodilla; a diferencia de mi padre, que llevaba las tradicionales trenzas largas con cintas rojas alrededor de la cabeza, el tío Penpa llevaba el cabello corto, "moderno", complementado con un fino bigote. Como también había sido monje, era culto y había aprendido suficiente inglés por sí mismo como para leer los letreros de los autobuses y los trenes. Cuando me sentía casi huérfano, el tío Penpa me trató como si fuera su propio hijo; dos de sus hijas asistían al mismo internado que yo, y me incluía cada vez que las visitaba o las llevaba de vacaciones al campamento de construcción. Al terminar las estancias semanales en el internado, nos daba a cada uno la misma cantidad de dinero para gastar: dos rupias indias, alrededor de cinco centavos de dólar. Cuando crecí y comprendí mejor las dificultades que mi tío y mis padres sobrellevaron en sus primeros días como refugiados en India, me sentí todavía más agradecido por su compasión y bondad. Todos eran extraños en un país nuevo, viviendo en frágiles tiendas al borde del camino, bajo la inclemente lluvia del monzón indio. El dinero escaseaba, pero mi tío compartía conmigo lo poco que tenía. El tío Penpa se convirtió en una de las personas más importantes de mi vida y, a pesar de todos los cambios que me alejaron de su mundo, permanecí cercano a él hasta su muerte.

Nacidos para conectar

Tal como nos recordaron los comentaristas durante la cobertura mediática de los atentados en la Maratón de Boston en 2013, el presentador televisivo y educador estadounidense Fred Rogers dijo una vez: "Cuando era niño y tenía miedo al ver las noticias, mi madre me decía: 'Busca a los que ayudan. Siempre encontrarás personas que ayudan'". Lo vimos en Boston: testigos que se lanzaban espontáneamente a una escena terrorífica para ayudar a las víctimas. Si sabemos buscar, siempre encontraremos personas ayudando de forma grande o pequeña, porque esa es una de las cosas para las que nacimos los seres humanos.

Mi tío Penpa no era un santo. Fue una persona que nació, como todos, con la capacidad natural para sentir el dolor de los demás y preocuparse por su bienestar. Las personas extraordinariamente compasivas, como la Madre Teresa o el Dalai Lama, pueden parecer de otra especie, pero también son humanos. De cualquier modo, nuestro instinto compasivo se parece más a nuestra capacidad para aprender un nuevo idioma que, por ejemplo, al color de nuestros ojos. No cualquiera puede tener la maestría de Shakespeare con las palabras, pero por medio de la lectura y la práctica, a nuestro modo podemos convertirnos en expertos en el lenguaje. La Madre Teresa y el Dalai Lama consiguieron volverse tan compasivos porque trabajaron para ello. La semilla de la compasión se encuentra en todos nosotros.

Además, como veremos, los pequeños actos de compasión pueden tener un impacto más grande del que puedas imaginar.

Al menos desde la Ilustración, y sobre todo a partir de la teoría de la evolución de Darwin, la visión histórica dominante en Occidente es que nuestra naturaleza como especie es egoísta, motivada en esencia por la competencia. Thomas Huxley —a menudo apodado "el bulldog de Darwin" por su tenaz propaganda de las ideas darwinistas— utilizaba la famosa frase de Tennyson: "naturaleza roja en diente y garra".[1] Huxley entendía la existencia humana como un espectáculo de gladiadores, donde "los más fuertes, los más hábiles y los más astutos viven para pelear un día más".[2] A partir de la idea de una naturaleza egoísta, científicos y filósofos se han esforzado en reducir al interés personal los motivos existentes detrás de cualquier acción humana; si éste no aparece detrás de un comportamiento particular, la explicación suele considerarse incompleta, sobre todo entre las personas educadas científicamente. La idea misma de algún comportamiento humano en verdad desinteresado es rechazada como expresión de ingenuidad. En el mejor de los casos, el comportamiento desinteresado se toma por una forma de irracionalidad, en potencia perjudicial para quien lo ejerce. En el peor escenario, los altruistas son hipócritas o se engañan a sí mismos.

Siempre he creído que esta perspectiva es, por decir lo menos, poco caritativa con nosotros mismos. En mis años formativos como joven monje aprendí la visión budista clásica, que entiende la compasión (y otras cualidades positivas) como algo innato, y su expresión en actos de bondad es completamente natural. Se trata de cultivar nuestras mejores cualidades y de mitigar nuestras tendencias más destructivas, como la ira, la agresión, la envidia y los celos.

¡Cuántas discusiones sobre el altruismo tuve con mis compañeros en Cambridge! Si yo citaba el ejemplo de la Madre Teresa y su trabajo con los indigentes en los barrios bajos de Calcuta, alguien respondía: "Seguro ella saca provecho de algún modo; si no, no lo estaría haciendo". Por eso, toda mi carrera he buscado ejemplos que contradigan el paradigma egoísta; cada vez hay más en Occidente, y será un placer presentar a varios de ellos en este libro. El filósofo estadounidense Thomas Nagel, por ejemplo, ha argumentado que el altruismo no es una incoherencia, al menos como concepto.[3] El psicólogo Daniel Batson dedicó buena parte de sus investigaciones a demostrar que el comportamiento humano desinteresado en verdad existe.[4] Parece que como humanos no nos otorgamos suficiente crédito, que somos víctimas de la profecía autocumplida del egoísmo.

Yo soy el otro

Hoy en día se reconoce cada vez más, incluso en el medio científico, que la noción de la naturaleza humana egoísta es simplista.[5] Además del interés personal, nuestro retrato científico debe incluir el papel fundamental que juegan instintos como el cuidado y la atención como motores del comportamiento humano. Hoy reconocemos el rol de la cooperación en la evolución humana junto con la competencia. Un factor importante en este nuevo movimiento científico ha sido el estudio de la empatía: en disciplinas como el estudio de primates no humanos, la psicología del desarrollo infantil, la neurociencia y la neuroeconomía (una rama de la economía que utiliza métodos neurocientíficos para estudiar el comportamiento económico), estudios recientes muestran que la empatía motiva nuestros actos.

¿Qué es la empatía? Es nuestra capacidad natural para comprender los sentimientos de otros y compartir su experiencia.[6] Está conformada por dos elementos clave: una respuesta *emocional* a los sentimientos de alguien y la comprensión *cognitiva* de su situación. Nuestra respuesta emocional puede tomar la forma de la resonancia, cuando experimentamos una emoción similar a la del otro, una especie de sentir *con*, o puede ser un sentimiento *por* el otro; por ejemplo, sentir pena por la desgracia de alguna persona, sin sentir exactamente lo que ésta siente.

La palabra *empatía* fue usada por primera vez en inglés en 1909 por el psicólogo Edward B. Titchener para traducir una enorme palabra alemana, *einfühlungsvermögen,* que surgió en el siglo XIX. Este término, cuyo significado literal es "ser capaz de sentir con", denota sensibilidad ante los sentimientos de los demás. A pesar de ser un término relativamente reciente, este fenómeno ha sido reconocido desde mucho tiempo atrás. La idea de la empatía se encuentra en el centro de la *regla de oro* (trata a los demás como quieras que te traten), que resume las enseñanzas éticas de las principales tradiciones espirituales. En una de las formulaciones budistas de esta regla —"Toma tu cuerpo como ejemplo / y no hagas daño a otros"— la conexión con la empatía es aún más evidente.[7]

El concepto de empatía también está presente en fuentes no religiosas. En *Emilio,* la novela filosófica de Jean-Jacques Rousseau, el autor pregunta: "¿Cómo nos dejamos conmover hasta la piedad, sino transportándonos fuera de nosotros e identificándonos con el que sufre, abandonando, por así decir, nuestro ser para adoptar el suyo?".[8] El filósofo escocés David Hume compara nuestro sentimiento natural hacia otras personas como si resonáramos con sus dolores y placeres cual si fueran propios, del mismo modo en que un violín vibra con el sonido de otros instrumentos. Uno de los fundadores de la teoría de la economía de mercado, Adam Smith, pensaba que trasladarnos con la imaginación hacia los demás es, de hecho, "el origen del sentimiento de compañerismo respecto de la miseria de los otros".[9] El mismo Charles Darwin habló de nuestros "bien dotados instintos sociales" y sugirió que esos instintos "hacen que un animal disfrute la compañía de sus semejantes, que sienta una cierta simpatía con ellos y les brinde ayuda".[10]

Las fuentes budistas expresan ideas similares desde una perspectiva diferente. En ellas leemos que el origen de nuestra capacidad natural de empatía es el sentido de conexión o identificación con los demás. Algunos de los primeros textos del budismo describen esta identificación como un "reconocimiento claro" de la naturaleza sensible del otro; otras fuentes la caracterizan como un "sentido de preocupación" o "valoración por el otro". Así, cuando sentimos empatía no sólo estamos reconociendo los sentimientos de los demás; los estamos honrando.

A nivel cerebral, la empatía involucra varios sistemas de importancia.[11] Antes que todos está el sistema límbico, conocido sobre todo por su papel en el procesamiento de señales emocionales. En segundo lugar, la empatía activa redes neuronales que forman parte del sistema de apego, el cual juega un papel crucial en la interacción entre un infante y una figura de apego, como la madre. Finalmente, cuando la empatía surge como respuesta al sufrimiento de alguien más, se relaciona con lo que los científicos llaman el *centro del dolor*, aquellas regiones cerebrales asociadas con nuestra experiencia personal del dolor. Las imágenes cerebrales indican que la empatía se origina en partes del cerebro evolutivamente antiguas, y en zonas más nuevas, como las regiones corticales que nos permiten entender la perspectiva de otros. Los descubrimientos de la neurociencia muestran cómo, al menos en la experiencia humana de la empatía, existe una íntima conexión entre nuestras percepciones y actitudes, por un lado, y nuestras emociones y motivaciones por otro. Así, cuando cambiamos nuestra percepción y nuestra actitud hacia alguien, podemos también cambiar la manera en que nos sentimos frente a él o ella.

Adónde nos conduce la investigación

¿En qué punto de la niñez se encuentran las raíces de nuestra bondad y nuestro cariño? Felix Warneken y Michael Tomasello, ambos psicólogos, trabajaron juntos para responder esta pregunta por medio de la experimentación. Estudiaron si niños muy pequeños —de entre catorce y dieciocho meses— mostraban comportamientos de ayuda genuina.[12] En uno de los experimentos, una persona colgaba una toalla y dejaba caer uno de los ganchos por accidente; luego fingía no alcanzarlo. En otro, alguien trataba de guardar una pila de revistas en un mueble, pero fingía no ser capaz de abrir la puerta con las manos ocupadas. En ambos casos Warneken y Tomasello descubrieron que en su gran mayoría los niños trataban de ayudar, aunque fuera difícil e implicara interrumpir su tiempo de juego.

Uno de sus descubrimientos más interesantes fue que recompensarlos podía resultar contraproducente: los niños premiados eran *menos* propensos a ayudar de nuevo que los que no recibieron recompensas. Otros estudios han mostrado que niños de incluso seis meses prefieren juguetes que involucran comportamientos de ayuda y no que limitan este aspecto;[13] ojalá hubiera tenido este ejemplo para hablar del altruismo en Cambridge.

Yo mismo he hecho descubrimientos similares con mis propias hijas. Cuando la mayor, Khando, tenía unos quince meses, mi suegro estaba a la espera de una complicada cirugía de cadera; necesitaba un bastón para caminar y a menudo se recostaba bocabajo para calmar su dolor. Cuando Khando se daba cuenta de que su abuelo necesitaba pararse y caminar, de manera espontánea le llevaba el bastón.

Lo que todos estos hallazgos sugieren es lo siguiente: la capacidad de sentir empatía, compasión o bondad y de comportarnos de manera altruista nos viene de nacimiento, no se adquiere por medio de la socialización o la interacción cultural. Es por medio de la socialización que, conforme crecemos, comenzamos a diferenciar entre los que son merecedores de nuestra bondad y quienes no lo son. De modo que, hasta cierto punto, Rousseau estaba en lo cierto cuando hablaba de la sociedad como una influencia corruptora de los instintos puramente bondadosos de los niños. Como ha argumentado Richard Davidson, reconocido pionero de la ciencia contemplativa, si nuestra capacidad natural para sentir compasión es similar a nuestra capacidad de lenguaje, en una persona que no conoce la compasión —o el lenguaje— en sus años formativos, dicha capacidad puede permanecer, desafortunadamente, sin desarrollarse ni expresarse.[14]

Los beneficios de la compasión

Empatía significa sentir con (o por) otras personas y entender sus sentimientos. Cuando vemos sufrir a alguien más, la compasión surge de la empatía y brotan otros sentimientos: desear ver el alivio del sufrimiento y querer hacer algo al respecto. La compasión es un estado de mayor empoderamiento, mucho más que una mera respuesta empática ante una situación; la bondad es la forma en que esa compasión se expresa por medio de la ayuda, una forma básica de altruismo. La compasión es lo que hace posible que una reacción empática se manifieste como bondad.

La mayoría de nosotros hemos experimentado en algún punto de nuestras vidas el poder de la bondad, o la compasión en acción: lo hemos sentido como receptores de la bondad de otros —como yo con mi tío Penpa—, y hemos sido también fuente de bondad para alguien más. Ya sea una simple sonrisa o el saludo de un colega cuando deseamos ser reconocidos, un amigo que escucha paciente cuando hablamos sobre alguna frustración, un profesor que de verdad se preocupa y nos da un consejo sabio en el momento oportuno, un abrazo cariñoso de la pareja cuando nos sentimos tristes o la ayuda de alguien durante un momento muy difícil, cuando los rayos de la bondad nos tocan nos sentimos relajados, apreciados y valorados: en una palabra, nos sentimos reafirmados. Aun así, es común que olvidemos ser bondadosos o que no agradezcamos lo suficiente la bondad ajena. Ayudar a otros es parte de la vida cotidiana de madres y padres, de hijos que cuidan a sus padres ancianos, de trabajadores de la salud que atienden a los enfermos, y de los maestros y maestras que se encargan de los niños en cualquier parte del mundo; la bondad es tan común que la damos por sentada. También es común creer que la bondad es un extra en la vida, algo bonito pero innecesario, un lujo para el que se necesita tiempo y energía. Pero, de hecho, nuestra salud, felicidad y el mundo entero dependen de dar y recibir bondad.

Casi todos diríamos que somos personas compasivas; si estás leyendo este libro, podrías decir que la compasión es una parte importante de tu identidad. Aun así, la mayoría no hacemos nada más que tener ciertas opiniones al respecto. A menos que nos esforcemos en ser compasivos, que practiquemos y cambiemos nuestros hábitos para convertir a la compasión en una fuerza activa de nuestras vidas, será únicamente algo que nos sucede —sentimos enojo cuando nos provocan, sentimos compasión cuando la situación lo amerita—, una reacción automática ante el dolor y las necesidades de nuestros seres queridos, o de extraños en momentos de extrema necesidad. Si lo dejamos hasta allí, no habremos sido capaces de descubrir el poder transformador de la compasión.

Recibir bondad

¿Puedes pensar en alguien en tu vida que haya sido una figura de bondad, cuyo solo recuerdo te llene de felicidad y gratitud? Puede ser un maestro que te impulsaba y te ayudó a descubrir tus fortalezas en un inicio; puede ser un amigo o amiga leal que te hizo saber que estaba ahí para ti. O tal vez tus padres, que te sirvieron de sostén mientras crecías. Si no recuerdas a ninguna persona en especial, deja abierta la pregunta y date un tiempo para pensarlo.

¿Por qué la bondad de otros, en particular cuando la recibimos en momentos críticos, tiene el poder de dejar una huella tan profunda en nuestras mentes? La respuesta más sencilla es que ese acto toca el nivel más profundo de nuestra humanidad —donde somos más humanos—, y nos hace sentir una enorme necesidad de bondad y conexión.

Es fácil ver que todos nos beneficiamos de la bondad de los demás, pero no lo hacemos al mismo nivel; un factor determinante en este sentido es qué tan compasivos somos nosotros mismos. Un equipo de científicos estudió a 59 mujeres del área de la bahía de San Francisco, California. Las participantes —divididas al azar en dos grupos— llenaron un cuestionario diseñado para medir su nivel individual de compasión. Una semana después se llevó a cabo una sesión de laboratorio en la que debían hacer tres cosas: dar un discurso frente a dos investigadores, sostener una entrevista y resolver un problema matemático. Cada persona tenía cinco minutos para preparar su discurso, mientras electroencefalógrafos medían sus ondas cerebrales y algunas funciones corporales. En uno de los grupos, los científicos hacían comentarios positivos como "lo estás haciendo muy bien", sonreían o hacían gestos de aprobación mientras las participantes realizaban sus tareas; en el otro, los investigadores permanecían en silencio.

Fue asombroso que las participantes con mejores resultados en la escala de compasión y que recibieron señales positivas tenían niveles más bajos de presión sanguínea, menor reactividad del cortisol y mayor variabilidad en la actividad cardiaca, en particular durante la tarea más estresante, como dar el discurso; todos estos son indicadores asociados con la salud física y el bienestar social. Además, a las participantes de este grupo les agradaban los científicos. Estos efectos no se encontraron en las participantes del grupo que obtuvo bajos resultados en la escala de compasión a pesar de recibir gestos de confianza, y en las que, aun cuando mostraron altos niveles de compasión, no recibieron señales de apoyo. Al establecer sus conclusiones, los investigadores resaltaron que "es posible que las personas más compasivas también se beneficien más del apoyo, en especial durante situaciones de estrés agudo".[15] En otras palabras, para beneficiarnos de la bondad de los demás, nosotros mismos debemos tener una buena cantidad de ella.

El placer de ayudar

Funciona en ambas direcciones: cuando hacemos un acto bondadoso sólo por compasión, nos sentimos bien con nosotros mismos porque la bondad reafirma algo fundamental de nuestra condición humana: la necesidad que tenemos y el agradecimiento que nos provoca la conexión con otros humanos. La compasión y la bondad también nos liberan de los estrechos límites de la introspección y nos hacen sentir parte de algo más grande. Si por lo regular vamos por la vida como cegados por nuestras propias preocupaciones y reflexiones, la compasión nos permite ver de nuevo y pone nuestras vidas en perspectiva con el mundo.

Por eso no sorprende que los científicos hayan identificado los efectos positivos de la compasión sobre el cerebro. Cuando ayudamos a alguien llevados por un genuino interés en su bienestar, se elevan nuestros niveles de endorfinas, los cuales están asociados con sensaciones de euforia: este fenómeno se conoce como el *placer de ayudar*. En los estudios en que se pide a los participantes sentir compasión hacia alguien de manera consciente, se activan los centros de gratificación del cerebro compasivo; se trata del mismo sistema que se enciende cuando pensamos en chocolates o dulces. En cierto sentido, mis compañeros de Cambridge tenían razón: incluso la Madre Teresa obtenía algún provecho, aunque no en el sentido egoísta que ellos asumían. La plenitud que sentía la Madre Teresa al realizar actos desinteresados era un derivado, no el objetivo. Su motivación principal era ayudar y calmar a los desamparados. Ésta es la trampa —una linda trampa— de la compasión: cuanto más hacemos por los demás, más obtenemos para nosotros mismos.

Otros estudios han mostrado que algunos niños dicen sentir más felicidad cuando se les insta a actuar con bondad; además, realizar actos de bondad aumenta la aceptación del grupo, que es un asunto fundamental para los adolescentes. La aceptación del grupo también es clave para reducir el *bullying* en las escuelas.[16]

La paradoja de la felicidad es que nos sentimos más felices cuando menos nos preocupamos por nuestra propia felicidad. Desde sentirnos inspirados hasta estar enamorados, nuestras experiencias más profundas de alegría surgen cuando trascendemos nuestro estrecho yo. El nacimiento de mi primera hija es un ejemplo. Incluso superficialmente, sabemos que nos olvidamos de nosotros mismos cuando disfrutamos algo. (Y viceversa: el sentimiento de incomodidad con uno mismo es una barrera tan grande para la felicidad que muchas personas llegan a extremos autodestructivos para evitarlo, por ejemplo con alcohol y otras drogas.)

Cuando sentimos compasión hacia alguien vemos el mundo entero bajo una luz positiva. Visto superficialmente, esto sería ilógico: el sentido común sugiere que, como la compasión gira alrededor del sufrimiento, el mundo debería parecernos oscuro y nosotros ser pesimistas. Sin embargo, un estudio realizado en el laboratorio de psicología de Stanford —en el que yo mismo participé— indica lo contrario.[17] A un grupo de estudiantes les mostramos fotos de otras personas, y les pedimos que sintieran compasión hacia algunas de ellas de forma consciente. Después de un descanso, los participantes observaron y evaluaron obras de arte moderno. Pero antes de cada imagen artística, uno de los rostros aparecía por una fracción de segundo, tan rápido que no podían reconocerlo conscientemente. Los estudiantes calificaron las obras de arte de manera más positiva cuando la imagen seguía a uno de los rostros por los que anteriormente habían sentido compasión. Este vínculo —entre sentir compasión y percibir el mundo bajo una luz más positiva— podría explicar por qué las personas compasivas también tienden a ser más optimistas.

Más compasión, más sentido

Para mí, el aspecto más importante de la compasión y la bondad es la manera en que le dan sentido a nuestras vidas. No hay nada que se compare con sentirse útil. Cuando somos capaces de hacer una diferencia ayudando a otros, en casa o en el trabajo, nos sentimos con más energía y orientación, más efectivos y con mayor control. Tener un propósito en la vida es uno de los factores cruciales en la felicidad personal; incluso influye en nuestra longevidad. Un amplio estudio acerca de los efectos de una meditación de tres meses que incluía la práctica de la compasión por parte de los involucrados arrojó resultados particularmente interesantes acerca de los niveles de telomerasa, una enzima que repara nuestros telómeros.[18] Los telómeros son los extremos, o colas, de las moléculas de ADN; asociados con el envejecimiento, se encogen con el tiempo debido al proceso de replicación. En los participantes con altos niveles sobre el propósito en sus vidas se encontraron mayores grados de telomerasa, lo cual podría indicar un proceso de envejecimiento más lento. Varios estudios de gran escala sobre personas mayores muestran también que el voluntariado previene el envejecimiento (de nuevo, estos resultados sólo se obtuvieron cuando el trabajo voluntario se realizaba con un genuino deseo de ayudar a otros).

Más compasión, menos estrés

El Dalai Lama dice a menudo que ser más compasivos puede ayudarnos a sentir menos estrés. Esto parece increíble, ya que sentir compasión depende de que reconozcamos el desagradable hecho de que todos somos vulnerables y sufrimos, pero la ciencia lo confirma. Al igual que con la felicidad, el truco es liberarse del estrés que implica juzgar o preocuparnos por nosotros mismos. Al cambiar el enfoque de nuestros estrechos intereses personales (y la pesada carga que eso implica) hacia la compasión por los demás nos sentimos mucho más ligeros; pueden seguir ahí los mismos factores de estrés, pero nos afectarán menos. Lo que nos provoca más estrés es la manera en que nos afecta y el temor de que nos supere; por otro lado, la compasión nos alegra. Sentimos que nuestra propia carga se aligera un poco. La vemos en perspectiva. Nos damos cuenta de que no la llevamos solos.

Otra manera en que la compasión ayuda a aminorar el estrés es por medio de la comprensión y la tolerancia que por lo regular implica: nos sentimos menos ofendidos o molestos por los demás cuando sentimos compasión por ellos. En particular, la mayor compasión por nosotros mismos nos ayuda a ser más pacientes y amables con lo que percibimos como nuestras fallas. ¡Juzgarnos demasiado, sentirnos avergonzados o intentar esconder nuestras imperfecciones es increíblemente estresante! Con la honestidad hacia uno mismo, la autoaceptación y la transparencia que nos debemos y que implica la compasión por uno mismo, no tenemos nada que esconder. Y sin nada que esconder, hay mucho menos que temer.

Una investigación con estudiantes de Harvard que se preparaban para el examen de ingreso a estudios de posgrado, un requisito en la mayoría de las universidades de Estados Unidos, mostró cómo una simple intervención de "revaloración" —es decir, entender en términos positivos los síntomas relacionados con el estrés (un aumento en el ritmo cardiaco, por ejemplo, sería indicativo de un mejor desempeño, no uno peor)— cambiaba la manera en que los estudiantes respondían al estrés asociado al examen.[19] Los que revaloraron la situación eran capaces también de volver a un punto de estabilidad después del evento estresante. (Por cierto, obtenían además mejores resultados en la prueba.) De hecho, la falta de compasión por uno mismo es tan estresante y común en el mundo moderno que le dedicaremos al tema el siguiente capítulo.

Finalmente, y como hemos visto, disponernos a la compasión nos permite beneficiarnos más del apoyo social, que es otra gran contención frente a los negativos efectos de largo plazo del estrés. Se ha observado que el sentimiento agradable que experimentamos con nuestra propia compasión ayuda a liberar la hormona oxitocina —la misma que secretan las madres lactantes—, la cual está asociada con la disminución de los niveles de inflamación en el sistema cardiovascular, la que a su vez es un factor importante en los padecimientos cardiacos. Como veremos en las páginas 164-166, algunos estudios han mostrado que preocuparse por el bienestar de los demás ayuda a fortalecer nuestro nervio vago: éste, el nervio craneal más largo, regula el ritmo cardiaco, modula los niveles de inflamación de todo el cuerpo, y es un punto clave de nuestro estado general de salud.

La cura para la soledad

Es claro que la compasión ayuda a tener mejores relaciones. La bondad actúa como un pegamento que sostiene la conexión con nuestros seres queridos, y nos protege ante las fisuras y quiebres que causan los desacuerdos y la distancia emocional. Algunos investigadores han descubierto que las conexiones sociales fortalecen nuestro sistema inmunológico. Así, la bondad, como factor clave en la formación de vínculos sociales y su mantenimiento, nos ayuda a mantener un sistema inmunológico saludable. En las relaciones románticas, ser amables nos hace más atractivos. Cuando miro hacia atrás, pienso que algo que me atrajo de mi esposa fue su bondad, su gran corazón y la hermosa sonrisa que acompañaba todo eso.

Entonces, es fácil concluir que la compasión combate la soledad, una de las formas más dolorosas del sufrimiento. Al ayudarnos a conectar con los demás, la compasión disuelve las barreras que nos hacen sentir aislados; no es exagerado reconocer la importancia de este efecto secundario. Un estudio reciente de la Universidad de Chicago rastreó a más de dos mil personas mayores de cincuenta durante un periodo de seis años, y mostró que la soledad extrema tiene dos veces más posibilidades de causar la muerte que la obesidad o niveles altos de presión sanguínea.[20] Quienes dijeron sentirse solos tenían 14% más de riesgo de morir. Otros estudios sugieren que la soledad extrema es más peligrosa que el consumo de tabaco. Algunos científicos se han referido a la soledad como una especie de dolor de nuestro "cuerpo social", el cual debe remediarse para llevar una vida sana. Cada persona sola es como un pez nadando a la orilla de una escuela, expuesto todo el tiempo a sus depredadores. La constante vigilancia que se necesita para vivir con semejante amenaza se ha asociado con niveles muy altos de cortisol por la mañana: luchar o huir, incluso antes de comenzar el día. A la larga, la soledad prolongada daña nuestro equilibrio hormonal y nuestro sistema nervioso.

Por desgracia, la soledad se ha convertido en una epidemia. Sin duda esto tendrá consecuencias graves tanto en el sufrimiento personal como en los costos de salud pública. Un estudio sociológico encontró que alrededor de 25% de los estadounidenses afirman no tener a nadie en quien confiar.[21] Un estudio distinto, realizado en 2012 en el Reino Unido, reveló que más de una quinta parte de los participantes se sentían solos la mayor parte del tiempo; de esa fracción, uno de cada cuatro reportó sentirse aún más solo en los cinco años que duró el estudio.[22]

No hay duda de que existe un vínculo entre la prevalente soledad de hoy en día y el énfasis de la cultura contemporánea en un estilo de vida autónomo e individualista, factores ambos que tienden a afectar las interrelaciones sociales. ¿Podrá el advenimiento de los recursos generadores de redes sociales, tales como Facebook, revertir esta tendencia cultural hacia la soledad? Las investigaciones parecen inconclusas hasta el momento; es muy pronto para afirmarlo, pero lo dudo. Considero que con la falta de interacción de humano a humano, es más probable que las nuevas generaciones experimenten la soledad de forma mucho más aguda.

Una vez vi al Dalai Lama abrazar a un completo extraño. Su Santidad se encontraba participando en un seminario sobre budismo y psicoterapia en Newport Beach, California, y yo era su intérprete; una tarde, en medio del pequeño grupo que esperaba afuera de la casa en la que se hospedaba el Dalai Lama, un hombre muy alterado lo llamó a gritos. Su Santidad caminó hacia él y con paciencia lo escuchó hablar del sinsentido de vivir. Entonces el Dalai Lama lo urgió a pensar en las cosas buenas de su vida, en la importancia de su presencia en la de sus seres queridos y en todo lo bueno que podía hacer ayudando a otros. Nada funcionó. Finalmente, Su Santidad dejó de hablar y le dio un enorme abrazo de oso: el hombre sollozó con fuerza y luego se calmó.

No es de sorprender que los hallazgos de numerosos estudios muestren que la conexión social presencial es la cura para la soledad. Abrir nuestro corazón a los otros, preocuparnos por ellos y dejarnos tocar por su bondad —es decir, vivir la vida de modo que nuestro núcleo compasivo se exprese— crea fuertes conexiones sociales. Nacimos para conectar. Nuestro deseo de conexión, no sólo con otros humanos sino también con animales, es tan profundo que determina nuestra experiencia de la felicidad.

La bondad es contagiosa

Uno de los descubrimientos más emocionantes en este campo de investigación —sobre todo si tomamos en cuenta la epidemia de soledad— es que la bondad es contagiosa. La bondad de los demás nos hace más buenos a nosotros mismos. Cuando vemos a alguien ayudar a otra persona no sólo nos sentimos bien, sino que nos motiva a ayudar también. Algunos investigadores han llamado a este fenómeno "elevación moral", a partir de una observación de Thomas Jefferson: sentimos una inspiración altruista cuando vemos o pensamos en actos de caridad.[23] Es como un efecto dominó de bondad. Comienza con cada uno de nosotros, y los efectos de la bondad se esparcen en todas direcciones; cada persona tocada crea otro círculo de efectos, hasta que aparecen múltiples círculos sobrepuestos…

La próxima vez que veas a alguien siendo bondadoso —preocupándose por otra persona o ayudando a alguien durante una dificultad—, intenta observar cómo reaccionas instintivamente. Sin tener ningún pensamiento consciente, ¿tus ojos se iluminan? ¿Sientes que tu corazón se engrandece? ¿Tu boca toma la forma de una sonrisa cálida?

Tres científicos —de Cambridge, Plymouth y la Universidad de California en Los Ángeles— demostraron la naturaleza contagiosa de la compasión con un experimento en extremo sencillo.[24] El estudio comparaba a estudiantes universitarios asignados a dos grupos diferentes al azar: uno veía videos de programas cómicos o sobre la naturaleza, y el otro escenas inspiradoras (tomadas del *show* de Oprah Winfrey) de gente ayudando a otros. Los investigadores les dijeron a los participantes que se trataba de un *test* de memoria, y los hicieron responder un cuestionario sobre lo que habían visto; cuando se disponían a hacerlo, el investigador fingía tener problemas para abrir el archivo en la computadora. Luego de varios intentos, le decía al estudiante que se podía ir y que recibiría los créditos prometidos. Cuando cada participante se preparaba para salir, el experimentador le preguntaba, como algo al margen, si quería ayudar con un cuestionario para un proyecto totalmente diferente, el cual estaba diseñado para ser aburrido y tedioso y no había ninguna recompensa para el participante.

Los resultados fueron impactantes. Quienes habían visto actos de bondad eran los que más ayudaban al científico con el segundo estudio; los que estuvieron en el grupo de Oprah, además, invirtieron el doble de tiempo. Ser testigos de la bondad de otros nos hace sentir compasión, y la compasión genera actos de ayuda.

Por fortuna, nuestra vida diaria está llena de oportunidades para ser bondadosos. Podemos dar un beso de despedida a nuestros seres queridos cada mañana, ceder el asiento a una embarazada en el transporte, darle al paso a otro conductor en el camino u ofrecerle un oído atento a un colega; podemos hacer trabajo voluntario o donar parte de nuestros ingresos para ayudar a otros. Si lo pensamos bien, cada día tenemos bastantes oportunidades para ser bondadosos. Y si no estamos acostumbrados a pensar en ello, podemos aprender: la segunda parte de este libro te enseña cómo hacerlo.

Mucha gente alrededor del mundo se ha organizado para promover la bondad. Por ejemplo, en el movimiento "cadena de favores" una buena acción no se le paga a quien la hizo, sino a un tercero. En muchas escuelas, la bondad ya es parte del plan de estudios. En 2008 la BBC lanzó una campaña en todo el Reino Unido para promover un millón de "actos de bondad espontáneos", y en la actualidad la frase es común. ¿Qué pasaría si la compasión ya no fuera el *secreto* de la felicidad sino un valor celebrado, un principio organizativo de la sociedad, una fuerza de cambio?

Aguantar con paciencia

Usualmente nuestros seres queridos son quienes más reciben nuestra bondad y resultan nuestra mayor fuente de felicidad; por eso, también pueden ser la principal causa de nuestros sentimientos de dolor. Sentir compasión por un ser querido puede resultar natural de vez en cuando. Pero mantener una actitud bondadosa de manera constante, sobre todo frente a situaciones adversas, requiere paciencia y dedicación. A menudo, las fricciones cotidianas y la cargada atmósfera de las relaciones familiares vuelven difícil mantener la calma necesaria para que la compasión se manifieste. Aun así, cuando estallamos debemos ser bondadosos y comprensivos con nosotros mismos. (Aprenderemos sobre la importancia de la compasión por uno mismo en el siguiente capítulo y en la segunda parte veremos técnicas para mantener la compostura.)

También debemos recordar una verdad fundamental de las relaciones cercanas: las interacciones incisivas y dolorosas suceden porque nos tenemos cariño y nos sentimos lo bastante seguros como para bajar la guardia. Mientras ambas partes tengan en mente esta verdad, la bondad seguirá siendo el centro de la relación.

Una de las relaciones más complejas y difíciles de mi propia vida fue la que tuve con mi padre. Entre los once y los veinte años pertenecí al mismo monasterio que él, Dzongkar Choede, llamado así por el del pueblo de Dzongkar, en el Tíbet Occidental, donde nací. Mi padre tenía una fuerte conexión emocional con el monasterio y su historia. Los problemas comenzaron cuando terminé mi formación monástica —memorizar textos litúrgicos y cantos rituales, sobre todo— y comencé a interesarme en otros temas, por ejemplo, aprender inglés y leer textos no relacionados con las necesidades del monasterio. Yo era intelectualmente insaciable y me sentía cada vez más incómodo con nuestro ritual cotidiano, en especial con cantar sin conocer el significado de los textos.

Una vez que aceptó mi decisión de entrar al monasterio, se volvieron claras las intenciones de mi padre hacia mí: esperaba que me convirtiera en el maestro de cantos, la cabeza de los rituales y, más tarde, en abad de ese pequeño monasterio. Yo tenía otras ideas, y ser miembro permanente de dicha comunidad no era una de ellas. Apenas alfabetizado, mi padre nunca comprendió mi curiosidad intelectual y la interpretó como una forma de rebeldía adolescente que algún día terminaría; me acusó de ser egoísta y poco agradecido por las penurias que él y mi madre habían atravesado por nosotros. Mi padre creía que al alejarme de la comunidad perdería el respeto de los demás y me arruinaría la vida; yo mismo comencé a alejarlo de mí y provoqué que nuestra relación se volviera cada vez más tensa y distante.

Nos mantuvimos en contacto cuando dejé Dzongkar Choede para entrar en un monasterio académico en otra región al sur de India; aun así, notaba que me había convertido en una fuente de decepción y vergüenza para él. Mi padre creía que yo había traicionado a la comunidad, y la lealtad es una virtud muy apreciada en el Tíbet y en otras culturas asiáticas.

Todo cambió en 1985, cuando me convertí en el traductor inglés de Su Santidad el Dalai Lama. Desde entonces no puedo hacer nada mal ante los ojos de mi padre: reconoció que no me había comprendido y que no sabía que todas las "cosas extrañas" que yo hice podían tener aplicaciones tan positivas.

Mi padre vivió la última década de su vida con mal de Parkinson. Tomaba un fuerte medicamento inductor de dopamina para mejorar su movilidad, el cual lo volvía infeliz, exacerbaba su personalidad ansiosa y le causaba frecuentes episodios de paranoia y psicosis que en cierto modo intensificaron su temor a la muerte. Tuve la fortuna de pasar tiempo con él y ayudarlo a aceptar sus miedos, sobre todo mediante meditaciones y enseñanzas espirituales budistas. Mi padre murió en paz, feliz de saber que había llevado una vida plena y que sus tres hijos —mi hermano, mi hermana y yo— éramos felices y teníamos familias propias. Debo admitir que hubo momentos en los que pude haberme rendido y simplemente mandar al diablo nuestra relación. Fue por medio de la compasión —hacia mi padre y hacia mí mismo— que me aferré a ella.

¿Qué nos hace tener actos de bondad hacia los demás? ¿Cuál es el motor detrás de dichos actos? ¿Qué les da fuerza para seguirlos considerando dignos de nuestra atención y esfuerzo?

Es claro que la fuerza que los impulsa es la parte compasiva y bondadosa de nuestra naturaleza. Aunque nos hace vulnerables en el sentido de necesitar el afecto y la bondad de la gente, nos brinda la capacidad de conectar con otros, con sus necesidades, su dolor y sus alegrías. Este instinto protector es lo que nos ayuda a conectar con los demás al nivel más fundamental. De hecho, nos sentimos más vivos como seres humanos cuando somos bondadosos y compasivos con alguien, cuando conectamos con el dolor y las necesidades de los otros. Nos sentimos llenos de energía; incluso nuestro corazón físico reacciona con más fuerza, preparando nuestro cuerpo para actuar. En cierto sentido, en el momento de la compasión nuestra humanidad se revela y dejamos atrás todas las categorías y etiquetas que nos hemos construido para separarnos e individualizarnos frente a los demás. Es en este nivel básico que conectamos con quien esté frente a nosotros. En ese momento, lo importante es que esa persona es otro ser humano —al igual que nosotros—, que desea ser feliz y evitar el sufrimiento. Nada más importa: ni la raza ni la religión, ni la filiación cultural o el género. Actuar desde ese lugar en respuesta a las necesidades del otro es actuar por verdadera bondad.

2

LA CLAVE DE LA AUTOACEPTACIÓN

Tener compasión por uno mismo

El principio más profundo de la naturaleza humana es el deseo de ser apreciado.

WILLIAM JAMES (1842-1910)

La raíz de la sabiduría radica en observar la propia mente.

GÖNPAWA (SIGLO XI)

La bondad de los otros nos atrae, y si nos lo permitimos, respondemos de forma instintiva con compasión a las necesidades de los demás. Nuestra susceptibilidad, entrelazada con la de los demás, es el corazón de nuestra humanidad. Si tenemos esto en cuenta, podríamos decir que la compasión por uno mismo —ser bondadosos y cuidar de nosotros mismos— es tan natural como respirar, algo que podemos hacer sin tener que aprenderlo y sin siquiera pensarlo. De hecho, la situación parece ser más complicada, sobre todo en una sociedad tan competitiva como la nuestra.

La cultura contemporánea obstaculiza que muchas personas sientan compasión hacia sí mismas, y sin embargo, según los resultados de numerosos estudios científicos, varias cosas dependen de nuestra capacidad para lograrlo. Desde trastornos de ansiedad hasta el agotamiento laboral, desde complicaciones en las relaciones personales hasta problemas de motivación o sedentarismo, la compasión por uno mismo —o la falta de ella— hace una gran diferencia en la vida. Cuando no somos compasivos con nosotros mismos, nos aceptamos menos y somos menos tolerantes y bondadosos con nosotros mismos. Estas deficiencias se manifiestan de diversos modos, siempre negativos, en nuestras vidas y en las relaciones con los demás, en especial con las personas que amamos. La compasión por uno mismo es tan importante para nuestra felicidad como la compasión hacia los demás, o incluso más todavía; aun así, para muchos resulta algo tan extraño e incómodo como caminar parados de cabeza. Si no estamos acostumbrados, necesitamos un poco de práctica.

Qué no es la compasión por uno mismo

Este capítulo trata acerca de lo que es la compasión por uno mismo y por qué es buena. Pero hay tantos malentendidos al respecto que quiero aclarar algunas cosas.

Es verdad que somos más felices cuando nos concentramos menos en nosotros mismos y más en el resto del mundo, pero la compasión por uno mismo es algo totalmente distinto a la obsesión narcisista. Las personas que en verdad son compasivas consigo mismas se cuidan y, al mismo tiempo, permanecen atentas a los sentimientos y las necesidades de quienes las rodean. De hecho, la salud física y mental que genera ser bondadosos con nosotros mismos nos ayuda a cuidar *mejor* a otras personas. Por otra parte, cuando nos centramos sólo en nosotros mismos, estamos tan inmersos en nuestro propio mundo que no hay lugar para nadie más.

La compasión por uno mismo no debe confundirse con sentir lástima por uno mismo. En la lástima nos enganchamos a nuestros problemas, y al sentirnos mal por nosotros, olvidamos el mundo que nos rodea. La lástima es una forma de obsesión por uno mismo, mientras que la compasión por uno mismo nos permite observar nuestras dificultades dentro del contexto más amplio de la experiencia humana compartida. Justo por su visión estrecha y magnificadora, la lástima por uno mismo tiende a exagerarlo todo, hasta que incluso un pequeño problema parece ser abrumador e insoportable. En contraste, la compasión por uno mismo brinda un sentido de proporción que nos ayuda a enfrentar nuestros problemas y sufrimiento de maneras más constructivas.

La compasión por uno mismo tampoco es autocomplacencia. Lo más compasivo que podemos hacer por nosotros puede ser *no* comernos toda esa bolsa grande de Fritos, o *no* confundir querer con necesitar y comprar algo que no necesitamos. La compasión por uno mismo no implica el impulso de "premiarnos", aunque a veces, después de reflexionarlo con detenimiento, nos hagamos un pequeño regalo. Esto es igual de importante: la compasión por uno mismo no es castigarnos por comer los Fritos, comprar algo o darnos un regalito.

Por último, compasión por uno mismo no es igual a autoestima. La compasión por uno mismo nos hace relacionarnos con nosotros mismos —sobre todo con nuestras luchas y fallas— con comprensión, bondad y aceptación; es una orientación delicada, cuidadosa, de visión clara y sin juicios con la que nuestro corazón y mente se dirigen a nuestro propio sufrimiento y necesidades. La autoestima, por otro lado, es la opinión que tenemos de nosotros mismos a partir de una autoevaluación. La compasión por uno mismo puede contribuir a una mayor autoestima, pero no depende de ella.

En la cultura contemporánea, sobre todo en Norteamérica, la autoestima se ha convertido en el Santo Grial del desarrollo infantil y la salud mental. En Estados Unidos, las escuelas tienen programas dirigidos a aumentarla. Los padres escuchan por todas partes que nunca es demasiado temprano para preocuparse por la autoestima de sus hijos. Por supuesto, no hay nada de malo en la autoestima *per se*. El problema es que a menudo se vincula con criterios de éxito, lo que lleva a las personas, incluidos los niños, a creer que son merecedores de estima —de sí mismos y de los demás— sólo si son "exitosos". Además, la autoestima se ha visto tergiversada por nuestra cultura competitiva, por lo que muchas personas conciben su valor sólo en comparación con otros.

Como padres, mi esposa y yo a veces nos sentimos tentados por este juego e intentamos fortalecer la autoestima de nuestras hijas mediante sus logros en la escuela, los deportes o la música. Pero como crecí en una cultura muy diferente, me preocupan las implicaciones de una definición tan cerrada del valor de uno mismo. Mientras crecía, nunca creí que mi valor como persona tuviera que ver con qué tan bueno era en esto o aquello. Incluso cuando era niño me sentía como una persona completa, reconocido como un individuo por derecho propio. Quizá esté relacionado con la idea budista de que cada persona aporta algo único, relacionado con su karma pasado (todo lo sucedido antes y durante nuestra vida, que ha creado las circunstancias en que nos encontramos hoy), a la rica red de las relaciones humanas.

Algunos científicos han expresado preocupaciones similares. Los investigadores han revelado que la autoestima que depende de los logros nos hace más vulnerables a sentirnos fuera de lugar o fracasados cuando las cosas no suceden como lo esperábamos. Existe evidencia científica acerca de que la búsqueda de autoestima puede perjudicar el aprendizaje, en especial aquel que se deriva de nuestros errores.[1] Cuando nuestro principal objetivo al actuar es la validación que nos brindaría un resultado positivo —correr sólo para ganar y sentirnos como ganadores, en lugar de hacerlo porque es bueno para nosotros, porque nos ayuda a manejar la depresión o porque el día está bonito—, no tenemos las suficientes herramientas para lidiar con resultados negativos. Así, cuando nos enfrentamos al fracaso y la decepción, lo que sin duda sucederá alguna vez, nos sentimos amenazados y fingimos que todo está bien o, en el otro extremo, nos juzgamos con demasiada dureza.

Para mi esposa y para mí la cuestión era: ¿es posible tener los beneficios asociados a la autoestima alta —confianza y optimismo, por ejemplo— sin los efectos negativos de buscarla? ¿Pueden ser compatibles la compasión por uno mismo y la autoestima? Sí pueden, si la autoestima se consigue como un producto secundario en lugar de ser buscada directamente y por sí misma. El ingrediente activo que buscamos en la autoestima es *agradarnos a nosotros mismos*, y no la perfección, el engreimiento o la autopromoción. Agradarnos a nosotros mismos implica estar en paz y en calma con nosotros. Sobre todo, el agrado que genera la compasión por uno mismo está libre de arrogancia. La compasión por uno mismo combina nuestro sentido de valía con una humildad genuina.

Los tibetanos resumen todos los problemas relacionados con la autoestima perfeccionista en un dicho memorable: "Envidia hacia lo superior, competencia hacia lo igual y desprecio por lo inferior". Esto, dicen, es lo que a menudo se encuentra en la raíz de nuestra insatisfacción e infelicidad.

Cuando cultivamos la compasión por nosotros mismos, no nos evaluamos según nuestros éxitos mundanos y no nos comparamos con otros. En cambio, reconocemos nuestras fallas con paciencia, comprensión y bondad. Entendemos los problemas en el contexto más amplio de nuestra condición humana compartida. Entonces, la compasión por uno mismo, a diferencia de la autoestima, nos hace sentir más conectados con otras personas y con mejor disposición hacia ellas. Por último, la compasión por uno mismo nos permite ser honestos con nosotros mismos. Con su actitud de aceptación, la compasión por uno mismo fomenta un entendimiento realista de nuestra situación. Si los resultados de ciertos estudios preliminares indican algo, es que nuestra capacidad para sentir compasión por nosotros mismos podría ser bastante flexible y susceptible al cambio.

En una ocasión, una mujer de unos cuarenta años completó nuestro entrenamiento para la compasión en Stanford. Había sufrido una apoplejía que le dejó paralizada la mitad del cuerpo. Hasta que tomó el curso, no había podido bañar la zona paralizada de su cuerpo porque no se atrevía siquiera a tocarla; necesitaba ayuda para limpiarse. Otorgando compasión y bondad a esa parte de su cuerpo, logró superar su aversión y pudo bañar todo su cuerpo otra vez. Además, su calidad de vida y su sentido de bienestar mejoraron de forma significativa a partir de este cambio.[2]

Ante la mirada ingenua de alguien que creció en alguna zona pobre del mundo, los habitantes de Occidente podrían parecer más seguros, eficientes y capaces de cuidar de sí mismos y de disfrutar la vida. En esta sociedad individualista, muchas personas sólo deben preocuparse por sí mismas o, a lo mucho, de su familia inmediata. Las familias son pequeñas y los padres ancianos viven aparte, a menudo en asilos. El ocio es altamente valorado en esta cultura. Las vacaciones son una costumbre bien establecida, del mismo modo que en otros tiempos y lugares la gente participaba en peregrinajes religiosos. En suma, parecemos dedicados a cuidar de nosotros mismos, a complacernos y a celebrar la vida. Pero no todo es como parece.

Entre la gente podemos observar señales de falta de compasión por sí mismos —desde el disgusto, el asco y hasta el odio— en cualquier lugar y de innumerables modos. Nombraré sólo algunos: hay quienes permanecen en relaciones disfuncionales o abusivas porque se culpan a sí mismos de lo que no funciona y no creen merecer algo mejor. Hay quienes se sienten incómodos con su cuerpo, que no les gusta lo que ven en el espejo y se matan de hambre, comen hasta reventar o se hieren para distraerse de su verdadero dolor. Hay quienes no se preocupan por sí mismos, o se convencen de ello, porque en cuanto lo hacen se sienten agobiados. Y hay quienes no se cuidan y se niegan atender necesidades básicas como el sueño, el alimento y el ejercicio mientras trabajan cada vez más, porque no encuentran ninguna otra manera de validarse como seres humanos. Cuando son criticados, hay quienes reaccionan con violencia o se paralizan porque están muy dispuestos a creer cualquier comentario negativo y, al mismo tiempo, son incapaces de soportar cualquier crítica porque no tienen ningún sentido de valía personal para equilibrarla. Hay quienes se consideran un fraude, *sobre todo* cuando las cosas van bien: viven temiendo que un día serán descubiertos, pues no se consideran merecedores de nada bueno. Hay quienes se sienten ansiosos, deprimidos o desesperados sin saber qué hacer al respecto, y se culpan a sí mismos furiosamente por ello.

Desde pequeño me enseñaron que el cuidado propio —una expresión de la compasión por uno mismo— es un instinto que comparten todos los seres sensibles, no sólo los humanos. Las meditaciones tradicionales budistas de compasión, por ejemplo, operan bajo la premisa de que poseemos el instinto de ser bondadosos con nosotros mismos, y la técnica implica extender este sentimiento natural hacia otros, formando círculos crecientes de atención: de nosotros a nuestros seres queridos, a los extraños, a personas "difíciles" (políticos con los que diferimos, adolescentes con los que tenemos problemas de comunicación, etcétera), hasta llegar a cualquier persona y cualquier ser en cualquier lugar. Tradicionalmente, entendemos la compasión por uno mismo como la base desde la que podemos ser más compasivos y atentos hacia otros.

En 1989, en una conferencia sobre budismo y psicoterapia en Newport Beach, pude observar la confrontación entre esta noción budista y la experiencia contemporánea; allí, el Dalai Lama se vio por primera vez ante el concepto del odio hacia uno mismo.[3] En una de las discusiones, los terapeutas participantes hablaron de un arraigado odio a uno mismo como causa de muchos de los problemas de sus pacientes; el Dalai Lama se sintió confundido cuando le preguntaron cómo podían ayudar las técnicas budistas con este problema. Al principio, Su Santidad cuestionó la coherencia misma del concepto: si la autopreservación, el cuidado y el amor por uno mismo son instintos fundamentales de toda criatura sensible, como afirma la psicología budista, ¿cómo podemos odiar nuestro propio ser? ¿Cómo podemos sentirnos tan alienados y apartados de nuestra propia naturaleza? El odio por uno mismo no sólo se trata de no estar a gusto con la apariencia personal o no estar satisfecho con lo que uno ha logrado; ni siquiera es falta de autoestima. El concepto de "odio por uno mismo" parecía indicar, para el Dalai Lama, algo mucho más problemático en el centro de nuestra relación con nosotros mismos. Los panelistas tuvieron que esforzarse para convencer a Su Santidad de que no sólo el concepto era coherente, sino que se trata de una realidad psicológica muy común en Occidente.

No es que la premisa budista sea errónea. De hecho, el Dalai Lama ahora entiende que el odio por uno mismo tiene su origen en el mismo instinto de cuidado propio. El odio es una forma de cuidado: no odiamos si algo no nos importa. El odio hacia uno mismo proviene de preocuparnos mucho por nosotros y no ser capaces de aceptar o perdonar nuestras imperfecciones. Con el entrenamiento de la compasión por uno mismo podemos aprender a reconectar con esa parte de nosotros que aún se preocupa de forma pura, tierna y vulnerable. Nunca dejó de hacerlo, sólo se ocultó detrás de todas las capas de protección que nos ponemos cada vez que nos sentimos bajo ataque.

Después de más de dos décadas de vivir en Occidente, he visto de cerca los problemas que conlleva la falta de compasión por uno mismo; a pesar de ello, a veces he subestimado el alcance que tiene en la vida cotidiana. Cuando en Stanford comencé a desarrollar el entrenamiento para cultivar la compasión, mantuve las etapas budistas tradicionales que implican avanzar en círculos crecientes desde la compasión por uno mismo hasta la compasión hacia otros. Pero cuando probamos el programa con estudiantes de licenciatura, resultó claro que la compasión por uno mismo, que debía ser el punto de partida, era para ellos un obstáculo a superar. Muchos participantes dijeron sentirse incómodos al pensar en sus propias necesidades. Algunos experimentaron aversión ante frases de meditación compasiva hacia uno mismo como: "Que sea yo feliz; que encuentre paz y alegría". Me di cuenta de que necesitábamos comenzar desde otro punto para no permanecer estancados allí, así que cambié el orden de los pasos.

Discutí el tema de la compasión por uno mismo en Occidente con Kristin Neff, una psicóloga que ha sido fundamental en la elaboración de un enfoque científico sistemático del tema. Como parte de su trabajo sobre la psicología de la compasión por uno mismo, Neff ha desarrollado un cuestionario que busca medir lo que ella llama los tres componentes principales de la compasión por uno mismo: bondad hacia uno mismo, humanidad compartida y conciencia plena.[4] Según Neff, la bondad hacia uno mismo aborda nuestras dificultades y limitaciones con bondad, entendimiento y aceptación, y no con juicios negativos. Dentro de su escala, la humanidad compartida es la manera en que percibimos nuestros problemas y sufrimiento en el contexto de la experiencia humana común. Por último, la conciencia plena es la capacidad de abordar conscientemente las experiencias dolorosas, en lugar de identificarnos de forma obsesiva con ellas o de tratar de arreglarlas con desesperación.

Por ejemplo, ¿estarías de acuerdo o en desacuerdo con las siguientes frases? ¿Qué tan de acuerdo? ¿Totalmente de acuerdo, en parte o en absoluto desacuerdo?

Trato de ser comprensivo y paciente con los aspectos de mi personalidad que no me gustan. (Bondad hacia uno mismo)

Cuando estoy pasando por un momento difícil, me brindo el cuidado y la ternura que necesito. (Bondad hacia uno mismo)

Cuando me siento fuera de lugar, trato de recordar que mucha gente comparte esos sentimientos. (Humanidad compartida)

Cuando las cosas no van bien, veo las dificultades como parte de la vida que todos vivimos. (Humanidad compartida)

Cuando me siento triste trato de entender mis sentimientos con curiosidad y apertura. (Conciencia plena)

Cuando fallo en algo importante trato de mantener cierta perspectiva de las cosas. (Conciencia plena)

(Neff ofrece un *test* gratis de compasión por uno mismo en *http://www.centerformsc.org/self-compassion_test*)

Neff me ha asegurado que la falta de compasión por uno mismo no es un asunto de Occidente contra el Oriente. Su escala de compasión por uno mismo se ha aplicado ya en varios países, tanto en Occidente como en Oriente, y el problema parece ser común en distintos países asiáticos tanto como en Estados Unidos, Canadá o Europa. Un estudio comparativo entre Estados Unidos, Taiwán y Tailandia reveló que el nivel de compasión por uno mismo es más alto en Tailandia mientras que Estados Unidos ocupaba un lejano segundo lugar y Taiwán era el último.[5] Neff y sus colegas atribuyen el alto nivel en Tailandia a su cultura budista; yo sospecho que sus resultados también podrían estar relacionados con un mayor sentido de conexión que cada tailandés tiene en el contexto de su herencia cultural compartida. En cualquier caso, parece que el problema tiene más que ver con la modernidad y la cultura contemporánea que con la herencia judeocristiana de Occidente frente a la herencia cultural asiática de Oriente.

El alto costo de la baja compasión por uno mismo

No hay duda de que la cultura contemporánea tiende a fomentar la autonomía individual y el respeto por los derechos básicos de cada individuo, por muchas y muy buenas razones. Pero esto tiene un costo psicológico. Al cortar nuestros lazos de interdependencia y alejarnos de una experiencia comunitaria de la vida, la carga de darle sentido a nuestra vida recae sobre cada uno de nosotros de manera separada. Puesto que ahora cada uno debe crear su propio significado, nos obsesionamos con nuestros logros hasta el punto en que el trabajo define nuestra identidad personal y valía propia. Por eso la pregunta "¿A qué te dedicas?" ha adquirido mayor significado que "¿Qué haces para ganarte la vida?"

Mi esposa me molesta por ser un adicto al trabajo en comparación con la mayoría de los tibetanos. Tal vez en cualquier medio competitivo es inevitable cierta orientación hacia el desempeño, pero a menudo llevamos esto a extremos reprochables. Alguna vez leí con horror una nota sobre cómo en Corea del Sur los centros de tutoría extraescolar permanecían abiertos hasta la madrugada; preocupadas por la salud mental de los estudiantes, las autoridades impusieron un toque de queda, forzando a estos centros a cerrar a las diez de la noche.[6] La obsesión con el desempeño puede provocar insensibilidad, impaciencia e incluso arrogancia hacia otras personas, sobre todo cuando percibimos que no están a nuestro nivel.

La falta de compasión por uno mismo se manifiesta en una relación crítica y dura con nosotros mismos. Muchas personas creen que serán un fracaso y no merecerán amor ni reconocimiento si no son críticas y demandantes consigo mismas. Si escuchamos bien, ¿hay una voz en nuestra cabeza que duda incansablemente, de una forma u otra? "¿De verdad merezco ser feliz?" "¿Por qué habrían de pasarme cosas buenas?" "¿Merezco ser amado?" O quizá la voz no pregunta y sólo afirma que no somos dignos. Cuando algo bueno sucede, a veces sentimos en el fondo que no debería pasarnos. Nos preocupa que habremos de pagarlo de alguna manera. Nos aterroriza relajarnos aunque sea un poco, porque consideramos que perderemos el control de nuestras vidas: algo malo sucederá, y nosotros seremos los culpables. Tememos que si somos amables y bondadosos con nosotros mismos y aflojamos la correa, no lograremos nada. Así que continuamos chasqueando nuestro látigo interno; pelear de forma constante con nuestra crítica voz interior es extremadamente cansado.

Un estudio realizado con estudiantes de las universidades de Duke y Wake Forest encontró conexiones sorprendentes entre el nivel de compasión por uno mismo de una persona y las formas en que responde a experiencias adversas.[7] Quienes tenían niveles bajos de compasión por uno mismo pensaban al final del día: "Soy un perdedor" o "Llevo una pésima vida". Cuando se les preguntaba por fracasos académicos, deportivos o sociales, pensaban con más frecuencia: "Soy un gran perdedor", "Ojalá me muriera", y frases de ese tipo. También era más probable que se enojaran o se pusieran a la defensiva al recibir comentarios objetivos por parte de sus compañeros.

Aun peor, cuando se pidió a los participantes del estudio que pronunciaran un breve discurso (una prueba estándar para inducir estrés), la audiencia respondió con mayor negatividad a quienes tenían menor compasión por sí mismos. Es fácil ver esto como un círculo vicioso: la audiencia nota la energía de la falta de compasión por uno mismo, su reacción hace que el orador se sienta menos cómodo, y esto se repite.

Como padres, mi esposa y yo tratamos de reconocer en nuestras hijas dos formas comunes de dureza consigo mismas. Una es la tendencia a generalizar frente a situaciones adversas: convertir una falla o una decepción específica en una característica universal. Por ejemplo, cuando una relación de amistad se rompe, nos apresuramos a pensar cosas como: "Hay algo mal conmigo", "Nunca voy a volver a hacer amigos", etcétera. Cuando vemos que nuestras hijas reaccionan así, tratamos de ayudarlas a mantenerse en la particularidad del incidente. Concentrarse en los hechos concretos ayuda a manejar mejor el problema. También tratamos de identificar los momentos en que personalizan experiencias adversas con juicios categóricos negativos como: "Soy una estúpida", "Soy una perdedora", "Apesto", cuando la verdad objetiva es más bien: "Tuve problemas con esa tarea" o "Estoy algo avergonzada". Tratamos de desincentivar el uso de las frases más duras, incluso en las situaciones más usuales. (Después de tantos años viviendo en Occidente, las sigo encontrando molestas.) Aunque no tengas hijos, una manera de pensar en la compasión por uno mismo es ser un buen padre para ti mismo.

Hay quien dice que sin compasión por uno mismo no podemos ser compasivos con otros. No estoy de acuerdo: la compasión por los demás, en especial hacia quien tiene problemas, es un instinto humano natural. También hay personas compasivas y altruistas que al mismo tiempo son duras e intolerantes consigo mismas, o buenos amigos que no tratarían a otras personas tan mal como se tratan a sí mismos. Quizás hay cuidadores —padres, por ejemplo— que vuelcan todo su amor y preocupación por alguien más mientras dejan de lado su propia necesidad de compasión. O personas que trabajan por la justicia social y ayudan heroicamente a otros, pero en lo personal son irritables, amargados o impacientes, e insoportables para sus propias familias. Cuando resolver los problemas de otro es más fácil que hacerlo con los propios, la falta de cuidado hacia uno mismo puede ser una forma de escapismo. A la larga esta actitud resulta poco sana y hasta patológica —los psicólogos utilizan el término *altruismo patológico*—[8] si la persona que ayuda invierte toda su identidad y su esfuerzo en los logros de la persona a la que está ayudando; en esos casos la relación se vuelve sofocante. Descuidar nuestras propias necesidades puede conducir al agotamiento, dejándonos exhaustos y vacíos. Éste es un problema común entre quienes se dedican al trabajo social o médico, y entre quienes tienen una disposición empática y un fuerte sentido de la justicia social. Si no se le presta atención, el agotamiento emocional puede hacer que las personas guarden resentimientos o se sientan usadas —incluso abusadas— por quienes ayudan. Es muy triste cuando esto sucede.

Los beneficios de la compasión por uno mismo

Renovar nuestros recursos

Me gusta imaginar el cultivo de la compasión por uno mismo como reabastecer el manantial de bondad y compasión que tenemos dentro. Para utilizar una metáfora más contemporánea, es como recargar nuestra pila interna para tener más compasión y bondad que ofrecer a los demás. Con mayor compasión por nosotros mismos nos protegemos del agotamiento, el pesimismo y el desaliento que nos produce enfrentarnos a los enormes desafíos de la vida.

Fijar metas realistas

Cuando nos preocupamos por nuestras verdaderas necesidades y bienestar y no por lo que la sociedad o algunas personas esperan de nosotros, podemos fijar metas que sean más significativas y realizables. Y entre más significativa sea una meta, más comprometidos y motivados nos sentiremos para alcanzarla.

Aprender de nuestra propia experiencia

Si somos más compasivos con nosotros mismos, es menos probable que nos detengamos en el juicio y el derrotismo cuando experimentemos obstáculos en el camino. La compasión por uno mismo hace énfasis en cómo nos relacionamos con las inevitables decepciones y fracasos de la vida y así nos libera de la imposible tarea de alcanzar una vida exenta de fallas y desencantos. La compasión por uno mismo da ánimos, y cuando no tememos cometer errores, podemos verlos de frente, aprender lo que podamos de ellos y avanzar con mayores metas en mente. La compasión por nosotros mismos nos hace más resilientes ante los retos. Además, la comprensión, la aceptación y el sentido de proporción en nuestra relación con el mundo que implica la compasión por uno mismo es una forma de sabiduría.

Sentirnos menos solos

Como indica la escala de Kristin Neff, parte de la compasión por uno mismo es entender nuestros dilemas y problemas dentro del contexto más amplio de la condición humana. En lugar de preguntar "¿Por qué a mí?", nos damos cuenta: "No estoy solo".

"Sé bondadoso y sé feliz"

En 1981, cuando tenía veintidós años, la apertura política de China en relación con el Tíbet permitió que mi abuela materna, junto con dos tías y un tío, viajaran a Katmandú, en Nepal. Mi abuela tenía entonces casi noventa y no sabía que mi madre había muerto hacía años: les escribió a ella y a mi tío Penpa —los hijos que habían escapado a India en 1959— para que la alcanzaran, con sus parientes, en Katmandú. Cuando mi tío me dijo que lo acompañara por ser el mayor de mis hermanos, me negué.

Lo último que quería hacer era interrumpir mis estudios en el monasterio y viajar desde el sur de India hasta Katmandú para encontrarme con alguien a quien nunca había visto en mi vida. Unos días después de que mi tío partiera, recibí un severo telegrama de mi maestro en el monasterio, Zemey Rinpoche, quien entonces se encontraba también en Nepal. (En aquel tiempo sólo los ricos tenían teléfono en India.) El telegrama de Rinpoche decía algo así: *Ven de inmediato* PUNTO *No seas tonto* PUNTO *Si no ves a tu abuela ahora, te arrepentirás toda la vida* PUNTO *Confirma salida* PUNTO. Al principio no quería, pero al final fui.

Conocer a mi abuela me hizo darme cuenta poderosamente de que mi resistencia inicial emanaba del lugar menos bondadoso de mi ser. Provenía de un lugar de extrema preocupación por mí mismo, en el que sólo me motivaba una obsesión por la "eficiencia" —en este caso, mis estudios— y que me impedía abrirme a todas las otras posibilidades de las bendiciones de la vida. Y también había arrogancia en ello. Claramente, no pensé en lo que la reunión podía significar para mi abuela, quien se enteraría de la muerte de su propia hija, mi madre.

Ese viaje a Katmandú resultó ser una de las experiencias más memorables de mi vida: el largo trayecto desde el sur de India hasta ahí —tres días en tren hasta la última ciudad antes de la frontera con Nepal, y un día en autobús a lo largo de los paisajes más impresionantes de los Himalaya— me regaló uno de los momentos más reflexivos de mi juventud.

Mi abuela —*Mo mo la*, como decimos en tibetano— tenía el típico rostro de las mujeres nómadas del Tíbet, con una sonrisa que se encendía sin esfuerzo; por su semblante, podía tener sesenta o noventa años de edad. Las líneas de su frente eran profundas, y la piel de su rostro se había endurecido tras años de exposición al sol de las alturas. Usaba el *chupa* tibetano tradicional, con un delantal a cuadros de colores y unos aretes de oro adornados con turquesas pulidas. Como mi madre, se recogía el cabello en dos trenzas alrededor de la cabeza, con listones rojos y turquesas al final de cada una. Tenía un parche cuadrado de cinta médica en cada sien, supuestamente para prevenir migrañas. Pero lo que más me sorprendió fueron sus ojos.

Hubo una conmoción cuando entré al cuarto en que se encontraban mi abuela y su familia. Todos —incluso mi anciana abuela— corrieron a abrazarme, casi en un grito. Aunque nunca los había visto antes, yo también sentí el dolor colectivo de la separación y el sufrimiento por la ausencia de mi madre. Ahí, en ese cuarto, estaban todos los hijos de mi abuela excepto una, mi madre. Cuando recobramos la calma, hubo un largo silencio que fue extrañamente confortable y pacífico.

Fue un privilegio pasar una semana en la presencia dulce y compasiva de mi abuela, viéndola interactuar con mis tías y tíos. Tenía un sentido natural de calma consigo misma, un aire genuino y libre. Quizás era la edad y la sabiduría, pero pensé que ese nivel de serenidad debía provenir de algo más profundo, del contraste entre la vida que ella había vivido y la mía. A pesar de que ambos éramos tibetanos, nuestras vidas eran completamente diferentes. Ella era una mujer sin educación, analfabeta, mientras que yo estudiaba el pensamiento budista y me entrenaba en la reconocida tradición tibetana del debate; además, gracias a mi dominio del inglés tenía acceso al mundo exterior. Aun así, mi abuela se sentía mal por mí; lo podía ver en sus ojos. Yo era entonces un monje incansable y ambicioso que rara vez vivía en el presente, y con la mirada puesta en el futuro. Al sentir la compasión de mi abuela y ver la profunda belleza de una persona tan cómoda consigo misma, en completa paz y receptiva a la gente a su alrededor, comencé a preguntarme sobre lo que había perdido al estudiar tanto y obsesionarme con el rendimiento, la eficiencia y el progreso. Seguiría preguntándome esto tiempo después.

Cuando nos abrazamos al despedirnos, tocó mi frente con la suya a la manera tradicional del Tíbet. Tomó mi rostro entre sus manos y mirándome a los ojos dijo: "Sé bondadoso y sé feliz"; desde entonces, trato de incorporar esto a mi vida. Con el tiempo me he dado cuenta de que éste es el punto de la compasión: no se trata de volvernos bondadosos y felices porque así "debemos" ser. La cuestión es que ser bondadosos con nosotros mismos y con el resto del mundo nos hace felices. Fui a Katmandú porque lo sentí como un deber familiar y porque mi maestro me lo dijo: no lo reconocí como un acto de bondad para conmigo. Pero cuando conocí a mi abuela vi las cosas de manera diferente. En cierto modo, el entrenamiento para cultivar la compasión es mi intento de codificar y "traducir" para los demás lo que resultaba tan natural para mi abuela.

Todo regresa a la conexión

Sin duda hay diferencias individuales en la manera en que asumimos la compasión por uno mismo; el modo en que fuimos educados y otros factores, tal vez incluso cierta predisposición genética, influyen en estas variaciones. De cualquier modo, las dos claves para avanzar —aquello que podemos cambiar— son cómo nos definimos como individuos y la conexión que sentimos con los demás: por supuesto, entre más fuerte sea nuestro sentido de separación, más débil será nuestra conexión con ellos. Y, paradójicamente, cuanto menos conectados nos sintamos hacia los otros, menos lo estaremos con nosotros mismos. Podemos terminar desconectados de nuestros propios sentimientos, necesidades y alegrías.

Recuerdo haber leído sobre un estudio realizado después de la crisis económica de 2008 que mostraba que la gente que se identificaba exclusiva o mayoritariamente con sus trabajos era menos resiliente a la pérdida de sus empleos que quienes depositaban su sentido de identidad y valía en otros lugares; por ejemplo, en la paternidad —todos los participantes eran hombres—, el matrimonio, la amistad, la comunidad, etcétera. (Cuando lo ponemos así, no suena tan paradójico.) Cuando los hombres que se sentían más conectados sufrían un golpe en alguna área de su identidad —incluso en una importante—, tenían el andamiaje suficiente para mantener su sentido general de valía y por lo tanto funcionaban mejor. Por supuesto, eso les brindaba las ventajas de un punto de vista más optimista y una actitud constructiva, lo que a su vez les ayudaba a responder con mayor efectividad a nuevas oportunidades. En contraste, quienes aislaban su identidad en el trabajo experimentaban más sentimientos de inadecuación, amargura y baja valoración de sí mismos. Y aunque podían sentirse solos, no sufrían en soledad; sus parejas, hijos y otros que se preocupaban por ellos sufrían al verlos pasar por un momento así.

Los psicólogos culturales nos explican cómo nuestras culturas moldean nuestro sentido de identidad —nuestro sentido de nosotros mismos—, y cómo nuestro sentido del yo define las interacciones que mantenemos con lo que nos rodea.[9] Aunque cada uno tenemos múltiples dimensiones del yo, todas se pueden agrupar bajo dos estilos básicos: yo independiente y yo interdependiente. Algunos expertos sostienen que el bienestar óptimo de cada uno se encuentra en la justa combinación de los dos aspectos. Otros estudios sugieren que tener un sentido del yo más interdependiente que independiente, más complejo que simple y más fluido que rígido conduce a una mayor salud psicológica, incluidas mayor resiliencia y mayor felicidad. De cualquier modo, es esencial la conexión que como individuos mantenemos con los demás. No es sorprendente que los psicólogos sitúen la conexión social —el sentido subjetivo que cada quien tiene de su conexión afectiva y amorosa con los otros— como una necesidad básica, sólo antecedida por los requerimientos fisiológicos y de seguridad más básicos.

En cierto sentido, el reto de la compasión por uno mismo es claro. Se trata de introducir en nuestra experiencia un sentido genuino de atención, y de responder a él con comprensión, aceptación y bondad. Esto es justo lo que hacemos cuando respondemos con compasión a las necesidades y al sufrimiento de un ser querido; nada más, no hay ningún misterio. Si es algo que sucede de manera más natural para algunos, nuestro entrenamiento para la compasión puede empezar precisamente allí. En la segunda parte de este libro ofrezco prácticas específicas que usamos en nuestro programa en la Universidad de Stanford, dirigido a entrenar el corazón y la mente para tener más compasión hacia nosotros mismos y hacia los demás.

3

DEL TEMOR A LA VALENTÍA

Vencer nuestras resistencias

Vivir en el pasado trae remordimientos y la necesidad de aferrarse al futuro, así que déjalo ir. Aferrarse al futuro aumenta nuestras esperanzas y temores, así que déjalo ir.

YANGÖNPA (1213-1258)

Aprendí que la valentía no era la ausencia de miedo, sino el triunfo sobre él.

NELSON MANDELA (1918-2013)

En nuestros momentos de vulnerabilidad es cuando más necesitamos la bondad de otros. Pero para muchos es precisamente entonces cuando resulta más difícil buscar ayuda y obtener sus beneficios. A menudo, en esos momentos cruciales nos superan el miedo, el orgullo y la sospecha. Cuando esto sucede no sólo nos privamos de la ayuda y la bondad de los demás, sino que también bloqueamos las expresiones de nuestra parte más gentil, sabia y bondadosa.

La valentía de la compasión

Tenía treinta y seis años cuando decidí abandonar la vida monástica. Para entonces yo era una fuente de orgullo para el mundo monástico tibetano, en especial para los miembros de mi monasterio de Ganden Shartse. Era el traductor al inglés del Dalai Lama, un especialista en el pensamiento budista con muchos estudiantes bajo mi tutela y además una especie de "prueba viviente" de que la antigua vida monástica y el pensamiento moderno podían coexistir sin conflictos. Había sido monje por más de dos décadas, desde los once años; el monasterio era mi hogar y los otros monjes mi familia, mis amigos y mi comunidad. El monasterio era mi roca y mi mundo. Abandonarlo significaba dejar atrás todo lo que me había dado fuerza, felicidad y sentido. Es lo más temible que había hecho en mi vida.

¿A qué le tenía tanto miedo, y por qué? Por supuesto, temía dejar un ambiente conocido y aventurarme a lo desconocido. Noté que este temor tenía un toque de curiosidad, pues me preguntaba qué cosas escondía el mundo. ¿Revelaría aspectos de mi personalidad, ocultos antes por la vida monástica? Existía también el miedo al juicio de los demás, en especial de mis colegas monásticos y de la comunidad tibetana en su conjunto. ¿Verían en mi acto una traición? ¿Se decepcionarían de mí? ¿Cómo tomaría mi padre la noticia? ¿Cómo afectaría esto mi relación con Su Santidad, el Dalai Lama? Estos pensamientos ocupaban mi mente.

Cuando somos parte de una comunidad estrecha —ya sea un monasterio de cuatrocientas personas o una familia de dos— es inevitable que los demás sean afectados por los cambios importantes que cada uno realiza. Es natural que los miembros de una familia depositen sus sentimientos e identidad en los logros y fracasos de los otros; yo no sería capaz de culpar a los demás por hacer eso conmigo. Sabía que mi decisión afectaría mi vida y que sólo yo era responsable de mis actos. Aun así, quedaba una cuestión moral: mi responsabilidad con la comunidad. ¿Dejarlos sería egoísta? ¿Qué pasaría con el dolor que les causaría a todos aquellos a quienes respetaba y quería profundamente, incluso hasta el día de hoy?

Me di cuenta de que el primer paso era estar del todo seguro de mi decisión. La razón que necesitaba para dejar el monasterio era mi anhelo de tener una familia propia. Esto podía estar relacionado con haberme visto separado de mi familia desde una edad temprana y perder a mi madre cuando niño. Sin importar los motivos, ese sentimiento estaba allí desde tiempo atrás y nunca me abandonó; al contrario, crecía con los años. Sin importar cuánto tratara, no podía visualizarme como un monje anciano con el pelo blanco y una túnica marrón. Así, luego de una larga reflexión me quedó claro que no era una cuestión de *si* iba a hacerlo, sino de *cuándo* y *cómo* lo haría. También entendí que entre más pronto me fuera, menor daño causaría. Aunque llevaba años en el monasterio, no tenía ningún cargo de importancia, como la abadía: si iba a irme, debía ser pronto.

Luego me di cuenta de que el juicio de los demás no era lo que debía preocuparme; en todo caso, no había mucho que pudiera hacer al respecto. En cambio, podía pensar cómo mitigar el daño que pudiera causar mi partida. Quería que los otros comprendieran que mi decisión no era producto de una desilusión con la tradición; que sólo tenía que ver con mi vida privada. Admiro profundamente el ideal detrás del monacato: es muy noble dedicar la propia vida a la búsqueda de la meditación entrenada, el conocimiento y el servicio a los demás. Debía ser capaz de comunicar esto a mis compañeros monjes. Así que regresé a Cambridge, esta vez para hacer un doctorado en estudios religiosos; quería darme a mí mismo y a mi comunidad algo de tiempo y distancia para que el rompimiento fuera más fácil para ambas partes. (También deseaba encontrar un trabajo, puesto que tendría que ganarme la vida como todo el mundo.)

Mis compañeros fueron muy comprensivos cuando supieron la razón de mi partida; también tuve la fortuna de conocer a Sophie, mi futura esposa, poco después de dejar el monasterio. Las cosas parecían acomodarse por sí solas; la transición fue sencilla. Mis colegas y amigos se sintieron aliviados al saber que el rompimiento no había sido traumático para mí. El momento doloroso llegó cuando volví al monasterio como visitante, vestido con ropas comunes. Muchos de mis ex alumnos lloraron al verme; eso fue extremadamente difícil. Les aseguré que mi vocación de servicio a la cultura tibetana clásica permanecía tan fuerte como antes.

Me asombró lo bien que mi padre tomó la noticia. Fue una sorpresa, ya que solía preocuparse por lo que pensarían los demás. Las reacciones de mis dos hermanos fueron radicalmente diferentes entre sí. Cuando les llamé para darles la noticia, uno dijo: "¡Qué vergüenza! ¿Cómo voy a ver a la gente a la cara?" El otro dijo: "¿Por qué te tardaste tanto? Si hubieras partido antes, te habrías acostumbrado más fácil a tu nueva vida". Yo sabía que sus reacciones tenían más que ver con ellos mismos que conmigo.

La respuesta del Dalai Lama fue otra historia. Unos meses después de anunciar mi decisión, recibí una llamada de su oficina: me necesitaban durante una visita a Suiza. Le dije a su secretario que yo ya no era monje y que no podíamos actuar como si las cosas no hubieran cambiado. Él me aseguró que la petición venía directo del Dalai Lama.

Debo admitir que me sentía nervioso de presentarme ante Su Santidad en ropas comunes, con mi pelo "largo" sin rapar. Hasta entonces sólo me había encontrado con el Dalai Lama como un monje más, vestido con las túnicas marrones típicas de los monjes tibetanos. El Dalai Lama estaba entonces en un monasterio tibetano cerca de Zúrich; cuando entré a su cuarto, Su Santidad rio y me dijo bromeando que me veía muy elegante con pantalones.

Eso rompió el hielo. También me dijo: "Siempre has tenido una cabeza algo grande; ahora, con pelo, se ve aún más impresionante". Más relajado, me disculpé por no ser capaz de seguir sirviéndolo como monje. El Dalai Lama me contestó: "Te mentiría si te dijera que, como monje, no me entristece perder a un compañero. Sin embargo, te conozco bien: sé que no has tomado esta decisión a la ligera y confío en tu juicio".

Su Santidad continuó, brindándome consejo personal. Dijo que a pesar de no ser un experto, ha visto a muchas personas enredarse en relaciones complicadas: esto no sólo se vuelve una fuente de dolor y amargura, sino que deja poco espacio emocional y de atención como para hacerse demasiado bien a sí mismos y a los demás. Aún más importante, me aconsejó no tener hijos antes de estar seguro de haber encontrado a la pareja correcta; me dijo que la separación y el divorcio causan mucho dolor y confusión en los niños pequeños. Me conmovió escuchar un consejo acerca de la vida familiar por parte de un monje, y nada menos que el propio Dalai Lama. Ambos sabíamos que ninguno de los dos tenía experiencia con el cortejo, el matrimonio o la paternidad, pero se atrevió a ofrecerme estas observaciones de corazón a partir de su experiencia con tanta gente a lo largo de los años.

Todo esto me reforzó algunas de las importantes reflexiones acerca de la compasión contenidas en las enseñanzas budistas. Primero, cuando nos enfrentamos a un reto, si nos mantenemos atrapados entre los estrechos confines de la preocupación por nosotros, el miedo se vuelve la emoción dominante. Miedo a ser juzgado, a no agradar, a ser visto como una decepción, al rechazo: esto se apodera de nuestros pensamientos y sentimientos. Aunque es humano reaccionar así, el miedo suele complicar las cosas cuando se convierte en nuestra motivación principal. El miedo nos desconecta de nuestra capacidad natural para empatizar y nos volvemos inaccesibles a los demás. En cuanto a la forma en que los otros puedan juzgarnos, ¿qué podemos hacer al respecto, de cualquier manera? Por lo general, es bueno que nos importe lo que piensen los demás: es parte de lo que nos hace criaturas morales. Sin embargo, preocuparnos demasiado es contraproducente. Si permitimos que el miedo gobierne nuestras vidas, nos paralizamos. Al final es un asunto de equilibrio: entre la compasión por uno mismo para hacernos cargo de nuestras necesidades, y la compasión por los demás para evitar pasar por encima de las suyas.

Cuando concentramos nuestra preocupación en el bienestar de los demás, nuestra actitud cambia a: "¿Cómo afecta esta acción mía a quienes se preocupan por mí?", "¿Cómo puedo minimizar el sentimiento de daño que puede generar?", "¿Puedo hacer algo para tranquilizar a mis seres queridos?" No sólo habrá menos sentimientos negativos, sino también menos estrés y pesadumbre al no existir intenciones individualistas. Esto nos permite ser más proactivos y enfocar nuestra energía en comunicarnos con nuestros seres amados de una manera que les genere confianza. Al final, cuando la gente entiende las razones por las que elegimos hacer algo, y cuando comprende el mensaje básico de que no deseamos hacerles daño, tienden a aceptar mejor nuestras decisiones y son compasivos con nosotros. Ésta es la naturaleza humana.

La respuesta del Dalai Lama a mi cambio de vida también me recordó ser sensible a las necesidades específicas de una situación particular. En especial en las relaciones íntimas, hay momentos en que un lado se siente más vulnerable que el otro. Ayuda si quien es menos vulnerable ofrece bondad y comprensión en lugar de juicio y recriminación. Cuando alguien ya se siente inseguro y con miedo, no sirve de nada decir: "¿En qué estabas pensando? Te lo dije". Aunque tengamos la razón, a menudo no es el momento preciso para hacerlo patente. Hay un dicho en tibetano, y también en inglés, que dice que no debemos patear a quien ya está en el suelo, ni castigar a quien ya fue castigado.

La compasión —para nosotros y para los demás— requiere valor. Requiere valor cuidarnos a nosotros mismos, tomar decisiones en nuestro mejor interés y no permitir que el miedo a lo que los demás piensen nos aleje del camino. También requiere valor que nos importe lo que los demás piensen, tener compasión por el efecto de nuestras acciones en los otros. La compasión requiere que prestemos atención y nos involucremos en los problemas y el sufrimiento de las personas cuando sería más fácil ignorarlos o conformarse con el *statu quo*. Requiere valor confiar lo suficiente para abrirnos a los demás, ya sea para pedir u ofrecer ayuda. ¡La gente que sufre no siempre actúa de la mejor manera! Requiere valor bajar nuestras defensas y conectarnos con las personas donde sea que estén, tener compasión de cualquier manera.

Sin embargo, la compasión también *genera* valor. Actuar por compasión hacia nosotros mismos nos dará más confianza en que estamos haciendo lo correcto. De igual manera, tener compasión por los demás nos libera de temer por nosotros: nuestra atención se dirige hacia afuera y nos expande la perspectiva, lo que hace que nuestros problemas parezcan más pequeños en el esquema de cosas, o no como "nuestros" problemas sino como parte de algo mayor, algo en lo que todos estamos juntos. Nos sentimos más fuertes cuando nos damos cuenta de que los "otros" a quienes hemos temido están en realidad de nuestro lado; la compasión propicia este descubrimiento. Requiere valor abrir nuestros corazones a los demás y exponer nuestra vulnerabilidad, pero como el Dalai Lama suele señalar, cuando lo hacemos nos sentimos transparentes y liberados. Podemos dejar de escondernos, dejar de temer que alguien vea cómo somos en realidad, porque elegimos ser vistos.

Miedo a la compasión

La compasión suena como algo maravilloso; entonces, ¿a qué le tememos? Nuestro miedo —o miedos, más bien, ya que son de distintos tipos— se encuentra entre los intrigantes hallazgos de la nueva ciencia de la compasión.[1] Paul Gilbert, psiquiatra británico y pionero de la terapia basada en la compasión, fue el primero en esquematizar el miedo a la compasión en un entorno clínico. Encontró que muchos de sus pacientes que sufrían de gran vergüenza y autocrítica patológica tenían una resistencia visceral a la compasión: según Gilbert, a no ser que este miedo sea atendido de entrada, la exposición directa a las terapias que inducen la compasión de manera explícita puede no resultar efectiva.[2] Identificó tres tipos de miedo a la compasión: miedo a la compasión *por los demás, de los demás* y *por uno mismo*, y ayudó a desarrollar medidas de autoevaluación para cada uno. Por ejemplo, en relación con la compasión por los demás, qué tan fuerte nos identificamos con las siguientes declaraciones:

- La gente se aprovechará de mí si soy demasiado compasivo y dado a perdonar.
- Si soy demasiado compasivo, otros se volverán dependientes de mí.
- No puedo tolerar el dolor de los demás.
- Las personas deberían ayudarse a sí mismas en lugar de esperar a que otros las ayuden.
- Hay gente que no merece compasión.

Miedo a la compasión de los demás:

- Tengo miedo de necesitar que la gente sea bondadosa y no actúe así.

- Me preocupa que las personas sólo sean amables y compasivas cuando quieren algo de mí.
- Si pienso que alguien es amable y cariñoso conmigo, pongo una barrera.

Miedo a la compasión por uno mismo:

- Temo que si desarrollo compasión por mí mismo, me volveré alguien que no quiero ser.
- Temo que si soy más compasivo conmigo mismo me volveré débil.
- Temo que si siento compasión por mí mismo, me abrumarán el duelo y la tristeza.[3]

Cada uno de nosotros puede reconocerse en uno o en todos estos miedos. Esto sugiere que es tan natural cierto grado de resistencia hacia la compasión como la aparición de la compasión misma.

En gran medida, estos miedos parten de confundir compasión con sumisión, debilidad o sentimentalismo, pero esto es infundado. La compasión no impide que nos defendamos cuando somos tratados de forma injusta. Si un colega en el trabajo intenta desacreditarnos para obtener un ascenso en nuestro lugar, podríamos contraatacar: esparcir rumores sobre él, gritarle, etcétera. Una alternativa es identificar de dónde viene su comportamiento: a veces, la conducta torpe y agresiva proviene de una inseguridad basada en los celos. En este caso es claro que hay un interés propio mal guiado así como una visión de corto alcance. Cuando estemos ansiosos de hacer sufrir a esa persona, podríamos recordar que de hecho ya está sufriendo. En el momento en que sientas empatía por tu colega, estarás en una mejor posición para mantener la compostura y responder a la situación con calma y claridad; podrías acercarte e intentar hablar con él, decirle que lo entiendes y que piensas que él, por su lado, entenderá por qué le pides que se detenga. Y quizá te sorprenda al comprenderte.

Tener compasión por los demás no significa que a la gente no se le pidan cuentas por sus acciones. Podemos creer que algunas personas simplemente no merecen nuestra compasión. La pregunta más amplia acerca de la relación entre la compasión y la justicia está más allá del alcance de este libro; dicho esto, gran parte de la tensión que percibimos arranca de confundir la compasión con el perdón. Tener compasión por los perpetradores de injusticias no significa que no condenemos sus acciones y no nos impide confrontarlos. En todo caso, la compasión nos permite lidiar con la situación de manera más eficiente, sin el costo de la ira y la enemistad. Significa que nunca perdemos de vista el hecho de que estos individuos también son seres humanos y, como nosotros, intentan evitar el sufrimiento y encontrar la felicidad. Aunque exijamos cuentas y hagamos lo posible para detener las injusticias, podemos recordar su humanidad y no perder de vista su perspectiva y necesidades. Como el Dalai Lama suele recordarnos, perdonar a alguien no significa olvidar lo que ha hecho.[4] Si olvidamos, no hay nada que perdonar. El perdón es para la persona, no para sus acciones. Esta sencilla idea es capturada de manera poderosa en la frase cristiana que afirma que debemos amar al pecador pero odiar el pecado.

Otro miedo común es que alguien se vuelva muy dependiente de nosotros. Detrás de ese miedo, por lo general podemos encontrar una falsa creencia de que la compasión significa hacer todo por esa persona. De hecho, el acto más compasivo que podemos hacer es ayudar a otros a empoderarse a partir de sus propios recursos internos: enseñar a una persona a pescar en lugar de darle el pescado, como dice el dicho. Ayudar a otros a ayudarse a sí mismos es una de las formas más elevadas de la compasión.

También podemos resistirnos a la compasión por miedo a no ser capaces de soportar el agobio de otra persona, ya que la compasión involucra abrirnos al sufrimiento de otros (¿y no estamos ya lo bastante estresados?). Este miedo puede venir de no saber qué hacer al enfrentarnos a un problema que no puede ser solucionado. Muchos de nosotros, en particular los hombres, nos sentimos incómodos con problemas que no tienen una solución clara. La compasión reconoce la verdad fundamental de nuestra condición humana: que no todo el dolor se puede arreglar y que hay un límite a lo que cada uno puede hacer cuando se enfrenta al sufrimiento. Demanda una actitud de humildad. En muchas situaciones lo que se necesita no es una solución sino nuestra respuesta empática, nuestra aceptación, comprensión y solidaridad. A veces alguien sólo necesita un "Sí, eso es un asco", o un abrazo. En cualquier caso, siempre ayuda recordar que ciertos dolores y penas son inevitables, parte de lo que significa ser humano. No depende de nosotros *decidir* si sufrimos o no, pero podemos elegir cómo responder. ¿Resistimos la realidad del sufrimiento con ira, negación o distanciamiento? ¿Nos estancamos en pensamientos como: "¿Por qué a mí?", "¡Es injusto!" o "No puedo con esto", que sólo añaden sufrimiento al sufrimiento? ¿O respondemos con comprensión, compasión y valor? Es nuestra decisión.

Durante nuestro entrenamiento para cultivar la compasión, un hombre de sesenta y ocho años de edad narró la siguiente historia acerca del valor que encontró en la compasión:

> A menudo voy a Subway para almorzar. Solía evitar a un joven indigente que pedía dinero en la puerta; me parecía que la mejor manera de lidiar con la mendicidad era ignorar a estas personas en las esquinas y afuera de las tiendas. Para mi sorpresa, durante la cuarta semana del entrenamiento para cultivar la compasión

me encontré viéndolo a los ojos: "No regalo dinero, pero me daría gusto invitarte un sándwich". Esperamos en la fila; él obtuvo su sándwich y me dio las gracias antes de partir. La siguiente vez que lo vi ahí le ofrecí nuevamente un sándwich, y acompañarme a comer si quería. "Claro, amigo." Conocí la historia de este joven vagabundo de diecinueve años, su valentía al estar en las calles y su gratitud por un momento de bondad. Aún siento como si me hubiera dado un obsequio. Algo sucedió mientras practicaba mi entrenamiento de la compasión: mi corazón se está abriendo gradualmente y mi valentía crece. La gente por doquier, que antes eran extraños, se volvieron reales para mí. Estoy trabajando para comprender mejor a lo que se refiere el Dalai Lama cuando dice: "Nunca he conocido a nadie que sea un extraño".[5]

Orgullo: la falsa protección

El orgullo es otro inhibidor común de la compasión. Se disfraza de fuerza, pero en realidad es sólo otra clase de miedo. Como vimos en el capítulo anterior, muchos de nosotros basamos nuestra identidad en el desempeño y el éxito. Vivimos bajo la gran presión de probar nuestra valía, así que cuando las cosas no resultan como planeamos o esperábamos, nos resistimos a pedir ayuda, en particular de las personas cuya opinión nos importa más. El orgullo se interpone en el camino y conlleva sentimientos de culpa, vergüenza y amargura. En lugar de admitir nuestra necesidad y buscar ayuda, nos colocamos una máscara, aguantamos y sufrimos solos.

El orgullo puede ser muy perjudicial cuando se convierte en una barrera después de un conflicto en una relación cercana: entre parejas, entre padres e hijos, entre amigos. Al bloquear el camino a la compasión y la reconciliación, el orgullo permite que se intensifique la experiencia negativa del conflicto. Crea un círculo vicioso, donde cada parte espera a la defensiva a que el otro haga el primer acercamiento. En esta dinámica, las declaraciones que expresan nuestros sentimientos más profundos, como "Perdón" y "Te amo" no surgen fácilmente, pero son justo las palabras que necesitamos. Aquí podemos aprender algo viendo cómo se arreglan los niños después de una pelea: los más pequeños no se quedan en el conflicto, pasan la página. No sufren por el dolor del orgullo herido, como los adultos. El orgullo convierte los pequeños moretones en heridas profundas hechas por uno mismo. En este sentido, es una falsa protección.

Orgullosos, confundimos altanería con mantenernos firmes en nuestros principios. Confundimos con debilidad y sumisión tomar la iniciativa para reconciliarse. En realidad, siempre ayuda más acercarse a la otra persona, incluso cuando pudiéramos tener la razón. Al principio de nuestra relación, mi esposa y yo acordamos que nunca nos iríamos a dormir enojados. Así, sin importar qué tan fuerte haya sido la discusión, nunca puede durar más de un día. Esta práctica ha demostrado ser un poderoso antídoto contra el orgullo, y previene que éste se interponga entre nosotros.

Una cultura de bondad

También la cultura contemporánea se resiste a la compasión de algunas maneras. La autonomía individual es tan valorada que podemos considerar la preocupación por y la necesidad de los demás como signos de debilidad. Para protegernos, internalizamos una autoimagen ruda con fuertes creencias como "La dependencia es debilidad", "No necesito a los demás" y "No dejo entrar a nadie para que no me lastimen". En sí mismo, no hay nada malo en sentirse independiente. Los problemas surgen cuando lo llevamos al extremo y acabamos alienados de nuestra naturaleza básica como seres sociales e interconectados con necesidades que son universales para nuestra condición.

En la cultura tibetana tradicional la bondad disfruta de alta estima, y a temprana edad los tibetanos aprenden a darla y recibirla con mayor facilidad. La gente aprecia la bondad de los otros en lugar de temerla, bajo el postulado de que la interdependencia le es natural a los humanos. Los visitantes al Tíbet destacan la generosa hospitalidad, la manera en que los tibetanos invitan abiertamente a los extraños a sus casas y les sirven té y comida; tal vez esto tenga algo que ver con la realidad de la meseta tibetana, donde la gente ha vivido durante varios siglos en pequeños grupos esparcidos a lo largo de una tierra vasta cuya geografía presenta muchos retos. Así que cuando noté por primera vez que los occidentales tienen una resistencia visceral —incluso aversión— a recibir bondad, fue un tanto un *shock*. He visto a gente reaccionar a la bondad como si fuera un insulto. Recuerdo que en mi primer año como estudiante en Cambridge le ofrecí mi ayuda a un anciano señor que llevaba un bastón y cruzaba una calle, y me volteó a ver con irritación, ofendido: tal vez mi intrusión le recordó su edad y no le gustaba pensar en ello. Más tarde observé que algunas personas no quieren sentirse en deuda con alguien más.

Soltar nuestra resistencia

De una u otra manera, los inhibidores de la compasión son formas de resistencia que traemos a nuestra experiencia cotidiana, en particular cuando encontramos dificultades, dolor y pena.

Usamos el miedo, ponerse a la defensiva, el orgullo o, cuando apartamos la vista, la simple evasión para protegernos del dolor. La resistencia puede servir muy bien para protegernos cuando los retos son físicos. Al enfrentarnos a un asaltante o a un tigre dientes de sable, tenemos dos opciones: o peleamos en defensa propia o escapamos. Pero la reacción de pelear o huir no ayuda cuando se trata de desafíos mentales o emocionales: de hecho, nuestra resistencia le abre la puerta a un mayor sufrimiento. Este ancestral conocimiento budista —que nuestra resistencia sólo empeora las cosas— representa un entendimiento poderoso de la naturaleza del sufrimiento humano.

Encontré una analogía occidental para esto cuando aprendí a esquiar siendo adulto. Al principio mi cuerpo estaba rígido por el miedo (un periodista local descubrió que caer sobre hielo es el mayor miedo de los inmigrantes que llegan a vivir a Montreal, mi hogar desde 1999); sólo cuando me relajé empecé a hacerlo bien. También aprendí que, cuando caes, si dejas que tu cuerpo se relaje y no se resista a la caída, el daño es menor. En un inicio esto parecía paradójico.

El instinto de resistir (la caída o el sufrimiento) proviene de instintos humanos fundamentales. Todos manifestamos una necesidad básica de seguridad: algo sólido a lo cual asirnos, terreno firme sobre el cual pararnos con confianza. De manera instintiva buscamos control, predictibilidad y decisión, y nos sentimos incómodos ante la incertidumbre y el cambio. Pero sin importar cuánto lo intentemos, nunca podremos acabar con la incertidumbre y el cambio en nuestras vidas.

Además, nuestra aversión natural al cambio se agrava por la incertidumbre radical que caracteriza la vida contemporánea. Incluso antes de la era digital, el poeta estadounidense W. H. Auden describió el periodo postindustrial como la "era de la ansiedad":

muchas de las instituciones que aportaban constancia y daban bases a las sociedades tradicionales —la Iglesia, la monarquía, y una comunidad fuerte — ya no tienen un papel central en el mundo moderno. En nuestra era digital, casi todo parece estar revuelto. Hay poco apego al "hogar" en el sentido físico; menos personas tienen una conexión emocional con su lugar de origen. La gente siente cada vez menos seguridad y estabilidad en sus empleos, y la cultura corporativa se define por las ganancias para los accionistas en el periodo más corto posible.

Una de las primeras enseñanzas que el Buda compartió con sus discípulos fue la verdad de la impermanencia. El dolor de perder lo que tenemos, no encontrar lo que deseamos, obtener lo que no queremos, es parte de lo que significa estar vivo, nos recuerda el Buda. Son aspectos esenciales de nuestra experiencia humana común; no aparecen porque hayamos fallado al hacer las cosas. Y nuestra felicidad no reside en evitar el dolor y el sufrimiento, sino en no dejarlos perturbar nuestro equilibrio básico: la calma de permitir, por lo menos momentáneamente, que las cosas sean como son. Tan pronto hagamos las paces con ellos, podremos dejar de reaccionar y empezar a vivir con compasión hacia nosotros mismos y los demás. Debo admitir que ésta es una verdad difícil de aceptar, por cierta que fuere. Con suerte, cuando veamos que luchar contra ello es mucho más difícil, podremos coincidir en que vale la pena intentar la aceptación, la comprensión, la paciencia y la bondad; o sea, la compasión. El entrenamiento para cultivar la compasión, en la segunda parte de este libro, está diseñado para ayudar.

Podríamos intentar protegernos de la incertidumbre y el cambio al controlar el ambiente, el comportamiento de las demás personas y el mundo entero; sin embargo, no es una estrategia realista. Como alternativa, podríamos cambiar nosotros mismos y adaptarnos a la realidad en que estamos inmersos. Shantideva, el autor budista indio del siglo VIII, cuyo texto fundacional memoricé cuando era un joven monje, ofrece una analogía: si tratáramos de cubrir toda la superficie de la Tierra con cuero para proteger nuestros pies, ¿dónde podríamos encontrar suficiente cuero? En cambio, al cubrirnos las plantas de los pies con zapatos de cuero, podemos conseguir el mismo propósito que cubriendo toda la Tierra.[6] La mejor solución a un problema es la que tú mismo puedes encontrar.

Ejercitar nuestro músculo de compasión: cultivo de la compasión en la Universidad de Stanford

La visión detrás de nuestro entrenamiento de la compasión en Stanford es muy ambiciosa. Nuestro objetivo no sólo es que la compasión se considere un valor humano central o volvernos más empáticos con los demás. El objetivo es más bien ofrecer una práctica sistemática para hacer de la compasión el principio fundamental que gobierne todos los aspectos de nuestras vidas, desde cómo nos vemos a nosotros mismos e interactuamos con los demás, pasando por la crianza de nuestros hijos, hasta involucrarnos con el mundo a nuestro alrededor. Sin esta práctica, nuestra experiencia de la compasión tiende a ser reactiva: la compasión surge como respuesta al sufrimiento o la necesidad de alguien a quien amamos. En el caso de un extraño o un animal sufriente, se requiere mucho más para provocar nuestra compasión. Sin embargo, con la práctica podemos hacer de la compasión nuestra postura básica, la mirada con que nos percibimos a nosotros mismos y al mundo que nos rodea, para así involucrarnos con el mundo desde ese punto.

Hay una conexión íntima y dinámica entre cómo nos *percibimos* a nosotros mismos, a los demás y al mundo alrededor, en primer lugar, y en segundo lugar, en cómo lo *experimentamos*. Esto influye en la manera en que *actuamos*. En otras palabras, nuestras emociones definen nuestro comportamiento, y nuestros pensamientos y percepciones — actitudes, opiniones y valores—determinan cómo experimentamos el mundo. Por ejemplo, si vemos el mundo como un lugar peligroso y a los demás como insensibles e interesados, nos relacionamos con ellos basados en el miedo, la sospecha, la rivalidad y el antagonismo. En contraste, si vemos el mundo como un lugar alegre en general y a los demás como personas sensibles, lo experimentamos con un sentido de confianza, pertenencia y seguridad. Sólo por estas dos perspectivas contrarias, el mundo puede ser experimentado de forma diametralmente distinta por dos individuos del mismo nivel socioeconómico en el mismo barrio. Al cambiar la manera en que nos percibimos y al mundo en que vivimos, podemos transformar el modo en que nos experimentamos a nosotros mismos y al mundo. Esto es a lo que el Buda se refería cuando afirmó: "Con nuestros pensamientos hacemos el mundo".[7] Y ésta es la teoría de transformación detrás del entrenamiento para cultivar la compasión (ECC) desarrollado en Stanford.

En el ECC apuntamos a cuatro áreas de cambio: perspectiva, conciencia, capacidad de empatía y comportamiento. Cambiamos nuestra perspectiva principalmente al trabajar con nuestras intenciones conscientes y las actitudes que llevamos a nuestra experiencia cotidiana del mundo. Fortalecemos nuestra conciencia al trabajar en nuestra capacidad de atención y al aprender simplemente a estar con nuestras experiencias mientras se desarrollan. Cultivamos nuestra capacidad de empatía al reconfortar nuestros corazones cuando les deseamos bien a los demás, en particular a nuestros seres queridos, y al alegrarnos por su felicidad. Aprendemos a expandir el alcance de nuestra empatía al reconocer similitudes que compartimos con otros, en especial nuestra humanidad común. Al cambiar nuestra perspectiva, conciencia y capacidad de empatía, y al vivir de manera consciente nuestra compasión en acción, transformamos nuestro comportamiento. Al cambiar nuestro comportamiento, cambiamos el mundo.

Con lo enunciado en el capítulo 2 puedes suponer que un objetivo crítico a transformar con nuestro entrenamiento es lo que podríamos llamar la relación del yo al yo. Una relación sana y compasiva con nosotros mismos, en la que nos relacionamos con nuestra propia situación con bondad, comprensión y aceptación genuina, es el lecho marino al cual anclar nuestra relación con los demás y con el mundo. Así que cultivar la compasión por uno mismo es un punto importante, tanto en el ECC como en la siguiente parte de este libro.

En los siguientes cinco capítulos presento los elementos clave de nuestro entrenamiento de la compasión en Stanford, incluidas las prácticas meditativas específicas asociadas a cada paso. Primero establecemos intenciones conscientes para aprender a enfocar nuestra atención y traer mayor conciencia a nuestras propias experiencias; después practicamos animar nuestros corazones para conectar con más facilidad con los demás, en particular nuestros seres queridos. Una vez que hemos puesto los cimientos mediante el cultivo de nuestra intención, atención y empatía, nos enfocamos en el reto de cultivar la compasión por uno mismo. Por último, con la compasión y la bondad hacia uno mismo arraigadas con firmeza, trabajamos en expandir nuestro círculo de interés para que, por lo menos en aspiración, abarque a toda la humanidad. Como un paso importante para ampliar ese círculo, cultivamos sentimientos genuinos de conexión con los otros al admitir, a un nivel instintivo, nuestra aspiración compartida de felicidad.

Debemos enfrentar nuestros miedos si queremos superar la resistencia a la compasión. La siguiente parte de este libro te ayudará a explorar las creencias personales que sostienen los tuyos: verás cómo la resistencia a la compasión, incluida la compasión por uno mismo, se manifiesta en tus ideas, actitudes y reacciones emocionales, y aprenderás cómo lidiar con ello por medio de la conciencia y el entendimiento. Mediante la práctica podemos aprender a estar con nuestra incertidumbre y a responder con flexibilidad a nuestras experiencias de dolor, tristeza y miedo sin combatirlas ni resistirlas sino observándolas, estando con ellas y respondiendo con gentil comprensión. Éste es un enfoque radicalmente distinto de la vida: exige que cambiemos nuestros patrones habituales de protección. Demanda un corazón sin miedo. Nos pide estar cómodos en la bruma de la incertidumbre, sentirnos seguros incluso cuando el terreno bajo nuestros pies cambie todo el tiempo. Sin embargo, ésta es una respuesta que debemos aprender. Requiere una nueva perspectiva de nuestra parte, actitudes distintas con relación a nuestra experiencia. Y exige una manera diferente de relacionarnos con nosotros mismos y con el mundo. Esto es lo que pueden enseñarnos las prácticas transformadoras como la conciencia plena y el entrenamiento de la compasión.

Como vimos en el capítulo 1, tu capacidad —y tu valentía— para la compasión ya están en ti. Se trata de despejar el camino.

SEGUNDA PARTE

Entrenar la mente y el corazón

4

DE LA COMPASIÓN A LA ACCIÓN

Convertir la intención en motivación

El buen y el mal karma son funciones de la mente... Todas nuestras acciones están definidas por nuestra intención.

TSONGKHAPA (1357-1419)

Cualquiera puede ver que tener intención y no actuar cuando podemos no es realmente tener intención, y amar y no hacer el bien cuando podemos no es realmente amar.

EMANUEL SWEDENBORG (1688-1772), *EL CIELO Y EL INFIERNO*

Que todos los seres obtengan felicidad y sus causas.
Que todos los seres estén libres de sufrimiento y sus causas.
Que todos los seres nunca estén separados de la alegría que está libre de desdicha.
Que todos los seres permanezcan ecuánimes, libres de la influencia del apego y la aversión.

Recuerdo con cariño cuando de niño despertaba en una tienda de campaña humeante en una parte remota del norte de India, cerca de Shimia, con el sonido ondulante de mi madre cantando estas frases, entre otras oraciones, mientras batía té con mantequilla tibetana para el desayuno. El batir del té con mantequilla dentro de un *dongmo*, un tubo vertical de madera sostenido por bandas de cobre, con un palo largo unido a un disco de madera que se mueve hacia arriba y hacia abajo, produce un sonido chorreante, tranquilizador y repetitivo. Los campamentos de tiendas donde vivían mis padres como constructores de caminos se movían de sitio, pero la aldea de niños donde yo estaba internado hacía arreglos para que los visitáramos una o dos veces por semana. Cuando crecí llegué a atesorar estos recuerdos de mi madre, y su canto de la oración de Los Cuatro Inconmensurables hizo esos recuerdos todavía más significativos.

Los Cuatro Inconmensurables

La compasión es uno de los "cuatro inconmensurables", como se refleja en la segunda línea de esta oración: *Que todos los seres estén libres de sufrimiento y sus causas*. Los otros tres son el amor benevolente, la alegría empática y la ecuanimidad. Hablando informalmente, estas son cualidades de las que, según la psicología budista, nunca se puede tener demasiado. Como ocurre con la compasión, todos tenemos estas cualidades; son parte —la mejor— de ser humano. Entonces, aunque quizá no estés familiarizado con todos los términos, sabes lo que son: el amor benevolente es el amor sin ataduras, el deseo puro de que alguien sea feliz (incluidos nosotros mismos): *Que todos los seres obtengan felicidad y sus causas*. La alegría empática es experimentar felicidad por la felicidad ajena o la buena suerte de alguien más: *Que todos los seres nunca estén separados de la alegría que está libre de desdicha*. La ecuanimidad es mantenerse en calma sin importar lo que la vida nos lance —placer y dolor, gustos y disgustos, éxito y fracaso, elogio y culpa, fama y desprestigio— y nos permite relacionarnos con todos como seres humanos, más allá de las categorías de amigo, enemigo o extraño. Con ecuanimidad, estamos libres de las fuerzas habituales de la expectativa y la aprensión que nos hacen tan vulnerables a la sobreexcitación y la decepción. Sentado debajo de un árbol mientras alcanzaba la iluminación, el Buda hizo un *mudra* o gesto revelador con el que tocaba el suelo con una mano para señalar que sin importar cualquier tormenta de problemas que rugiera a su alrededor, cualquier provocación que llegara, él mantendría su lugar. Ésta es la imagen de la ecuanimidad. *Que todos los seres permanezcan ecuánimes, libres de la influencia del apego y la aversión.*

Cada una de estas cualidades, conocidas también como "estados sublimes", tiene un opuesto o "enemigo lejano" que es bastante evidente. Para la compasión, es la crueldad; para el amor benevolente, la mala voluntad o la intención dañina; para la alegría empática, la envidia o los celos. (Peor todavía, la envidia o los celos nos pueden llevar a sentir alegría por el infortunio de alguien que no nos agrada. Recuerdo el conflicto que viví cuando, en 1976, las comunidades de refugiados tibetanos en India estallaron en celebración ante la noticia de la muerte del presidente Mao. Si alguien carga con la mayor responsabilidad por el sufrimiento del pueblo tibetano —la anexión del Tíbet, el exterminio de su pueblo, la destrucción de su cultura y ecología— y cuyo trágico legado sigue sin encontrar un final, ese es el gran caudillo de la China comunista. Como adolescente inquieto me hubiera gustado participar en la celebración, pero mi entrenamiento monástico me hizo pensarlo mejor. Sin embargo, disfruté el descanso que tuvimos en el monasterio de nuestra rutina de estudio y de las faenas del campo.) La ecuanimidad tiene unos cuantos opuestos: la avaricia, la aversión y el prejuicio, que juntos provocan agitación en nuestra mente y quebrantan su equilibrio.

Menos obvios son los "enemigos cercanos", o estados mentales tan parecidos a los Inconmensurables que se pueden confundir fácilmente, pero son causa también de sufrimiento innecesario. Al cultivar las cualidades buenas debemos estar atentos a estos impostores. El enemigo cercano del amor benevolente es el cariño egoísta o apego, como cuando amamos a alguien por lo que creemos nos puede dar. El enemigo cercano de la alegría empática es el goce frívolo, que persigue experiencias agradables pero carentes de sentido. El enemigo cercano de la ecuanimidad es la indiferencia o la apatía, con la diferencia crítica de que la ecuanimidad está involucrada: no dejamos de preocuparnos, pero nos mantenemos tranquilos.

El enemigo cercano de la compasión es la lástima. A diferencia de la compasión genuina, la lástima implica un sentido de superioridad. Así que, a diferencia de la compasión, que nos une al objeto de nuestra preocupación porque nos identificamos, la lástima nos distancia de la otra persona. La compasión incluye respeto: honramos la dignidad de la otra persona como ser humano. Nuestra preocupación, si viene de la compasión genuina, está basada en el reconocimiento de que, *al igual que yo*, esta persona desea estar libre de sufrimiento.

En las meditaciones budistas tradicionales sobre el amor benevolente y la compasión, que a menudo se relacionan, solemos empezar conectándonos de manera compasiva con nuestra propia experiencia, en especial con la experiencia del sufrimiento, y con nuestras aspiraciones naturales de felicidad. Entonces, concentrándonos en un ser querido, de manera consciente le deseamos alegría, felicidad y paz con frases como: "Que seas feliz; que encuentres paz y alegría". De ahí, en un círculo siempre creciente, deseamos alegría, felicidad y paz a una persona neutral, después a una persona difícil y por último, pasando al círculo más grande, deseamos alegría, felicidad y paz a todos los seres. En la meditación sobre el amor benevolente les deseamos felicidad a los demás; en la meditación sobre la compasión les deseamos a otros que estén libres de sufrimiento. Entonces, para contrarrestar nuestras tendencias hacia la envidia o la incomodidad frente a la buena suerte de otras personas, cultivamos la alegría empática. Finalmente, para superar nuestras influencias procedentes del apego y la hostilidad ("Me gusta esto... No me gusta eso... Me gusta ella... No me gusta *ella*..."), cultivamos la ecuanimidad.

En la tradición tibetana, reconocemos la compasión como el ideal espiritual más elevado y la expresión más elevada de nuestra humanidad. Incluso la palabra tibetana para la compasión, *nyingjé*, que literalmente significa "rey del corazón", captura la prioridad que le concedemos. Es esta tradición tibetana de la meditación de la compasión la que he usado como el recurso principal en el desarrollo tanto del marco estructural como de las meditaciones guiadas específicas para el entrenamiento de la compasión en Stanford.

Establecer la intención consciente

En nuestro entrenamiento de la compasión empezamos cada sesión con una práctica llamada *establecer tu intención*. Es un ejercicio contemplativo adaptado de la meditación tibetana tradicional, una especie de contacto, en el que nos conectamos con nuestras aspiraciones más profundas para que orienten nuestras intenciones y motivaciones. Así conectados, componemos una serie de pensamientos para conformar el entorno del que saldrán nuestros pensamientos y emociones subsecuentes.

En el lenguaje coloquial usamos las palabras *intención* y *motivación* como si fueran intercambiables y significaran lo mismo, pero hay una diferencia importante: la deliberación. Nuestra motivación para hacer algo es la razón o razones detrás de ese comportamiento, la fuente de nuestro deseo y el impulso para hacerlo. Podemos estar más o menos conscientes de nuestra motivación. Los psicólogos la definen como el proceso que "despierta, sustenta y regula el comportamiento humano y animal". Dicho de manera sencilla, la motivación es lo que nos enciende. Para algunos puede ser la fama, para otros puede ser el dinero, la emoción o el desafío, el sexo, el reconocimiento, la lealtad, el servicio, el sentido de pertenencia, la seguridad, la justicia, etcétera. La fuerza de la motivación se desarrolla por medio de un ciclo de deseo y recompensa que se refuerza mutuamente: cuando hacemos algo gratificante, lo queremos hacer otra vez; si lo hacemos otra vez, volvemos a recibir una recompensa, y lo queremos hacer de nuevo…

La intención, por otra parte, siempre es deliberada, la articulación de una meta consciente. La intención es necesariamente consciente; la motivación, como señaló Freud, no necesita ser consciente incluso para uno mismo. Para el largo plazo necesitamos intenciones. Establecemos y reafirmamos nuestras mejores intenciones para que nos sigan inclinando en la dirección en la que en verdad queremos ir, pero necesitamos la motivación para que nos mantenga en movimiento en ese largo plazo. Si nuestra intención es correr un maratón, habrá veces que cuando suene la alarma para levantarnos e ir a correr diez kilómetros antes de ir a trabajar, o mientras corremos, nos hagamos la pregunta: "*¿Por qué estoy haciendo esto?*" Necesitamos respuestas buenas e inspiradas para atravesar esos momentos. Ya sea consciente o inconsciente, la motivación es el porqué y la chispa detrás de la intención.

Puedes hacer este ejercicio de establecer tu intención en casa, a primera hora si es conveniente. También lo puedes hacer en el autobús o en el metro de camino al trabajo. Si trabajas en una oficina, lo puedes hacer sentado en tu escritorio antes de empezar el día: sólo se necesitan de dos a cinco minutos ininterrumpidos. La tradición tibetana recomienda establecer nuestra intención y entrar en contacto con nuestras motivaciones de esta manera al principio del día, al empezar una sesión de meditación y antes de cualquier actividad importante. Nuestra intención establece el tono para lo que sea que estemos a punto de hacer. Como la música, la intención puede influir en nuestro estado de ánimo, pensamientos y sentimientos; al establecer una intención en la mañana, establecemos el tono para el día.

EJERCICIO | Establecer una intención

Primero, encuentra una postura cómoda para sentarte. Si puedes, siéntate sobre un cojín en el piso o en una silla con las plantas de los pies tocando el piso, lo cual da una sensación de estar asentado. Si lo prefieres, también te puedes acostar, idealmente en una superficie que no sea demasiado suave. Una vez que hayas encontrado tu postura, relaja tu cuerpo lo más que puedas, si es necesario realiza algunos estiramientos, sobre todo de los hombros y la espalda.

Después, con los ojos cerrados si te ayuda a concentrarte, realiza de tres a cinco respiraciones diafragmáticas o abdominales profundas, llevando cada vez la inhalación hacia el vientre y llenando el torso con la inhalación de abajo hacia arriba, como si llenaras una jarra con agua. Luego, con una exhalación larga y lenta, expulsa todo el aire del torso. Si te ayuda, exhala por la boca. Inhala... y exhala...

Una vez que te sientas listo, considera las siguientes preguntas: "¿Qué valoro profundamente? ¿Qué es lo que, en el fondo de mi corazón, deseo para mí mismo, para mis seres queridos y para el mundo?"

Quédate un poco en estas preguntas y ve si aparece alguna respuesta. Si no surge ninguna respuesta específica, no te preocupes; tan sólo mantén abiertas las preguntas. Puedes tardar un tiempo en acostumbrarte a esto, ya que en Occidente es normal esperar respuestas cuando se hacen preguntas. Confía en que las preguntas están trabajando por sí mismas, incluso —o particularmente— cuando no tenemos respuestas listas. Si las respuestas aparecen, reconócelas conforme surjan y quédate con cualquier pensamiento o sentimiento que puedan traer.

Por último, desarrolla un conjunto específico de pensamientos como tu intención consciente; para este día, por ejemplo. Podrías pensar: "Que hoy esté más consciente de mi cuerpo, mente y habla en mi interacción con los demás. Que evite en lo posible lastimar deliberadamente a otros. Que me relacione conmigo mismo, con los demás y con los eventos a mi alrededor, con bondad, comprensión y sin juzgar. Que use mi día de una forma acorde con mis valores más profundos".

De esta manera, establecemos el tono para el día.

Una vez que nos familiaricemos más con el establecimiento de intenciones, podemos realizar esta práctica en un minuto o menos. Esto significa que seremos capaces de encontrar oportunidades a lo largo del día para entrar en contacto con nuestras intenciones. Por ejemplo, los médicos que han tomado el entrenamiento de la compasión usan el tiempo que les toma lavarse las manos entre pacientes para retomar a sus intenciones, y reportan que esto los hace sentir más centrados y presentes con el siguiente paciente.[1] Incluso podemos saltarnos la práctica formal de las tres fases y hacer un rápido reajuste leyendo o recitando algunas frases significativas. Puedes usar la oración de los Cuatro

Inconmensurables:

Que todos los seres obtengan felicidad y sus causas.
Que todos los seres estén libres de sufrimiento y sus causas.
Que todos los seres nunca estén separados de la alegría que está libre de desdicha.
Que todos los seres permanezcan ecuánimes, libres de la influencia del apego y la aversión.

Dedicar nuestra experiencia

En la tradición tibetana, la práctica de establecer intenciones está unida con otro ejercicio contemplativo llamado *dedicación*. El papel de este ejercicio es completar el círculo, por así decir. Al final del día, de una meditación o de cualquier otro esfuerzo que hagamos, nos reconectamos con las intenciones que establecimos al principio y reflexionamos sobre la experiencia a la luz de nuestras intenciones y nos alegramos de lo que hemos logrado. Es como hacer un inventario al final del día. Nos da otra oportunidad para conectarnos con nuestras aspiraciones más profundas.

EJERCICIO | Hacer una dedicación

Al final del día —por ejemplo, antes de ir a la cama o cuando estés acostado antes de dormir— reflexiona sobre tu día.

De manera breve repasa los eventos del día (incluidas conversaciones significativas, estados de ánimo y otras actividades mentales) y recupera el espíritu del establecimiento de intención de la mañana. Observa qué tal se empatan. Es importante no quedarte enfrascado en los detalles de lo que hiciste y no hiciste. La idea no es llevar cuentas exhaustivas, sino inspeccionar ampliamente para ver la sinergia entre tus intenciones y tu vida ese día.

Cualesquiera que sean los pensamientos y sentimientos que pueda sacar este repaso, sólo permanece con ellos. No hay necesidad de apartarlos si tienen una cualidad negativa o aferrarse a ellos si parecen positivos. Tan sólo quédate con ellos un rato en silencio.

Para concluir, piensa en algo del día con lo que te sientas bien: haber ayudado a tu vecino, escuchar a un colega afligido, no haber perdido la calma en la farmacia cuando alguien se metió en la fila. Alégrate ante el pensamiento de este acto. Si no hay nada más, alégrate por el hecho de que empezaste tu día estableciendo una intención consciente.

Sé breve con este ejercicio; de tres a cinco minutos es una buena duración. Si por lo regular lees antes de ir a la cama, aparta entre tres y cinco minutos al final como tiempo para la dedicación. Si tu hábito es ver televisión, ¿podrías hacerlo de tres a cinco minutos menos? ¿O ir a algún lugar tranquilo durante los comerciales? Es importante alegrarse por el día al final de éste, aunque sea por el simple hecho del esfuerzo que hemos realizado. Nos da algo positivo para llevar al día siguiente y nos ayuda a reunir motivación al servicio de nuestras intenciones. Como veremos más adelante en el capítulo, la alegría juega un papel esencial en nuestra motivación, en particular para mantener la motivación a lo largo de un periodo prolongado.

A veces, sin embargo, es útil hacer un repaso más enfocado. Esto es especialmente cierto si estamos batallando con un asunto específico o estamos involucrados en alguna tarea, ¡como un curso de entrenamiento de la compasión de ocho semanas! En el ECC, cada semana trabajamos en ciertas cualidades y actitudes que buscamos fomentar. Digamos, por ejemplo, que una semana es la compasión por uno mismo. Durante este periodo establecemos intenciones en torno a ser más bondadosos con nosotros mismos; a cambio, al final del día, nuestra dedicación puede poner especial atención a las maneras en que nos hayamos mostrado bondad ese día.

Ahora bien, cuando llevamos a cabo una evaluación tan enfocada, muchos de nosotros encontraremos que nos quedamos cortos. Veremos la brecha entre nuestras intenciones y nuestro comportamiento, entre nuestras aspiraciones y nuestra vida real. Cuando esto sucede, es importante no angustiarnos con juicios y autocríticas negativas: tan sólo reconoceremos la diferencia y decidiremos intentarlo de nuevo al día siguiente. Esta conciencia, por sí sola, nos ayudará a estar más atentos al siguiente día, lo que abrirá oportunidades para llevar nuestros pensamientos y acciones diarias más cerca de nuestras metas.

Los beneficios de la intención y la dedicación

Enmarcar nuestros días entre el establecimiento de la intención y la dedicación alegre de esta manera, aunque sea una vez a la semana, puede cambiar la forma en que vivimos. Es un enfoque deliberado de autoconciencia, intención consciente y esfuerzo dirigido —tres regalos preciosos de la práctica contemplativa— por medio del cual asumimos responsabilidad por nuestros pensamientos y acciones y nos hacemos cargo de nosotros y de nuestras vidas. Como dijo el Buda: "Tú eres tu propio enemigo y tu propio salvador".[2] El Buda vio que nuestros pensamientos, emociones y acciones son la fuente principal de nuestro sufrimiento. De igual manera, nuestros pensamientos, emociones y acciones pueden ser la fuente de nuestra dicha y libertad. Vivir lo más posible con intención consciente es el primer paso de esta transformación. Así, estos dos ejercicios de intención y dedicación son el primer paso para una mayor claridad y cohesión en nuestra vida, trabajo y relaciones con los demás.

No sólo eso: cuando nuestras aspiraciones incluyen el bienestar y la felicidad de otros, nuestras acciones y nuestra vida en su conjunto adquieren un propósito más grande que nuestra existencia individual. En la escena global, quizá el ejemplo más convincente del poder de la intención consciente de un individuo se puede ver en la increíble historia de la transición del *apartheid* a la libertad en Sudáfrica. El compromiso de Nelson Mandela con la no violencia, la armonía racial y la justicia dio forma a su intención de crear una Sudáfrica distinta: era una intención inconveniente que encontró oposición en una forma u otra quizá cada día de su larga vida. No se puede ser fiel a una intención como esa sin establecerla y restablecerla una y otra vez, y obtener fuerza a partir de una dedicada reflexión. La intención de Mandela ayudó a fijar el ánimo de la nueva nación. El resultado ha sido una transición tersa y pacífica. Un texto budista clásico ofrece esta metáfora: si una gota de agua cae en el océano, una parte de esa agua permanecerá mientras ese océano permanezca; por sí sola, esa gota de agua sólo se secará.

Una abuela de unos sesenta años que hizo el entrenamiento de la compasión en Stanford seguía trabajando turnos completos, aunque quería pasar más tiempo con sus nietos; sentía que defraudaría a su jefe si reducía sus horas de trabajo, aunque estaba muy afligida por el hecho de que sus nietos crecían y no pasaba mucho tiempo con ellos. Empezando con las intenciones de compasión y bondad hacia sí misma, se conectó con su motivación para decirle a su jefe que deseaba reducir sus horas. Dice que su jefe está feliz, sus nietos están felices y ella está feliz. Como le dijo a su instructor del ECC, siempre había sido alguien que se sacrificaba por todos los demás sin ser fiel a algunos de sus valores más profundos.[3] Esta mujer no sólo cambió la cantidad de tiempo que pasa con sus nietos; transformó la manera en que vive.

En mi propia vida, la intención me ha ayudado en muchas áreas. Cuando mi esposa y yo nos convertimos en padres, nuestro enfoque consciente de la crianza nos permitió dar forma, con los valores que apreciamos, a las interacciones con nuestras hijas cuando eran pequeñas. Lo que más nos importaba era darles amor, confianza, respeto y atención en una atmósfera de calidez e intimidad; todo lo demás eran detalles. Conforme nuestras hijas crecieron y desarrollaron sus propias personalidades, pusimos en nuestra intención pensamientos específicos sobre el estilo y la calidad de crianza que queríamos. Por ejemplo: *Que respete a mis hijas como individuos por derecho propio en lugar de verlas como extensiones de mi ego*. Dicho esto, también queríamos límites claros. Reconocimos que las rutinas son especialmente importantes para los niños pequeños y tratándose de la escuela, por ejemplo, no habría negociación. A no ser que estés enfermo, no puedes faltar a la escuela sólo porque no tienes ganas. Sin embargo, tampoco queríamos caer en regaños molestos. Así que, otro ejemplo: *Que elija mis luchas con sabiduría*.

Por supuesto, en ocasiones nos quedábamos cortos en las intenciones que establecíamos para nosotros mismos, y todavía nos sucede. Una de las cosas que descubrí sobre mí mismo con la crianza de mis hijas —con algo de horror, debo admitir— es lo mucho que me podía enojar. Rara vez he sentido una frustración tan intensa, sobre todo con mi hija más pequeña, Tara, cuando tenía unos tres años. Gracias a mi hábito de establecer intenciones y al poder de estas para aumentar la conciencia e influir en el comportamiento, me sorprendía a mí mismo antes de convertir las emociones en acciones ineptas. A menudo descubría que mis propios problemas eran los detonantes reales. En verdad, los niños pequeños nos dan lecciones preciosas sobre nosotros mismos. (¡Gracias, Tara!)

Las intenciones nos ayudan con el autocontrol, lo cual puede hacer que toda nuestra vida se sienta mucho menos fuera de control. Recuerdo que en 1989, en la Universidad de Cambridge, fue la primera vez que tuve una *laptop* con un disco duro de diez megabytes. (Era una gran cosa entonces.) Traía juegos cargados, ajedrez incluido. El programa de ajedrez me permitía retirar mi último movimiento cuando jugaba contra la computadora, por lo que tenía una vista previa de cómo respondería a mi jugada. Por lo regular jugaba en la tarde sin darme cuenta de cuántas horas pasaban, ¡haciendo trampa, retirando mi jugada y cambiándola! Cuando reconocí lo adictivo que era este comportamiento borré los juegos de mi computadora, una disciplina que adopté también con mi siguiente *laptop*. Para cuando tuve mi tercera computadora, ya no tenía que borrar los juegos.

Mi relación actual con internet y el correo electrónico está moldeada por esa práctica intencional temprana; como se han vuelto omnipresentes, he sido proactivo al contener su presencia en mi vida. Con los correos electrónicos en particular he mantenido una disciplina bastante estricta durante casi dos décadas: no empiezo mi día de trabajo atendiéndolos, sino con al menos una o dos horas de trabajo real. Cuando después llego a los correos, me encargo de inmediato o más tarde ese día de los mensajes que puedo responder en menos de un minuto o dos. Los que necesitan respuestas más largas y una reflexión más profunda, los postergo por lo menos uno o dos días. Y si recibo un correo el viernes, a menos que sea absolutamente urgente, espero hasta el lunes para responder. Evito tocar el correo electrónico después del trabajo, así como durante el fin de semana, con excepción de cuando estoy de viaje. Los beneficios son obvios para mí: espacio y tiempo para estar presente por completo con mi familia o conmigo mismo. Es la intención consciente de estar presente por entero, tanto como sea posible, lo que me ayuda a mantener esta disciplina.

Para la mayoría de los jóvenes, incluidas mis dos hijas adolescentes, que usan el espacio digital como parte de su mundo cotidiano, mi relación con el mundo digital parecerá por lo menos atrasada. Sin embargo, sin importar la forma que tome, el hecho sigue siendo que todos podemos beneficiarnos de un acercamiento consciente y proactivo a esta dimensión de nuestra vida actual.

Estoy bastante seguro de que hay una conexión entre el alto número de correos electrónicos que existen en la actualidad y los sentimientos generalizados de estar abrumados y estresados. La intención consciente, aplicada a éste o a cualquier otro factor estresante en nuestra vida, funciona como un amortiguador contra estos sentimientos negativos de estrés. Por un lado —y esto era cierto para mí tanto con el ajedrez como al educar a mis hijas— es una forma de asegurar el control donde es posible, y mucho estrés proviene de sentir que nuestras vidas están fuera de nuestro control. Cuando establecemos una intención en la mañana, elegimos qué clase de día queremos tener. Ponemos la vida en nuestras propias manos en lugar de esperar a que las cosas nos sucedan. Podremos titubear u olvidar nuestra intención por completo durante algunos momentos del día, pero el mismo acto de establecer —y restablecer, y *re*-restablecer— una intención reconoce que tenemos una opción, y eso por sí mismo nos da un sentido de control. Por otro lado, establecer una intención es una forma de preparación. Estudiamos para los exámenes o preparamos puntos para hablar y ensayamos para las presentaciones, por poner un ejemplo, porque a la mayoría de nosotros nos parecería demasiado estresante presentarnos sin estar preparados. En el proceso de preparación consideramos varios escenarios posibles, lo que hasta cierto punto nos protege de ser sorprendidos. Nos ayuda estar preparados para el día, así como con cualquier otra actividad que nos sea importante.

Que todos los seres obtengan felicidad y sus causas.
Que todos los seres estén libres de sufrimiento y sus causas.
Que todos los seres nunca estén separados de la alegría que está libre de desdicha.
Que todos los seres permanezcan ecuánimes, libres de la influencia del apego y la aversión.

Cómo la intención se convierte en motivación

Es importante establecer una intención, y es importante qué intención establezcamos. Sin embargo, como lo sabe cualquiera que haya intentado mantener un propósito de Año Nuevo, incluso una intención realmente buena y sincera de ninguna manera es un hecho consumado. Podemos desear ser compasivos y solidarios con los demás y decirnos esto en la mañana, pero esa misma tarde —o mucho antes— nos encontramos en una postura bastante más egoísta y crítica. La relación entre nuestras intenciones conscientes, por un lado, y por el otro las a menudo no-tan-conscientes motivaciones que impulsan nuestros pensamientos y acciones, es compleja; pero con conciencia y reflexión persistentes, con el tiempo seremos capaces de alinear más nuestras motivaciones con nuestras intenciones.

El Dalai Lama sugirió una vez una manera sencilla de revisar nuestras motivaciones al hacernos estas preguntas:

¿Es sólo para mí o para otros?
¿Es para el beneficio de unos cuantos o de muchos?
¿Es para hoy o para el futuro?[4]

Estas preguntas ayudan a clarificar nuestras motivaciones al aportar autoconciencia crítica (crítica objetiva y perspicaz, no que enjuicie) a nuestra relación con lo que hacemos. También ayudan a que recordemos poner compasión en nuestros pensamientos y acciones. Podemos hacer estas preguntas antes, durante o después de hacer algo: siempre habrá otra oportunidad para (re)establecer nuestra intención y otra oportunidad para actuar de acuerdo con ella.

Jennifer Crocker y Amy Canevello, dos estadounidenses expertas en el comportamiento de cuidadores, distinguen entre lo que evocativamente llaman motivaciones de *egosistema* y de *ecosistema*.[5] Explican que con las motivaciones de egosistema el afecto es un medio para satisfacer las necesidades y deseos del cuidador. En un egosistema, la satisfacción es un juego de suma cero: los cuidadores compiten, digamos, por estatus y elogios por ser buenos en lo que hacen. En contraste, el cuidado en un *ecosistema* está motivado por una preocupación genuina por el bienestar de los demás.[6] Aunque el cuidado de ecosistema puede tener beneficios para el cuidador —brindar un sentido de propósito y alegría, por ejemplo—, estos no son las razones principales por las cuales las personas cuidan a otros. Como vimos en el capítulo 1, son los beneficios imprevistos de la bondad. El cuidado de ecosistema tiende a ser más cooperativo porque los cuidadores con metas compasivas definen el éxito en términos de lo que es útil para otros. A nivel emocional, los cuidadores de ecosistema también se sienten más en paz, amorosos y con la mente clara.

Dicho eso, Crocker y Canevello admiten que hay una interrelación compleja entre los dos sistemas. Nuestras motivaciones con frecuencia están mezcladas, y nuestras motivaciones e intenciones pueden ser incluso contradictorias. Si le grito a mi hija adolescente por llegar tarde a casa, mi intención es ayudarla a hacerse responsable de su acción, recordarle que hay personas que dependen de ella y que hay consecuencias por traicionar la confianza. Mi motivación, por otro lado, podría ser que temía por su seguridad en la noche y quería que se sintiera tan asustada como yo. O quizás, egoístamente, me sentí ofendido por lo que percibí como un desafío y quería reafirmar mi poder. Quizás estaba enojado y sentí que gritar estaba bien en ese momento. Más aún, las motivaciones pueden fluctuar a cada instante en un solo individuo. Lo que sugiere la práctica contemplativa de establecer tu intención es esto: con práctica aprenderemos a acceder a nuestras motivaciones de ecosistema, en lugar de quedarnos en nuestro egosistema. Las recompensas de actuar de acuerdo con nuestras mejores intenciones cuando las experimentamos, reflexionamos y nos alegramos por ellas, redireccionan nuestras motivaciones de un sistema al otro. Con la práctica, nuestras intenciones tomarán la fuerza de la costumbre e incluso nuestras redes neuronales se "realinearán" para respaldar nuestras intenciones.

La cuestión de cómo nos motivamos para perseguir nuestras aspiraciones más hondas ha sido de gran interés en la larga historia de la psicología budista.[7] En el pensamiento budista, la motivación es una cuestión de deseo, más específicamente el *deseo de actuar* acompañado de un sentido de *propósito*. Por ejemplo, en el caso de ser más compasivos, al hacer una conexión emocional con la compasión y sus objetivos despertamos en nosotros el deseo de actuar compasivamente. Y es al observar los beneficios como adquirimos un sentido de propósito al ser más compasivos.

Es sólo hasta hace poco que la psicología contemporánea ha comenzado a apreciar el papel de las emociones en la motivación de nuestro comportamiento. Durante mucho tiempo la teoría occidental de la acción estuvo dominada por la teoría de la elección racional, y las emociones fueron acusadas de nublar el proceso en vez de ser parte integral del sistema. Para articular la dimensión dual de nuestra motivación —la conciencia cognitiva y la conexión emocional con nuestras metas—, la psicología budista utiliza un término que es casi imposible de capturar en una sola palabra en español. El término sánscrito *shraddha* (*depa* en tibetano) tiene una amplia gama de significados, entre los más importantes "fe", "confianza", "creencia" o "seguridad", también con la connotación de "apreciación" y "admiración". *Shraddha* es un sentido percibido como la confianza, más que un estado cognitivo como la creencia o el conocimiento. En la experiencia, *shraddha* se siente algo así como el apego o la atracción hacia nuestra meta, como inspirarnos a tocar la guitarra al ver a una estrella de *rock* haciéndolo. Esta cualidad, *shraddha*, prepara nuestro corazón y nuestra mente para actuar.

¿Cómo accedemos a nuestra reserva emocional? Las cogniciones juegan un papel crítico que los textos budistas iniciales caracterizan como *ver* el valor de hacer algo; a semejanza de lo que las corporaciones actuales hacen al promover sus productos, los textos budistas con frecuencia empiezan elogiando las virtudes de un ideal o una búsqueda que el autor deseaba defender. Mediante el involucramiento cognitivo, tal como ver los beneficios, conectamos intención con motivación. Entonces, dentro de este nexo causal, hay que estar atentos al vínculo crucial entre nuestra conciencia de la meta y por qué vamos por ella, nuestros sentimientos al respecto y nuestro deseo o voluntad de alcanzarla.

Una vez más, pues, es la alegría que nos causan nuestros esfuerzos (la valentía de intentarlo, la dedicación de permanecer) y sus resultados (la camaradería de tocar juntos, en el caso de aprender guitarra; la magia de hacer música) lo que ayuda a sustentar nuestras motivaciones en el largo plazo. O, en otras palabras, nos hace querer seguir intentando y seguir haciéndolo. Los padres que han luchado para que su hijo aprenda un nuevo instrumento reconocerán cómo cambió todo cuando el hijo comenzó a disfrutarlo: esto se llama motivación *intrínseca*, a diferencia de la motivación *extrínseca* en la que, por ejemplo, el padre recompensa a la niña con más tiempo de televisión o internet por practicar su instrumento. Tras décadas de investigación sobre la motivación, sabemos que la motivación intrínseca es mucho más estable y duradera.[8] El proceso de establecer intenciones y reflexionar con alegría sobre ellas en la dedicación es la manera en que, con el tiempo, transformamos las motivaciones extrínsecas en intrínsecas, y así mantenemos la energía y el propósito de vivir conforme a nuestras mejores aspiraciones.

Que todos los seres obtengan felicidad y sus causas.
Que todos los seres estén libres de sufrimiento y sus causas.
Que todos los seres nunca estén separados de la alegría que está libre de desdicha.
Que todos los seres permanezcan ecuánimes, libres de la influencia del apego y la aversión.

5

ABRIRLE PASO A LA COMPASIÓN

Cómo la conciencia enfocada nos mantiene en ruta

Nos permitimos estar a merced de nuestros pensamientos y a nuestros pensamientos a merced de nuestras emociones negativas, y de esta forma nos debilitamos nosotros mismos.

DICHO TIBETANO

La elección de la atención —poner atención a esto o ignorar aquello— es a la vida interior lo que la decisión es a la vida exterior.

W. H. AUDEN (1907-1973)

Como siguiente paso en nuestro entrenamiento, cultivamos tres habilidades que usaremos para llevar nuestra mente hacia la compasión. El primero es aprender a *silenciar la mente*. Después desarrollamos la *concentración* a partir de la atención concentrada. Y fortalecemos nuestra *conciencia,* un estado relajado y abierto en el que podemos observar nuestros pensamientos, sentimientos y comportamiento en el momento en que surgen, sin ser rebasados por ellos. (De hecho, la conciencia es el "ingrediente activo" más importante de la práctica moderna de la conciencia plena.) Juntas, estas tres habilidades son tan útiles que las repetimos al principio de todos los siguientes pasos en el curso. Las llamamos, de manera colectiva, *Asentar la mente*. En el proceso de asentar la mente desarrollamos ecuanimidad, una mente tranquila, firme y abierta, con espacio para contener todas nuestras experiencias, incluidas las necesidades y el dolor de nosotros mismos y de los demás.

No es necesario desarrollar estas habilidades para sentir compasión por alguien. Como hemos visto, eso puede suceder con bastante naturalidad y de manera espontánea. Pero requerimos estas habilidades si no queremos dejárselo a la suerte. En algunos casos, en especial cuando se trata de nosotros mismos, nos damos cuenta de que no somos capaces de responder con compasión y bondad aunque quisiéramos. En el capítulo 3 analizamos varias razones por las que la resistencia puede interponerse en nuestro camino. La resistencia, el juicio negativo y la enajenación con uno mismo interceptan nuestra atención y reacciones. Nuestras habilidades de silencio, concentración y conciencia ayudan a guiar la mente por el camino que deseamos que tome.

Divagación mental: ¿un estado del cerebro por omisión?

Un estudio reciente realizado por dos psicólogos de la Universidad de Harvard, Matthew A. Killingsworth y Daniel T. Gilbert, demostró sin duda dos hechos básicos de nuestra actividad mental cotidiana y que la psicología budista ya reconocía: nuestro estado mental por omisión es la divagación, y ésta es una fuente de infelicidad.[1] Para obtener información de la vida real en vez de conducir experimentos en un laboratorio, los investigadores usaron un método conocido como *muestreo de experiencias*, en este caso con una aplicación de iPhone llamada *Track Your Happiness* que ellos desarrollaron. En un estudio inicial con 2 250 voluntarios, la aplicación interrumpía a los sujetos a intervalos aleatorios y les preguntaba qué hacían en ese momento, qué tan felices eran y si estaban pensando en su actividad del momento o en algo más; si pensaban en otra cosa, si era algo agradable, desagradable o neutro. Los participantes elegían entre una lista de veintidós actividades que podrían estar realizando, incluidas el trabajo, caminar, comer, descansar o dormir, ir de compras, desplazarse, ver televisión, y "nada en particular".

Casi la mitad del tiempo la gente reportaba que sus mentes divagaban, y esto era así en al menos 30% del tiempo para cada actividad de la lista, excepto al hacer el amor.[2] (Uno debe elogiar la dedicación de estos sujetos, ¡responder mientras hacían el amor! Espero que les hayan advertido a sus parejas que esto podía suceder.) Los investigadores descubrieron que cuando la mente de la gente divagaba, reportaban sentirse felices sólo 56% del tiempo, en contraste con un 66% cuando ponían atención a la actividad que realizaban. (Los resultados no dicen nada acerca de la dirección causal: ¿la gente estaba feliz porque se concentraba, o se concentraba porque estaba feliz?) En sus resultados publicados, los investigadores sugieren que la divagación mental parece ser el modo de operación del cerebro por omisión, y concluyen: "La mente humana es una mente divagadora, y una mente divagadora es una mente infeliz... La capacidad para pensar acerca de lo que no está ocurriendo es un logro cognitivo que tiene un costo emocional". Desde ese artículo fundacional en *Science* en 2010, Killingsworth ha repetido la experiencia con otros miles de sujetos y en más de ochenta países alrededor del mundo, todo lo cual ha sustentado sus hallazgos iniciales.

No sorprende que no toda la divagación mental sea mala; incluso el estudio de Killingsworth y Gilbert reveló que el 44% del tiempo *no* está asociada a la infelicidad. Estudios subsecuentes encontraron que la divagación juega un rol importante en nuestra vida mental. En primer lugar, nuestra capacidad mental para divagar es lo que nos permite pensar en más de una cosa a la vez —hacer *multitasking*, si prefieres—, una facilidad que parece estar asociada con la memoria de trabajo o de muy corto plazo. La gente con mayor capacidad de memoria de trabajo puede retener más información en un momento dado, una habilidad asociada a la inteligencia tal como el IQ o la comprensión lectora. En segundo lugar, un estudio de la divagación mental usando técnicas de neuroimagen encontró que está involucrada en la formación y consolidación de la memoria.[3] Por último, la divagación mental es importante para la creatividad, algo que la mayoría de los artistas saben por experiencia.[4] También es una convención popular, por lo menos en Occidente, pensar que la percepción creativa aparece cuando menos lo esperamos, cuando no tratamos de forzarla y nuestra mente está abierta y libre. La ciencia está de acuerdo en que tenemos nuestras mejores ideas en la regadera.

La parte tóxica de la divagación mental tiene más que ver con su autorreferencialidad que con no estar en el momento presente, como muchos insinúan. Un número desproporcionado de los pensamientos en una mente divagante tienen que ver con los términos "yo", "mi" o "mío". Un conglomerado de regiones específicas del cerebro implicadas en el pensamiento autorreferencial también está muy involucrado en la divagación mental. Y cuando nuestro sentido de identidad se ve implicado, nos relacionarnos con los demás y con el mundo con un mayor sesgo personal y emocional.[5] Simple y llanamente, cuando pensamos en nosotros mismos creemos ser más importantes de lo que somos, y sentimos que hay más en riesgo de lo que en realidad está. Así que gran parte de nuestra infelicidad en conexión con la divagación mental tiene que ver con hacia *dónde* divaga nuestra mente, y el contraste que experimentamos entre las cosas como son en realidad (el mundo no gira a nuestro alrededor, no se supone que debamos estar perfectamente cómodos todo el tiempo ni que vivamos para siempre, etcétera) y la manera en que pensamos que las cosas deben ser (¿Qué hay de mí? ¡Mírenme! ¿Por qué yo?).

Aquí es donde entra en escena asentar la mente: necesitamos esas tres habilidades para dejar de ser víctimas inconscientes de nuestras mentes divagantes. Necesitamos paz y silencio: no necesariamente un fin de semana en el campo, sino la capacidad diaria para silenciar y estabilizar la mente para estar libres, por lo menos durante un periodo seleccionado, de la energía inagotable de los pensamientos y emociones que por lo general la asaltan. También necesitamos habilidades cognitivas para intervenir en nuestro propio pensamiento. Necesitamos concentrarnos para virar nuestra atención de nosotros mismos hacia los demás y al mundo alrededor. Y necesitamos cierta capacidad para prestar atención a lo que la mente hace de modo que no siempre estemos a merced de sus hábitos automáticos. Cultivamos estas habilidades por medio de prácticas contemplativas.

Silenciar la mente

Cuando nos enfermamos y el doctor dice que necesitamos descansar, sabemos hacerlo físicamente. Desaceleramos, hacemos menos y si es necesario guardamos cama. Pero el descanso mental no es tan fácil para la mayoría de nosotros. Por lo general recurrimos a la distracción y usamos un tipo de actividad para apartar a nuestra mente de otra actividad más estresante y agotadora, en especial el trabajo. Vemos televisión, leemos un libro, nos vamos de vacaciones o tomamos un trago: lo que sea por un descanso de nuestra rutina diaria. Pero eso es hacer algo y nos vuelve dependientes de esas otras cosas. (¿Qué sucede si se va la luz, si alguien interrumpe nuestra lectura? ¿Y si no estamos de vacaciones? Creo que lo entiendes.) La práctica contemplativa tiene un enfoque distinto y nos da una manera de silenciar nuestra mente desde adentro: no huyendo de ella, sino acercándonos; no distrayéndola, sino aplicándola; y no alimentando el fuego con más estímulos externos, sino disipando su incansable energía y dejando que los fuegos se extingan.

Sin embargo, esto no es fácil. Un estudio reciente que involucró a setecientas personas en once distintos experimentos mostró que muchos de nosotros llegamos a extremos con tal de no encontrarnos solos con nuestros pensamientos.[6] En el estudio, la mayoría de los participantes se incomodaban al estar solos sin nada que hacer incluso por menos de quince minutos; algunos preferían administrarse choques eléctricos a sí mismos con tal de no hacer introspección. Nuestra teoría es que cuando estamos solos tendemos a darle vueltas a lo que está mal con nuestras vidas y naturalmente eso nos hace infelices. La práctica contemplativa nos enseña a estar con nuestros pensamientos con atención y valentía, y a librarnos de los efectos secundarios negativos de pensar.

Para silenciar la mente aprendemos a desacelerarla hasta llegar a la quietud. Los textos budistas clásicos usan la analogía del agua turbulenta y picada para ilustrar el carácter de una mente intranquila. Si el agua queda quieta, el limo y las demás impurezas se asentarán y el líquido revelará su carácter claro. De manera similar, si podemos aquietar la mente y dejar que permanezca imperturbable ante nuestras usuales oleadas de pensamiento —anticipación, aprensión y juicio— seremos capaces de ver la verdad de las cosas con más claridad, lo que de verdad importa, lo que sirve a nuestro propósito y lo que debemos hacer.

Aquí presento dos ejercicios contemplativos que ayudan a silenciar la mente, extraídos de la tradición tibetana, pero adaptados para su uso secular. El primero es un ejercicio de respiración profunda; el segundo es un tipo de ejercicio de expansión mental, porque mientras más espaciosa sea nuestra mente, más lugar habrá para nuestra experiencia y nos permite permanecer al margen de lo que sucede ahí y no quedarnos atrapados en ello. El punto no es evitar que surjan pensamientos y sentimientos: sería imposible. El objetivo es aprender a estar con ellos con suficiente conciencia para verlos pasar. Con mayor espacio obtenemos mayor perspectiva: podemos *tener* pensamientos y verlos por lo que son, en lugar de *ser* nuestros pensamientos.

Si realizas ejercicios contemplativos por primera vez, puedes pasar cerca de cinco minutos sentado durante los dos ejercicios. Comienza con la práctica de respiración, usa dos tercios del tiempo para esto y concluye con el ejercicio de expansión. De ser posible, repite esto varias veces durante el día.

EJERCICIO | Respiración profunda

Elige un momento conveniente del día, cuando sea menos probable que te interrumpan, al menos durante algunos minutos. Si eres nuevo en la meditación, también sirve encontrar un lugar —un cuarto silencioso, una esquina, un almohadón particular— que asocies con tu práctica. Así, cuando te sientes ahí, el escenario físico te sintonizará y te ayudará a crear la atmósfera correcta.

Adopta una postura física cómoda. Puedes sentarte en una silla, en un cojín sobre el suelo con las piernas cruzadas, o si lo prefieres recuesta tu espalda sobre el suelo (aunque esto lo hará complicado para las personas con propensión a la somnolencia). Si estás en un cojín o una silla, a no ser que tengas problemas de salud intenta mantener tu espalda recta, separada del respaldo o la pared. Permite que tus ojos se relajen. Mantenlos cerrados con suavidad o bien dirígelos hacia el frente sin esfuerzo en un ángulo en que, si quisieras, podrías ver la punta de tu nariz. Yo prefiero tener los ojos cerrados de una manera relajada. Coloca las manos con suavidad sobre los muslos, con la punta de los dedos descansando sobre las rodillas; también puedes posarlas sobre tu regazo, con el dorso de la mano derecha sobre la palma izquierda y los dos pulgares tocándose un poco entre sí, formando una especie de triángulo. El punto es elegir una posición de manos que sea relajada y que no cause ninguna tensión si la mantienes así por un tiempo.

Ahora comienza expandiendo el pecho para que los pulmones se inflen. Después haz respiraciones profundas usando el diafragma, tratando con cada una de llegar hasta el estómago como si llenaras el torso de abajo hacia arriba con la inhalación, como cuando viertes agua en una jarra y se llena desde el fondo. Respira profundo de esta manera, una respiración a la vez, y siente cómo tu abdomen se eleva cada vez que el aire entra. Cuando exhales, saca el aire a un ritmo lento y mesurado. Si descubres que es más relajante exhalar por la boca, hazlo.

Inhala lento, profundo y con la suficiente atención para que puedas escuchar el sonido del aire saliendo de tus fosas nasales. Luego retén la respiración por dos o tres segundos y déjala salir con otra exhalación prolongada y mesurada. Inhala... retén… y ahora exhala, "ahh". Hazlo otra vez: inhala... retén… y exhala... Repite de cinco a diez veces.

En la mayoría de los casos, con tan sólo respirar de esta manera deliberada y mesurada tu mente volverá de la divagación de regreso al cuerpo y a su experiencia inmediata de respirar. Si necesitas más ayuda para devolver tu mente al cuerpo, mientras inhalas piensa "adentro"... haz una pausa, y mientras exhalas piensa "afuera". También puedes prestar atención a la expansión y contracción de tu pecho mientras inhalas y exhalas, o a tu abdomen que se eleva y desciende.

Otra variación que puedes usar, en particular si te sientes estresado o agitado, es imaginar, mientras inhalas profundo, el aire fresco entrando a tus pulmones, esparciéndose a las áreas de tu cuerpo donde te sientes tenso, y relajándolas mientras la respiración se disemina por ellas. El cuello, los hombros, la espalda alta y baja y el abdomen son áreas comunes de tensión. Después, mientras exhalas, imagina que liberas la tensión, la rigidez y el estrés junto con la respiración cálida que sale. Imagina que como resultado te sientes ligero, flexible y libre en tu cuerpo.

Una vez que te acostumbres a este sencillo ejercicio de respiración profunda, úsalo para invocar calma donde sea y cuando la necesites. Puedes hacerlo al comienzo de tu día de trabajo, en el escritorio de tu oficina. Puedes hacerlo en un avión si sientes miedo de la turbulencia, por ejemplo. Yo no temía volar, pero hace varios años, cuando volvía de Edmonton a Montreal, el avión golpeó una bolsa de aire y cayó de súbito, sin ninguna advertencia por parte del piloto. Después de eso, cada vez que vuelo y hay cierta turbulencia, mi cuerpo se tensa por el miedo aunque mi mente consciente diga que todo está bien. Me tomó al menos un año superar este miedo por completo: la respiración profunda ayudó mucho.

También uso este ejercicio para relajarme cada vez que me siento ansioso. Así que, aunque la respiración profunda se considera una práctica preliminar en la tradición contemplativa budista —para ayudar a asentar la mente antes de aplicarla en objetivos más específicos—, los efectos van más allá de su rol tradicional.

EJERCICIO | Mente espaciosa

Este ejercicio corto complementa muy bien el de respiración profunda. Aquí evocamos un sentido de amplitud o expansión, lo que ayuda a que la mente se calme ya que mucha tensión e inquietud mental surgen de sentimientos de opresión, rigidez y pesadez. La mente espaciosa se siente como la vista desde la cima de una montaña. En Shimla, al norte de India, donde crecí, había espacios techados de descanso llamados *hava khana* (que significa literalmente "casa de aire"), localizados en miradores a lo largo de la ruta: me encantaba sentarme en silencio en la banca de estas casas de aire. Contemplar una fotografía de una vista así puede dar la misma sensación. O recostarte bocarriba en un día claro y mirar el profundo cielo azul sobre ti y sentir su amplitud. Cuando tienes un sentido experiencial de la amplitud, invocar estados similares se vuelve más fácil al meditar.

Para este ejercicio, una vez que hayas hecho la respiración profunda continúa con lo siguiente:

Adopta un ritmo de respiración cómodo que no te implique un esfuerzo consciente mantener, un ritmo que tu respiración encuentre de manera natural cuando estés en un estado mental relajado.

Una vez que has asentado tu respiración, imagina tu mente como un espacio abierto, vasto, en expansión y sin fronteras. Piensa en tus pensamientos, sentimientos, anhelos y miedos como nubes que se forman y desaparecen en ese vasto espacio abierto. Cualquier pensamiento ("Me gustaría estar más calmado", "Él dijo esto o aquello", "No debo olvidar hacer x, y o z", y así) o emoción ("Me siento inquieto... herido... confundido...") que surja será tan insustancial como las nubes. Imagina que surgen uno a uno y desaparecen en la expansión sin límites de tu mente. Después descansa tu mente en esa amplitud por un rato, sintiéndote calmado y relajado, o por lo menos imagina que lo estás. Mantente así en silencio por uno o dos minutos.

Para algunas personas, cantar o escuchar cantos ayuda a silenciar la mente. Cantar fue parte de mi vida diaria como monje durante mucho tiempo, y algunas de esas veces, al cantar con mi hermanos monjes mi mente estuvo más silenciosa que nunca. En esos momentos sentí como si el tiempo mismo —y también el mundo— se detuviera, y sólo estaba el sonido y la cadencia del canto. Pero cantar no es para todos, y respirar sí lo es.

Centrar la mente

Además de una mente hasta cierto punto silenciosa, el entrenamiento de la compasión requiere cierta capacidad para aplicar nuestra mente de manera enfocada, en otras palabras, concentración: prestar atención de manera consciente y deliberada a algo y mantenerla por lo menos por un breve periodo. Alguien que haya observado a un perro espiar a una ardilla en un parque o visto programas televisivos sobre la naturaleza sabrá lo que significa centrar la atención en un punto único. La mayoría de nosotros también sabrá por experiencia lo que se siente estar concentrados por completo, cuando estamos enganchados en una película interesante, inmersos en un libro o sumergidos en una conversación con un amigo. Aunque yo esté muy comprometido con la práctica formal de meditar sentado, he experimentado algunos de mis más profundos estados de absorción lejos del cojín de meditación, en medio de multitudes y de actividad. Cuando era un joven monje al sur de India, me encantaba leer: además de las extensas novelas de Jane Austen, mis favoritas eran las de Dostoievski, Tolstoi, James A. Michener y James Clavell. Mientras esperaba el autobús, pasaba varias horas leyendo feliz mientras una escena caótica se desenvolvía a mi alrededor: gente apresurada, vendedores gritando en distintas voces y el ruido y la humareda típicos de una repleta estación de autobuses de India.

En escenarios cotidianos como estos podemos experimentar estados de concentración en respuesta a factores fuera de nuestro control consciente, como el entorno y el tiempo, así como el humor en el que estemos. Gracias al entrenamiento contemplativo, aprendemos a sujetar nuestra capacidad natural para aplicar la mente y así elegir cuándo y en qué nos concentramos.

En la sección siguiente describo dos ejercicios de atención distintos. Para ambos, ayuda silenciar la mente primero con la práctica de respiración profunda. El objetivo de estos entrenamientos no es alguna especie de concentración sobrehumana, precisa como láser, que podamos mantener por horas. Más bien es para ayudarnos a desarrollar la capacidad de centrar nuestra atención, aplicar nuestra mente y mantener esa atención por al menos unos minutos cada vez.

EJERCICIO — Atención centrada por medio de la respiración consciente

Una vez que hayas hecho de tres a cinco respiraciones profundas con el diafragma, de la manera descrita en el ejercicio de respiración profunda de la página 113, y sueltes cualquier tensión en tu cuerpo, continúa con lo siguiente:

Elige un ritmo de respiración que no sea superficial, pero que tampoco implique esfuerzo. Para ayudar a fijar tu conciencia a la sensación de tu respiración, elige un punto focal, como la punta de tus fosas nasales, donde percibas sensaciones tenues mientras inhalas y exhalas, o tu abdomen, donde notas cómo se eleva y baja mientras respiras. De esta manera, cuando adviertas que tu mente divaga, puedes traer tu atención de vuelta a este punto focal.

Cuando encuentres un ritmo de respiración cómodo empieza a contar mentalmente tus respiraciones; cada ronda de inhalación y exhalación es un ciclo. Inhala... y mientras exhalas cuenta mentalmente "uno". Inhala.... exhala, "dos". Inhala... exhala, "tres", y así.

Al inicio puedes contar hasta cinco o diez, empieza de nuevo la cuenta desde uno y repite el proceso varias veces, por cinco o diez minutos. Si pierdes la cuenta, no te preocupes, sólo toma nota de ello, trae de vuelta tu atención a la respiración y empieza a contar otra vez.

Cuando te acostumbres a este ejercicio, quizá después de unas cuantas semanas de práctica, aumenta tu cuenta hasta veinte o treinta y repite. Tal vez para ese entonces puedas aumentar la duración de tu sesión hasta diez o quince minutos.

Cuando te acostumbres a contar en series —esto es, sin fallas de atención— ponte el reto de contar en ambas direcciones: empieza contando hacia arriba, por ejemplo del uno al diez, y después hacia atrás; repite esta cuenta, como antes, hasta por cinco minutos cada vez durante tu sesión.

Contar las respiraciones como medio para centrar nuestra mente es una técnica eficiente, sobre todo para los principiantes. Como le damos a nuestra mente algo que hacer en lugar de sólo guiarla hacia adentro, contar respiraciones hace que sea más fácil mantener nuestra atención.

Como alternativa a contar, puedes intentar esta variación. Aquí, en lugar de contar tus respiraciones, notas los ciclos de inhalación y exhalación.

Empieza de nuevo con una respiración profunda para calmar tu mente.

Después respira con comodidad y observa mentalmente tus inhalaciones y exhalaciones: mientras inhalas, observa "adentro", y mientras exhalas, observa "afuera". Haz esto por cinco o diez minutos.

Una vez que has ganado confianza contando respiraciones (u observándolas), digamos que seas capaz de contar hasta veinte o treinta cada vez sin perder la atención, o bien, notando las inhalaciones y exhalaciones para mantener tu atención en los movimientos de tu respiración por treinta segundos cada vez, entonces podrás aumentar el siguiente paso a tu práctica de respiración consciente:

Concentra tu atención en el punto focal de tu elección —la punta de tus fosas nasales o tu abdomen— y sólo observa mientras inhalas y exhalas. Abstente de contar o etiquetar mentalmente las inhalaciones y exhalaciones, sólo deja que tu mente descanse con tu respiración y observa; sé consciente de la sensación de respirar. No hagas nada: sólo sigue tu respiración mientras inhalas y exhalas. Cuando pierdas la concentración y caigas en cuenta de que tu mente se distrajo, tráela de vuelta con suavidad a tu punto focal y déjala descansar de nuevo en tu respiración.

Durante la sesión tu mente divagará, alejándose del objeto de concentración que hayas elegido. Al principio quizá no te percates del momento en que te distraes. Si esto sucede, no te desanimes; es muy normal (recuerda, "una mente humana es una mente divagante"). Mantenerte enfocado sin distraerte por más de unos segundos puede ser difícil. De hecho, parte de la curva de aprendizaje es ver qué tan rápido te descubres alejándote del objeto elegido y con cuánta tranquilidad regresas a él.

Cuando empieces a hacer los ejercicios de atención concentrada, mantén cortas las sesiones. Aun cuando sean cortas (digamos de cinco minutos), sirve mucho tomar pequeños descansos entre espacios de concentración. A menudo la gente, en su entusiasmo inicial, insiste en tener sesiones largas; asumen que las cortas no tendrán un impacto real, pero eso no es verdad. Para el entrenamiento mental es más importante la regularidad, sobre todo cuando lo aprendes por primera vez. Además, mantener las sesiones cortas aumenta tus posibilidades de disfrutar el ejercicio. Los maestros tibetanos de meditación suelen enfatizar los beneficios de terminar tu sesión con una nota positiva, con un sentido de alegría en lugar de frustración y fatiga.

Sin embargo, después de algunos meses de práctica regular, considera hacer un retiro intensivo en el que pases unos cuantos días sin hacer nada más que meditar. El aislamiento del ambiente del retiro, guardar silencio y el régimen de largas sesiones regulares, contribuyen a un entorno propicio para disminuir la velocidad y sólo estar con tu mente. Una experiencia de retiro te ayuda a profundizar tu práctica y a tranquilizarte en tu relación con tu mente.

Hasta ahora he descrito las tres variaciones de respiración consciente en orden de dificultad: la primera es la más fácil para la mayoría de la gente; la segunda es un poco más difícil, y la tercera, la más dura de todas. En los primeros dos ejercicios le damos a nuestra mente algo activo que hacer, contando respiraciones u observando mentalmente la actividad de inhalar y exhalar; este involucramiento activo nos ayuda a concentrar nuestra mente, dirigir la atención a la respiración y mantener la atención. Por ello el tercer ejercicio, en el que sólo descansamos nuestra conciencia en la sensación de respiración, es el más desafiante de los tres. No le hemos asignado nada a la mente además de estar ahí.

En los manuales tradicionales de meditación, estos tres ejercicios de respiración suelen presentarse a veces como prácticas separadas diseñadas para diferentes individuos, pero en lo personal encuentro más útil ver los primeros dos como ejercicios alternados y el tercero como una etapa más avanzada de respiración consciente. En mi práctica diaria, aún realizo unas cuantas rondas contando la respiración, me salto el ejercicio de notación mental y después me enfoco en particular en el tercer ejercicio de respiración consciente. Es una manera suave de canalizar mi atención poco a poco hacia adentro, con menos dependencia a darle a la mente algo activo que hacer. Al final, cada uno de nosotros necesita descubrir lo que le funciona mejor: una combinación de dos o tres, o quedarse sólo con uno. Cualquiera que elijas, la clave es hacerlo con regularidad.

EJERCICIO | Atención centrada utilizando una imagen

También puedes centrar tu atención con ayuda de una imagen. Esto funciona muy bien si provienes de una tradición religiosa que incluya objetos con un significado especial. Por ejemplo, para un budista podría ser la imagen de un Buda sereno; para un cristiano puede ser una cruz, y así sucesivamente. En el contexto secular, puedes elegir cualquier objeto que tenga una resonancia especial para ti: una pintura que te atrae, un bello artefacto, una vela frente a ti. No tiene que ser nada ostentoso. Los manuales de meditación tradicional también sugieren objetos neutrales: puede ser una canica. O bien una imagen interna, como una esfera de luz en tu corazón o tu frente.

Digamos que escogiste una vela como tu objeto de enfoque; el ejercicio se vería de la siguiente manera:

Prende una vela y colócala a un metro frente a ti, de preferencia al nivel de tus ojos.

Comienza, como antes, con tres o cinco respiraciones profundas con el diafragma, y de ser necesario inhala y alivia cualquier tensión y rigidez en el cuerpo.

Una vez que has llevado tu mente un poco hacia dentro y se ha asentado de esta manera, comienza el entrenamiento de atención centrada. Observa la luz de la vela tan fijo como puedas, tratando de no ceder ante ninguna ansia de conceptualizar lo que ves: "Es muy brillante", "No parpadea", "Es hermosa", etcétera. Sólo descansa tu conciencia en la simple percepción de la flama de la vela, abandonándote a ella. Mantén tu mirada suave, sin forzar los ojos a mirar de una manera particular.

Mientras permaneces en esta experiencia de pura observación, poco a poco obtendrás un sentido de la vela en el ojo de la mente. Como un retrato hecho por una buena cámara, la imagen se presenta frente a ti en primer plano con el fondo difuminado. Al dirigirse tu atención hacia su objeto, sólo estará la imagen de la vela frente a ti. En ese punto, para tu conciencia el resto del mundo ha dejado de existir; es sólo un borrón. Mantente en este estado un poco, concentrada sólo en la luz de la vela.

Cuando la intensidad de esta experiencia disminuya y tu mente comience a flaquear, toma un descanso, abre tus ojos por completo y mira alrededor. Después regresa tu mirada a la vela y repite el proceso como antes.

Si te gusta la práctica de la atención con una imagen y quieres usarla como tu enfoque principal, ésta es la manera de crear tu propio programa: empieza la sesión con tres a cinco respiraciones profundas para silenciar y relajar tu mente, seguidas por uno o dos minutos de respiraciones contadas u observadas. Para el resto de la sesión, practica enfocarte en la imagen de tu elección, como se describió antes.

Comencé el entrenamiento de atención cuando era un joven monje, no con los ejercicios contemplativos que acabo de describir, sino haciendo memorización diaria como parte de mi educación monástica. La mayoría de los textos que tuve que memorizar estaban más allá de la comprensión de un joven adolescente, así que me parecían bastante aburridos, por decir lo menos. A pesar de eso los memoricé. Por fortuna, casi todos esos textos estaban en verso, y su métrica hacía que el canto y la memorización fueran más fáciles.

El mejor momento para memorizar es temprano por la mañana, y el resto del día repasaba varias veces lo que había memorizado para mantenerlo fresco. En la tarde tenía que recitarlo a un monje mayor. Posteriormente, antes de ir a la cama, recitaba a solas el texto completo que hasta ese momento había memorizado, desde el principio hasta el punto en que me encontraba, y lo cantaba en la oscuridad. Una vez que completaba un texto, lo cantaba todo cada noche durante al menos un mes: de esta manera consolidaba poco a poco la memoria, de temporal a la de largo plazo. Es un sistema increíble. ¡Hoy, después de más de treinta años, aún puedo cantar muchos de estos textos de memoria, siempre y cuando los lea una o dos veces para recordarlos!

Soy consciente de que la memorización tiene una mala reputación en la educación moderna, en particular en Occidente, como una especie de aprendizaje mecánico. Sin embargo, puede ser un acercamiento poderoso al entrenamiento de la atención, en especial para los niños pequeños. Cabe un argumento para traerla de vuelta a la educación, no como sustituto del aprendizaje sino como medio para entrenar la atención y la memoria.

Fortalecer la metaconciencia

Nuestra tercera habilidad para asentar la mente, después de silenciarla y centrarla, es la capacidad de tener un mayor grado de conciencia, ya sea en relación con nuestros propios pensamientos, sentimientos y acciones, o con respecto a lo que sucede alrededor. Tanto el budismo como la psicología contemporánea se refieren al tipo de conciencia que nos ocupa aquí como "conciencia metacognitiva" o "metaconciencia". *Meta* es un prefijo griego que significa "más allá", como en *metafísica,* cuyo significado literal es "más allá de la física". Sin embargo, en inglés y español contemporáneos usamos *meta* para referirnos a un marco más amplio dentro del que podemos hablar de un fenómeno particular. Por ejemplo, *metadatos* se refiere a datos sobre los datos, y la *metacognición* es la cognición de la cognición, o pensar sobre el pensamiento.

Para los propósitos del entrenamiento, estamos interesados en el proceso por el cual somos conscientes de la dinámica de nuestros pensamientos, emociones y comportamiento. En lugar de estar atrapados todo el tiempo en lo que nos sucede en la vida, aprendemos a ponernos al margen y observar el teatro de nuestra mente no como si fuéramos partícipes sino espectadores objetivos. Esta dimensión de perspectiva, de observar desde un punto privilegiado con una ligera distancia, es lo que diferencia en mucho a este tipo particular de conciencia de la conciencia ordinaria. La habilidad de simplemente estar presente y observar sin juicio ni resistencia nuestro cuerpo, sentimientos y mente y sus contenidos es el verdadero centro de la práctica moderna de la conciencia plena. Este ejercicio está adaptado de la meditación budista e implica atención sin un punto focal específico como objeto.

EJERCICIO **Metaconciencia**

De nuevo, comienza tu sesión con tres a cinco respiraciones profundas con el diafragma; inhala para disipar cualquier tensión y rigidez en tu cuerpo.

Para silenciar más tu mente puedes contar las respiraciones y luego realizar una sencilla respiración de conciencia por uno o dos minutos.

Una vez que te hayas asentado, libera tu mente de su enfoque en la respiración y déjala descansar con conciencia. Al mantener tus ojos cerrados durante el ejercicio tendrás un estímulo sensorial menos del cual preocuparte. Sin embargo, si deseas mantenerlos abiertos, siéntate frente a una pared lisa (sin colores, patrones o imágenes que te distraigan).

Ahora, mientras te mantienes consciente del momento presente, advierte lo que sea que entre, salga o pase por tu conciencia: el sonido de un vehículo afuera en la calle, pájaros cantando o el chirrido de los grillos en algún lugar, el principio de un dolor en las rodillas, un pensamiento o un recuerdo, y así. Siguiendo alerta y consciente, sólo observa lo que llegue sin tratar de reprimirlo ni de estimularlo. Sólo observa, reconoce y deja ir... observa, reconoce y deja ir...

Realiza esta sencilla práctica de conciencia hasta por diez minutos. Durante la etapa inicial es útil realizarla en fragmentos sucesivos con descansos de quince a veinte segundos.

Meditar caminando, una forma muy popular de meditación actual, es otra forma de entrenar la conciencia. Puedes hacerlo caminando muy despacio, de manera mesurada, por etapas:

Encuentra un rincón silencioso, bajo techo o exterior, donde haya suficiente espacio para dar de cinco a diez pasos sin tropezar con algo. Ponte de pie y mantén el cuerpo relajado, con las manos frente a ti o detrás, con ambas palmas juntas, o déjalas sueltas, con los brazos colgando rectos a cada lado del cuerpo. Mantén abiertos los ojos y mira sin esfuerzo hacia abajo frente a ti. Si realizas la práctica en interiores, o bien en exteriores con buen clima, tal vez quieras caminar descalzo para sentir el contacto de tus pies con el piso.

Una vez que la postura de tu cuerpo se asiente, empieza a caminar. Levanta tu pierna derecha concentrado, como en cámara lenta, diciendo mentalmente: "Ahora levanto mi pie derecho". Mientras colocas tu pie derecho en el suelo, piensa: "Ahora lo coloco en el suelo". Después, mientras te inclinas hacia adelante y levantas la pierna izquierda con suavidad, piensa: "Ahora levanto mi pie izquierdo", y por último, mientras lo colocas en el suelo, piensa: "Ahora coloco mi pie izquierdo en el suelo". Repite el proceso y medita caminando hasta por diez minutos cada vez.

También puedes meditar caminando a velocidad normal. Por supuesto, debido al ritmo acelerado no tendrás tiempo de separar la caminata en cuatro etapas distintas y notar mentalmente cada una; no obstante, puedes ser consciente de levantar el pie derecho, colocarlo sobre el suelo, levantar el pie izquierdo, colocarlo sobre el suelo, etcétera.

De esta manera mantienes una conciencia simple del acto de caminar. De hecho, lo que hoy en día llamamos meditar caminando, en el contexto tradicional budista es parte de las "prácticas posteriores a la meditación sentada": la idea es que los monjes pongan conciencia plena en sus actividades diarias, como caminar, y no sólo cuando meditan sentados.

Si puedes usar tu caminata normal como caminata meditativa, tendrás más posibilidades de convertir a la meditación en parte de tu actividad diaria. Todos los días después del almuerzo saco a pasear durante media hora a mi perro, *Tsomo*, un terrier tibetano, y uso parte de la caminata para meditar. Así que, por ejemplo, si caminas en el parque, puedes empezar contando unas pocas respiraciones (para lograrlo quizá quieras caminar más lento o incluso detenerte un segundo y sentarte en una banca). Empieza entonces con la conciencia simple de caminar: levanta el pie derecho, colócalo en el suelo, levanta el pie izquierdo... Después de unos minutos apártate de tu atención a la caminata y mantén una conciencia simple sin un foco en particular. Lo que atraviese tu conciencia, ya sea externo (ruidos de tráfico, ver a la gente que pasa) o interno (pensamientos sobre personas, sentimientos de aversión al ruido del tráfico, pensamientos sobre algo que pasó hace dos días), sólo obsérvalo y déjalo ir. Después de un rato, regresa a tu conciencia de la caminata, luego vuelve a una conciencia simple, y así sucesivamente. De esta manera alternas entre estas dos fases de conciencia.

Silenciar la mente es relajarla. Aprendemos a desenganchar nuestra conciencia de la actividad inquieta y agotadora de los patrones habituales de pensamiento, así como de nuestras reacciones emocionales instintivas y automáticas a estos. Aprendemos a silenciar el incesante parloteo interior de las suposiciones y aprendemos a dejar de rumiar, interpretar en exceso y de aferrarnos a las experiencias, lo cual hacemos a menudo aunque hayan sucedido hace mucho. Una mente (más) silenciosa es un lugar donde podemos estar presentes más prontamente, lo cual nos dispone para cuidar de nosotros mismos y de los demás.

Cuando centramos la mente, reinamos sobre su tendencia natural a divagar, y así liberamos recursos mentales que de otra manera se disiparían descuidadamente. Aún más importante, aprendemos a prestar atención a lo que de verdad valoramos. Poner mayor atención deriva en una mayor conciencia y comprensión de nuestra propia experiencia y la de los demás, lo que es crucial para exaltar nuestra capacidad natural para empatizar. De hecho, sin atención no hay empatía ni comprensión; y sin estas no hay compasión. Es tan simple como eso.

Por último, al fortalecer nuestra metaconciencia nos volvemos más conscientes de nosotros mismos y de los demás. Nos colocamos en la valiente posición de permanecer con las cosas como son en realidad, porque sabemos que hay un lugar tranquilo dentro de nosotros donde podemos estar. Reconocemos nuestros pensamientos y sentimientos, incluso los más adversos y dolorosos. Como vimos en el capítulo 3, debido a nuestra aversión natural al sufrimiento solemos relacionarnos con nuestras experiencias negativas a partir de la negación y la resistencia. Esto no sólo nos causa mayor sufrimiento, también evita que conectemos con el sufrimiento de otros. La metaconciencia nos permite estar con nuestro propio sufrimiento y el de los demás sin sentirnos amenazados por él, porque podemos dar un paso atrás y hacer espacio para todo en lugar de quedar atrapados y confundidos; ésta, en cambio, le permite a nuestro instinto compasivo expresarse como lo hace naturalmente cuando se enfrenta al sufrimiento y la necesidad, y cuando no es retenido por el miedo.

6
LIBERARTE
Escapar de la prisión de pensar demasiado en uno mismo

No hay encanto que iguale la ternura del corazón.
JANE AUSTEN (1775-1817)

Si templas tu corazón con amor benevolente, lo preparas como un suelo fértil y luego plantas la semilla de la compasión, florecerá enormemente.
KAMALASHILA (SIGLO VIII)

El verbo inglés *to care* (que puede ser traducido como preocuparse, cuidar, sentir afecto, importar, querer), con sus múltiples significados, es interesante. Cuando decimos que nos importa algo (*to care about something*), lo que decimos es que lo tomamos en serio. Que queremos a alguien (*to care about someone*) significa que esa persona nos interesa. Lo más importante, cuando decimos que alguien nos importa declaramos que sentimos cierta preocupación por el bienestar de esa persona. Y en inglés se utiliza la misma palabra para referirse al acto que emana de esos sentimientos de preocupación e interés. Así que decir "Estoy cuidando a los niños" (*I am taking care of the children*) quiere decir que estoy velando por sus necesidades. Estos significados superpuestos de la palabra *care* capturan, a mi parecer, una importante lógica de nuestro corazón: *si le atribuimos importancia a alguien sentimos una mayor preocupación por esa persona y, como resultado, también mostraremos un interés mayor en su bienestar.* Por ello, prestar atención, lo cual comentamos en el capítulo anterior, es un vínculo indispensable en la experiencia —y al final en la acción— de que alguien te importe.

Hasta ahora, la cadena va así: intención → motivación → atención → amor benevolente y compasión → actos de bondad.

Este capítulo se trata del vínculo entre el amor benevolente y la compasión. En la meditación budista sobre la compasión practicamos la elevación de los sentimientos de afecto y preocupación que sentimos por alguien que nos importa. Comenzamos por la gente que ya nos importa y, una vez que despierta en nosotros, practicamos el afecto hacia cada vez más gente y finalmente hacia todos los seres vivos, hasta que el amor y la compasión se vuelven nuestra disposición fundamental hacia cualquiera. Un beneficio tangible de esta práctica es que nuestros corazones se abren. Nos lanzamos fuera de nosotros mismos, a la vez que la vida puede lanzarse hacia dentro y tocarnos, y esto es lo que significa ser humano. Algunos textos budistas antiguos mencionan algo llamado *anukampa*, que se refiere al sentimiento de "que te importe otro", "estar pendiente de", y que algunos han traducido como "el temblor del corazón", evocando la imagen de un corazón que tiembla o vibra con sensibilidad y vivacidad, un corazón literalmente movido por el afecto.[1] La mayor parte de nosotros sabe cómo se siente un corazón tembloroso. Atender las necesidades de la gente, incluidas las nuestras, es lo que mueve nuestros corazones y nos hace sentir vivos en el sentido más pleno. Entre más nos importe o nos afecte algo, seremos más capaces de aportar energía del corazón para soportar cualquier situación que se nos presente.

Abrir tu corazón en lo cotidiano

Durante mucho tiempo en Occidente, al menos desde Aristóteles, ante todo hemos definido nuestra humanidad en función de la racionalidad. Sin embargo, recientemente hemos reconocido que también somos seres emocionales, con sensibilidades estéticas y espirituales. Para mí, la vida sin ser tocado, inspirado o conmovido por el afecto sería apenas la sombra de una vida humana. Nos sentimos más vivos cuando nos tocan y conmueven otras personas y el mundo que nos rodea, cuando nos sentimos conectados con los otros, cuando encontramos sentido y propósito: en otras palabras, cuando nos importa o afecta alguna cosa distinta y más grande que nosotros mismos. Preocuparnos de esta manera nos hace humanos; es lo que nos hace seguir. Para usar un cliché, estamos hechos para conectar.

Sin embargo, interesarse por los demás presupone receptividad y apertura de nuestra parte a ser tocados. Incluso para enamorarnos debemos ser receptivos; debemos ser susceptibles de ser afectados por otra persona. No podemos forzarnos al enamoramiento; pero sí podemos estar dispuestos a hacerlo con un corazón blando, listo y abierto. Un corazón endurecido no puede ser tocado. Un corazón cerrado no puede recibir las bendiciones que le llegan. Cuando nuestro corazón no está abierto, aun si pensamos que estamos enamorados, es quizás otra cosa (un capricho impulsado por el deseo de poseer a la otra persona, por ejemplo).

Nuestro corazón se cierra porque hemos sido lastimados y tenemos miedo de que nos lastimen de nuevo. Pensamos que nos han decepcionado o se han aprovechado de nosotros muchas veces, así que nos ponemos en guardia. Pensamos que los corazones abiertos son cosa de tontos. Quizás un amigo o un familiar nos ha herido, alguien en el trabajo, o quizás haya sido la totalidad de un sistema opresivo y explotador. De una u otra forma, todos nos sentimos heridos. Una de las razones por las que mi abuela fue para mí una persona tan inspiradora es porque a pesar de todas las trabas y dificultades que padeció bajo el dominio comunista chino, fue capaz de mantener el corazón abierto y nunca abandonar la esperanza en la humanidad.

Algunas veces, en el proceso de convertirnos en gente "educada", nos deslizamos hacia el cinismo y perdemos contacto con nuestro corazón. Mientras estuve en Cambridge me impresionó ver la frecuencia con que se comparaba el cinismo con la inteligencia y la sofisticación. Si no eras cínico, eras ingenuo. Pero no deberíamos confundir el cinismo con el escepticismo. El escéptico está abierto a que lo persuadan; el cínico, por otra parte, se mantiene desinteresado y desdeñoso; cerrado, a fin de cuentas, porque así es más seguro; cerrado, ya que el cínico teme que la gente se percate de lo mucho que no sabe. Existe un peligro real al usar la insignia de cínico ya que podríamos olvidar cómo quitárnosla y terminar pegados a ella. El cinismo engendra desconfianza, la cual a su vez genera soledad, incluso amargura, dos conocidas fuentes de desdicha. Aprender —*atreverse*— a preocuparnos, a que nos importe algo o alguien, es la manera de zafarnos del cinismo.

Como vimos en el capítulo 3, abrirnos y salir de nuestro cascarón requiere valor, ya que en ese momento nos encontramos vulnerables frente a la decepción, el juicio y el dolor. Y es cierto, mucha de la gente que más se abre es la que resulta más herida. Lo peor de todo es que a veces la persona que nos lastima no se preocupa en lo absoluto al respecto. Mientras tanto, nos sentimos heridos *porque* nos importa esa persona. (En realidad no duele tanto cuando nos lastima un desconocido.) Pero, como también vimos en el capítulo 3, la protección personal (autoprotección) puede volverse un hábito que nos aparta de los demás y de nosotros mismos. Los peligros de abrirnos pueden parecer turbadores, pero la alternativa no es vida. No significa que no vayamos a ser heridos de nuevo; significa que podemos aprender a tener afecto, sentirnos heridos (o decepcionados, o cínicos) y saber que de todas formas estaremos bien; que viviremos un día más para querer y ser queridos. Y podemos aprender, pase lo que pase, a no empeorar el asunto. Ésta es la seguridad infinita, abierta, incondicional y comprometida de la metaconciencia en oposición a la limitadísima seguridad que implica cerrarnos.

Cuando me siento herido, lo primero que hago es tratar de comprender de dónde viene el sentimiento. En lugar de reaccionar, desacelero (silencio mi mente) y tomo distancia (metaconciencia). Desacelerar me ayuda a no precipitarme a juzgar a la otra persona o a mí mismo. A veces descubro que tal sentimiento posee raíces que nada tienen que ver con el otro. El dolor emocional casi siempre tiene una parte de decepción que surge debido a las expectativas no realizadas. Al desacelerar para analizar estas expectativas notamos que, usualmente, dejadas a su aire toman caminos bastante divergentes con respecto a la realidad sin que siquiera nos demos cuenta. Así que sentirse herido, a pesar de que sea doloroso por definición, también puede ser una oportunidad para el autodescubrimiento, algo que quizá resulte bastante complicado para un cínico, pero para lo cual nos podemos preparar y abrir por medio de la práctica, si es que nos importa.

¿Cómo abrimos nuestro corazón? Además de las meditaciones sentadas que se mencionarán en este capítulo, usamos la vida cotidiana para practicar. Cualquier oportunidad para la bondad es una oportunidad para abrir y reconfortar nuestros corazones.

Cualquier momento que nos sintamos inspirados por la bondad de los demás también es una oportunidad. Todo lo que debemos hacer cuando nos topamos con estas bendiciones es estar conscientes de ellas y permanecer con la experiencia en lugar de simplemente pasar a otra cosa.

También podemos emplear el arte. Recuerdo cuando vi por primera vez *Gandhi*, de Richard Attenborough, en Bangalore, ciudad situada al sur de India. La sensación de ser elevado hacia otro plano de la existencia permaneció en mi interior por días, durante los cuales mi experiencia del mundo adquirió una textura cualitativamente distinta, como si recibiera toda la información sensorial no por medio de los sentidos habituales sino directo a través de mi corazón abierto. La literatura surte este mismo efecto en algunas personas. En una escena memorable de la película *La sociedad de los poetas muertos* (una de mis favoritas de todos los tiempos), el personaje principal, un inspirador profesor interpretado por Robin Williams, comparte su visión en una explosión apasionada: "No escribimos y leemos poesía porque es algo lindo. Escribimos y leemos poesía porque somos miembros de la especie humana… Poesía, belleza, romance, amor, estas son las cosas por las que seguimos vivos".

O también pueden ser textos religiosos, música o arte visual aquello hacia lo cual nos abrimos con mayor facilidad y presteza; depende de nuestro trasfondo cultural y nuestros gustos individuales. Respecto a la música, para mí no hay nada como los cantos tibetanos monásticos o la música de Bollywood de las décadas de los setenta y ochenta, en especial los temas de los famosos cantantes Mohammed Rafi y Kishore Kumar. Estas son las dos tradiciones musicales con que crecí cuando pequeño. Sin embargo, hace un par de años me topé con una pieza llamada "*Spiegel im Spiegel*" ("el espejo en el espejo"), del compositor estonio Arvo Pärt. Fue usada hace poco como banda sonora del tráiler de la taquillera película *Gravity,* de 2013, sobre dos astronautas perdidos en el espacio. Unas cuantas notas sencillas se repiten de forma continua con pequeñas variaciones, como si la imagen de un espejo se reflejara en otro y así sucesivamente, invocando un sentido de infinitud. Nunca había escuchado nada que se le pareciera, pero este tipo de música me lleva a un lugar de ternura y me causa el sentimiento de que el mundo es mi hogar.

Claro que es posible usar libros y películas para retirarnos del mundo. Nuestra práctica de intención y dedicación (capítulo 4) nos ayuda a notar si estamos recibiendo el arte de maneras que sirvan o nutran nuestro verdadero propósito.

Una mujer que en sus treintas realizó el curso de entrenamiento de la compasión dio un ejemplo sobre cómo reunió la valentía necesaria para aventurarse hacia fuera de sí misma, y de lo bien que se siente estar ahí:

> Siempre he sido una persona bastante tímida. Pienso que el ECC me ha ayudado a salir de mi caparazón. Estaba en un festival de música escuchando a una banda con unos amigos cuando me percaté de otra banda que estaba tocando en un escenario cercano pero sin nada de público. Me sentí mal por ellos; se veían solitarios. ¡Antes de que me diera cuenta me había lanzado hacia ellos y me puse a bailar! ¡Comencé a bailar! Nunca había hecho eso antes. Una a una, algunas personas comenzaron a acercarse, y en poco tiempo ya se había congregado una multitud frente al escenario. Entre más practico más parece que puedo acercarme a la gente. Pienso que mi caparazón me protegía de los demás, pero ahora creo a veces que no lo necesito.[2]

Abrir tu corazón por medio del amor benevolente y la meditación compasiva

La práctica formal de meditación que usamos en nuestro entrenamiento de la compasión para ayudar a conectar con nuestro corazón amoroso, adaptada de la meditación tradicional budista, consiste en meditar sobre el amor benevolente y la compasión. En la psicología budista, el amor benevolente y la compasión son dos expresiones de un mismo corazón, variaciones del tema humano esencial de amarnos los unos a los otros. El amor benevolente es el deseo de que alguien sea feliz, y la compasión es el deseo de que alguien esté libre de sufrimiento. Están relacionados muy de cerca, pero el énfasis es distinto y por lo tanto generan tonos emocionales diferentes. Podemos pensar en ellos como dos caras de una misma moneda: la compasión es como una versión más específica del amor benevolente, concentrado sobre todo en el sufrimiento. Son dos de los Cuatro Inconmensurables (capítulo 4), y dos maneras de acercarse al bienestar de una persona.

La raíz de estas prácticas se remonta hasta el Buda mismo; es decir, hace más de 2 500 años. El renombrado "*Metta Sutta*" (discurso sobre el amor benevolente) incluye una instrucción en forma de una serie de aspiraciones para el corazón. Inclinamos nuestro corazón (y nuestra mente: en pali, el lenguaje de los textos budistas más antiguos, son la misma palabra) de esta manera para que tienda a desear felicidad para los demás. La instrucción reza así:

Desear: en la felicidad y en la seguridad,
que todos los seres estén en paz.
Cualesquiera que sean los seres;
sin importar si son débiles o fuertes, sin omitir ninguno,
el fuerte o el poderoso, el mediano, bajo o pequeño,

los evidentes y los ocultos,
los que viven cerca y lejos,
aquellos nacidos y los que están por nacer,
¡que todos los seres estén en paz![3]

Las tradiciones budistas, inspiradas en este discurso fundacional, desarrollaron prácticas de meditación sistemáticas para cultivar el amor benevolente y la compasión hacia todos los seres. Estas meditaciones budistas tradicionales comienzan por lo común con nosotros mismos; es decir, nuestra aspiración natural a la felicidad y nuestro deseo de estar libres de sufrimiento. Luego, al concentrarnos en un ser amado, le deseamos felicidad, alegría y paz (amor benevolente) y libertad del sufrimiento (compasión). De ahí, en círculos de atención que se expanden sin cesar, le deseamos los mismos elementos a una persona "neutral" (alguien por quien no tenemos sentimientos fuertes en uno u otro sentido), luego a una persona "difícil" (alguien que nos saca de nuestras casillas), para pasar finalmente al círculo más amplio: desear alegría, felicidad y paz a todos los seres.

Pero, como vimos en el capítulo 2, comenzar con nosotros mismos en Occidente hace que el proceso se detenga súbitamente. Así que aquí comenzamos con un ser amado, un "blanco fácil" para estos ejercicios. Es alguien que nos genera calidez espiritual con tan sólo pensar en él o ella. Nuestra relación con esta persona (o animal) en el momento no es complicada y al traerla a la mente evocamos un sentimiento predominante de ternura, afecto y bondad en nuestro interior. Alguien que se acaba de convertir en padre tal vez elija a su retoño recién nacido. Una madre que ame a sus dos hijos de seis y catorce años quizá comience con el más pequeño si es que el grande está pasando por una etapa difícil. Puedes elegir a un abuelo o abuela que quieras mucho, un amigo cercano o una mascota adorada.

EJERCICIO | Meditación de amor benevolente

En nuestro entrenamiento para cultivar la compasión realizamos esta práctica como una meditación guiada. Quizá no sea mala idea que te grabes a ti mismo leyendo estas instrucciones, si es que prefieres mantener los cerrados conforme avanza el proceso:

Elige una posición cómoda para estar sentado, que te permita relajarte pero que te mantenga alerta. Para prepararte, haz de tres a cinco respiraciones profundas: inhala hasta el fondo de tu abdomen y exhala con suavidad.

Después cuenta tus respiraciones durante uno o dos minutos o realiza una meditación sencilla de conciencia de la respiración.

Ahora piensa en alguien por quien sientes un enorme afecto libre de complicaciones. Puedes emplear una fotografía de esta persona (o animal) para evocarla con mayor facilidad, pero no es necesario tener una imagen visual; tan sólo piensa o siente la presencia de esta persona de la manera más tangible posible. Si eres capaz de visualizarla, trata de imaginar del modo más vívido a esta persona a quien amas y que te importa mucho. Observa qué sientes en tu corazón mientras piensas en ella. (Aquí *corazón* se refiere más al área alrededor que al órgano en sí mismo.)

Si surgen sentimientos de ternura, calidez y afecto, permanece con ellos. Si no emerge ningún sentimiento específico, no te preocupes. Sólo quédate con el pensamiento de tu ser querido. Repite en silencio las siguientes frases y haz una pausa al concluir cada una.

Que seas feliz...
Que estés libre de sufrimiento...
Que tengas salud...
Que encuentres paz y alegría.
Que seas feliz...

Que estés libre de sufrimiento...

Que tengas salud...

Que encuentres paz y alegría.

Ahora refresca tus pensamientos respecto a esa persona amada y genera sentimientos de calidez, ternura y afecto, si puedes, y en silencio repite una vez más estas frases. Repite los pasos de esta práctica de tres a cinco minutos.

A continuación imagina que una luz cálida, que contiene todos tus sentimientos de amor y conexión, emerge del centro de tu corazón mientras exhalas. Esta luz toca a tu ser querido, y al hacerlo le brinda paz y felicidad. Repite una vez más en silencio las frases.

Ahora regocíjate en el pensamiento de la felicidad de tu ser querido mientras deseas con todo el corazón que encuentre tal felicidad. Mantente en ese estado de regocijo por un minuto.

Puedes hacer la misma meditación con una modificación: desear a tu ser querido que esté libre de sufrimiento en vez de lleno de felicidad. Éste es el corazón de la meditación de compasión.

Al final le estarás deseando a todos los seres liberarse del sufrimiento, pero el "blanco fácil" para la compasión, que te ayudará a acceder a esta cualidad especial del corazón, será alguien (o algún ser) que sabes que se encuentra sufriendo y con quien, como sucede con el amor benevolente, tienes una relación sin complicaciones (o que no le deseas ningún mal). No es necesario que lo conozcas en persona: por ejemplo, puedes tomar la imagen de un niño sufriendo que viste en las noticias, o pensar en un indigente a quien sueles ver de camino al trabajo. O tal vez una familia que, con miedo, lucha día con día para sobrevivir entre violencia constante. Por desgracia, los ejemplos trágicos no se agotan. También podrías considerar el sufrimiento de un amigo o un familiar que esté atravesando por tiempos difíciles. De nuevo, cuando te concentres en ello lo más seguro es que no faltarán candidatos. Ésta es la primera ("noble") verdad del budismo: que hay sufrimiento en la vida y que éste es real. ¿Conoces a alguien que esté sufriendo por alguna enfermedad, dolencia, ansiedad, depresión u otro problema de salud mental, problemas en su relación, desempleo, adicción, soledad o duelo? Podría ser la misma persona en que pensaste durante tu meditación de amor benevolente. La clave está en que tu objeto sea lo más concreto posible y que te concentres en su sufrimiento.

EJERCICIO | Meditación de compasión

Una vez que hayas realizado las respiraciones profundas preliminares seguidas de agunos ejercicios de conteo de respiraciones o de simple conciencia de tu respiración, procede de la siguiente manera:

Piensa en algún momento en que esa persona que tienes en mente pasó un mal rato. Quizá se encuentre en situación similar en este momento. Trata de imaginar cómo se siente. Observa los sentimientos que afloran en ti mientras piensas en su sufrimiento. Tal vez tengas una sensación dolorosa en el corazón, incomodidad interna o la urgente necesidad de ayudar. Si no surgen emociones o sentimientos específicos, permanece con el pensamiento. Sólo observa y mantente con los pensamientos o sensaciones que surjan.

Luego, mientras imaginas el sufrimiento de esta persona, ofrece en silencio las siguientes frases:

Que estés libre de sufrimiento...
Que estés libre de miedo y ansiedad...
Que encuentres paz y seguridad.

Repite esta práctica durante un rato, sin omitir la atención a tu respiración y sin dejar de pensar en esta persona. Refresca cada tanto el pensamiento de esta persona y contempla su sufrimiento y sus necesidades. Luego ofrece en silencio las frases como antes. Repite la práctica durante tres a cinco minutos.

Cuando desees terminar tu meditación, imagina que una luz cálida emerge del centro de tu corazón mientras exhalas, tocando a la persona que tienes en mente. Mientras lo hace, imagina que ello aminora el sufrimiento de la persona y le da paz y tranquilidad. Luego repite las frases anteriores en silencio y con un franco deseo de que esta persona se libere del sufrimiento.

Que estés libre de sufrimiento...
Que estés libre de miedo y ansiedad...
Que encuentres paz y seguridad.

Una práctica silenciosa con resultados poderosos

La meditación de amor benevolente que vemos hoy en día, en especial en Occidente, fue adaptada de la tradición budista Theravada de la práctica *metta*. La palabra *metta* es el equivalente pali de la palabra sánscrita *maitri*, un término que comparte una conexión etimológica con la palabra *mitra*, que significa "amigo" o "amistad". La profesora de meditación Sharon Salzberg es una de las responsables de popularizar una forma secular de esta meditación en Occidente.[4] Además de enseñar la práctica ampliamente, Salzberg ha colaborado con investigadores, en especial la psicóloga estadounidense Barbara Fredrickson, quien se ha interesado en explorar posibles aplicaciones clínicas de la meditación de amor benevolente.

Fredrickson y su equipo condujeron uno de los primeros estudios sobre la meditación de amor benevolente entre empleados de una gran compañía de *software* y servicios de tecnologías de la información en Detroit. Poco más de doscientos empleados se ofrecieron como voluntarios para el estudio; la mitad fue asignada al azar como grupo de meditación, mientras que la otra fue asignada como grupo de control en una lista de espera. El curso de meditación consistió en seis sesiones de una hora sobre la meditación de amor benevolente, conducidas por un experto a partir de las instrucciones de Salzberg.

Los autores del estudio reportaron lo siguiente: "Los hallazgos son bastante claros: la práctica [de la meditación de amor benevolente] condujo a cambios en la experiencia diaria de las personas de un amplio rango de emociones positivas como el amor, la alegría, la gratitud, la satisfacción, la esperanza, el orgullo, el interés, la diversión y la capacidad de asombro".[5] Los autores argumentan que las emociones positivas, mejoradas directamente por la meditación de amor benevolente, pueden emerger como "el mecanismo mediante el cual la gente construye los recursos que hacen sus vidas más satisfactorias y los ayudan a mantener los síntomas depresivos a raya". El estudio también detectó una correlación significativa entre las emociones positivas y otros beneficios personales como la aceptación de uno mismo, relaciones positivas con los demás y un propósito en la vida. Los autores concluyeron: "Dicho de manera sencilla, al aumentar la experiencia cotidiana de emociones positivas, la práctica [de la meditación de amor benevolente] condujo a beneficios de largo plazo que marcaron diferencias genuinas en la vida de las personas". [6]

En un estudio realizado tiempo después, para el cual se reclutó a sesenta y cinco académicos y personal de la Universidad de Carolina del Norte en Chapel Hill, sede laboral de Fredrickson, su equipo examinó la conexión entre la meditación de amor benevolente y el estrés. A los participantes se les asignó aleatoriamente a uno de dos grupos: uno en lista de espera y otro que recibió seis clases semanales de meditación de amor benevolente, dirigidas por un instructor experto.

Una de las medidas importantes para este estudio fue la variabilidad del ritmo cardiaco de los participantes; es decir, qué tan en tono o qué tan receptivo se encontraba el nervio vago de los individuos. El nervio vago regula las fluctuaciones del ritmo cardiaco en conexión con la respiración. En parte, Fredrickson decidió concentrarse en el nervio vago porque parecía ser relevante en cuanto al modo en que conectamos entre nosotros. Anatómicamente, este nervio está vinculado con otros que son cruciales para interactuar socialmente, como hacer contacto visual, ajustar nuestros oídos para percibir la voz de alguien y la regulación de expresiones emocionales. Estudios anteriores han mostrado que un mayor tono vagal está asociado con sentimientos de cercanía a los demás y con el comportamiento altruista. (El mayor tono vagal, registrado por medio de una mayor variabilidad del ritmo cardiaco, está asociado con un menor riesgo de desarrollar padecimientos cardiacos, y el nervio vago juega un papel importante para regular los niveles de glucosa y las respuestas inmunes naturales. Dado que ayuda a comprender la conexión entre todas estas cosas —interacción social, altruismo, un corazón saludable y el sistema inmunológico—, es comprensible por qué se estudia el nervio vago.)

Comparados con quienes fueron asignados al grupo en espera, los individuos de la clase de meditación mostraron un aumento en las emociones positivas y en el sentido de conexión con los demás, además de la función vagal.[7] Al reflexionar sobre los resultados de su estudio, Fredrickson observó que "cualquier interacción que tenemos con la gente representa una mejora de nuestro estado de salud a pequeña escala".[8]

Los efectos del curso de ECC en Stanford ya han sido medidos conforme a una amplia gama de resultados, desde la regulación emocional hasta la respuesta al estrés, y desde la fobia social hasta el trastorno por estrés postraumático. En otras secciones del libro analizaremos algunos de estos descubrimientos.

Uno de mis beneficios favoritos de la práctica de la compasión y el amor benevolente es que ayuda a combatir el resentimiento y los celos. Pocos de nosotros admitiremos —incluso frente a nosotros mismos— que tenemos celos. Pero los celos permean la cultura competitiva del presente de forma discreta: se arrastran hasta nuestros hogares y hacen que los esposos sientan envidia de sus respectivos éxitos. Ya que la práctica del amor benevolente y la compasión equivale a desearles el bien a los demás, nos condiciona a sentirnos alegres por su buena suerte. Éste es el antídoto más poderoso para tratar los celos y el resentimiento.

Si se dejan sin atender, los celos se pueden convertir en resentimiento y el resentimiento cierra nuestro corazón, así que es importante no permitir que el resentimiento pase desapercibido. El primer paso es reconocerlo, nombrarlo y luego examinar de dónde procede. Si necesitamos tener una conversación sincera con la persona que desencadena nuestra envidia, entonces debemos hacerlo por el bien de ambos.

Sin embargo, nosotros somos las verdaderas víctimas de los celos. Al momento en que surgen, perdemos nuestro equilibrio y nos sentimos incómodos. De alguna manera, hay algo que no está bien: hay una energía inagotable en torno a ello y sólo deseamos que desaparezca. Pero tratar de negar nuestros sentimientos de envidia es como intentar no pensar en un elefante: no podemos evitarlo. Al darle vueltas al asunto tal vez nos volvamos amargados, y esparcimos amargura como fumarolas tóxicas. Quizá hablemos mal de la otra persona e incluso nos alegremos por su sufrimiento. Esto es lo opuesto de la compasión y el amor benevolente, y no hace falta decir que ambos son la cura. Un verso muy querido de mi propia tradición tibetana, proveniente de un texto bastante conocido del primer panchen lama, dice lo siguiente:

Si de sufrimiento se trata, no lo deseo en lo absoluto;
en cuanto a la felicidad nunca estoy satisfecho.
A este respecto no hay ninguna diferencia entre los demás y yo.
Bendíceme para que así pueda regocijarme en la felicidad de los otros.[9]

Hay algo más en el amor benevolente y la compasión que sólo deseos

En la práctica tradicional tibetana, la meditación del amor benevolente y la compasión incluye, además de desearles a otros felicidad y libertad del sufrimiento, una profunda reflexión sobre la bondad de los demás. En esencia ésta es una forma de practicar la gratitud, cultivar un sentido de gratitud hacia quienes han sido amables con nosotros, sobre todo nuestros seres queridos. Hoy en día, gracias a un cuerpo de estudios científicos siempre en aumento, los occidentales son cada vez más conscientes de los beneficios positivos de la gratitud. El cultivo de la gratitud se ha relacionado con un mayor bienestar y un mejor comportamiento en favor de la sociedad.[10] Lo que me gusta de la gratitud es que nos pone en un estado mental mucho más positivo. Cuando nuestra perspectiva es filtrada por la gratitud, apreciamos nuestra buena suerte, atesoramos lo que tenemos en lugar de quejarnos por lo que no tenemos y ello tiende a volvernos más optimistas con respecto al futuro.

Si tomamos en cuenta el valor tradicional asiático de honrar a nuestros mayores, en particular a nuestros padres, la práctica tibetana de reflexionar sobre la bondad de los demás pone especial atención a nuestras madres. Si desarrollamos un sentimiento profundo de gratitud hacia nuestra madre por su bondad, lo extenderemos hacia más gente al reconocer que, por medio del renacimiento y la reencarnación, un número incontable de personas han sido en varios momentos nuestra madre. Para ofrecer una muestra de esta reflexión tradicional sobre la bondad ajena, permíteme citar las siguientes instrucciones, provenientes de un libro tibetano bastante conocido del siglo XIV:

> Ya fuera que estuviera en su vientre, al nacer o mientras crecía, ella siempre me alimentó y me vistió. Me dio sus pertenencias más preciadas. Actuó como si el estatus de un monarca universal fuera inadecuado para mí… Con toda su capacidad me protegió de los peligros y me condujo a la felicidad. Por tanto, ella es una fuente de enorme bondad. Así que, por mi parte, para ser recíproco con dicha bondad, debo protegerla del sufrimiento y conducirla a la felicidad.[11]

Alguna vez escuché decir a Robert Thurman, erudito budista estadounidense, que siempre que se hartaba de ver a George W. Bush en la televisión (una persona "difícil" para él; esto fue durante el clímax de la crisis en Irak que siguió a la invasión estadounidense), trataba de ver la cara de su madre en el presidente. Dijo que esto realmente lo ayudaba a tranquilizarse.

Hasta ahora no hay ninguna versión secularizada de esta práctica tibetana. Pero hay que partir de la suposición básica de que hay bondad en los demás, y prestar atención cuando se presenta. Podemos practicar al hacer listas de las cosas amables que la gente ha hecho por nosotros en lugar de elaborar listas de quejas.

Sin embargo, existe una práctica japonesa formalizada conocida como *Naikan*, que se enseña en un contexto secular y en esencia es bastante similar. El nombre *Naikan* significa literalmente "ver adentro"; la técnica es una forma altamente estructurada de autorreflexión diseñada por un empresario llamado Yoshimoto Ishin durante la postguerra japonesa. Quienes emplean esta práctica creen que el *Naikan* ayuda a comprendernos como individuos, así como las relaciones importantes en nuestras vidas.

En la superficie el *Naikan* es una práctica sencilla estructurada —se podría decir que de manera bastante rígida— en torno a tres preguntas:

"¿Qué he recibido de esta persona?"
"¿Qué le he dado a esta persona?"
"¿Qué problemas y dificultades le he generado a esta persona?"

Debido a sus raíces asiáticas, en el esquema tradicional quien realiza esta práctica se concentra en su madre. Pero dentro de cualquier otro contexto cultural, como Occidente, el punto de enfoque puede ser cualquiera.

A pesar de que nunca la he realizado, tengo la buena suerte de conocer a uno de los principales investigadores de esta técnica, la antropóloga japonesa-americana Chikako Ozawa-de Silva, de la Universidad Emory.[12] Chikako entiende básicamente al *Naikan* como una forma de "concientización de la bondad de los otros". Además de ser investigadora, ha formado parte de varios retiros y respalda el poderoso efecto de esta técnica. Me comentó que en los retiros la gente rompe a llorar con profundo remordimiento, pero logra emerger con un sentido de libertad y un mayor compromiso con las relaciones importantes en su vida.

Y todo vuelve a la conexión

El dolor de la separación, la decepción de no obtener lo que queremos, no encontrar satisfacción en el punto donde nos encontramos y la constante esperanza de algo mejor, están entre las condiciones fundamentales que nos definen como seres humanos. Pero esta vulnerabilidad es también un regalo: nos provee la capacidad de entender a los demás y posibilita que salgamos de nuestra piel y nos pongamos en la de alguien más, por así decirlo. Entre más aprendemos a estar con nuestro propio sufrimiento, más capaces seremos de conectar con otras personas. ("En esto no hay ninguna diferencia entre los demás y yo.") Por el contrario, cuando nos relacionamos con nuestro sufrimiento con inconsciencia o resistencia, perdemos ese terreno común que nos permite conectar con los demás y que nos sean importantes. Así que sufrimos aún más.

En un retiro de entrenamiento para profesores de nuestro curso de compasión en Stanford, uno de los estudiantes preguntó: "Ya que nuestra experiencia del sufrimiento es tan trascendente para nuestra capacidad de compasión, ¿no es contradictorio que deseemos que los otros estén libres de sufrimiento?" Ésta es una pregunta profunda. Respondí que al desear que los demás se vean libres de sufrimiento, conectamos con su aspiración natural a la felicidad y su deseo de liberarse del sufrimiento. En realidad, como seres humanos quizá nunca estaremos libres de sufrimiento, así que en este sentido sólo es una cuestión académica. Podríamos decir que enfrentaremos el "problema" de la libertad con respecto al sufrimiento ¡sólo cuando se presente, y en caso de que así sea!

En cualquier caso, la compasión tiene que ver con la manera en que todos nos *relacionamos* con el sufrimiento, tanto el nuestro como el de los demás —sufrimiento que ya hemos experimentado, que experimentamos ahora y que experimentaremos en el futuro— y con el hecho mismo de sufrir. Podríamos estar "libres" del sufrimiento real y aún temer que vuelva (en cuyo caso no estaríamos realmente libres de sufrimiento, así que la compasión seguiría siendo muy relevante). Ésta es la dimensión extra del sufrimiento que por lo regular atraemos a nuestra experiencia, y de la cual podríamos prescindir. Esto es lo que nos importa.

Shantideva, autor budista del siglo VIII, identificó un beneficio importante del sufrimiento.[13] Afirma que experimentar el sufrimiento nos enseña a ser humildes y nos hace más empáticos hacia quienes sufren. Desmond Tutu, ganador del Premio Nobel de la Paz y arquitecto de la increíble iniciativa sudafricana Verdad y Reconciliación, capturó de manera hermosa esta reflexión cuando escribió: "Es por medio de la debilidad y la vulnerabilidad que la mayor parte de nosotros aprendemos a ser empáticos y compasivos y descubrimos nuestra alma".[14] Aunque tal vez nunca nos libremos del dolor y el sufrimiento, la manera en que respondemos a ellos tiene un impacto profundo en nosotros y quienes nos rodean. Al enfrentarnos al sufrimiento, podemos darnos por vencidos, revolcarnos en la desesperación y sentir lástima (por nosotros mismos). O podemos cerrarnos y endurecer nuestro corazón. Como alternativa, podemos elegir estar con nuestro predicamento y emerger de nuestra experiencia con un poco más de sabiduría, de paciencia y de amabilidad. La práctica de la compasión nos ayuda a seleccionar el camino más sabio en nuestro compromiso con la condición tan humana del sufrimiento.

7

"QUE SEA FELIZ"

Cuidar de nosotros mismos

Si no tengo paz, ¿cómo puedo ayudar a otros a encontrarla?

TSONGKHAPA (1357-1419)

Decimos que algunas cosas no pueden perdonarse o que nunca nos las perdonaríamos. Pero lo hacemos. Lo hacemos todo el tiempo.

ALICE MUNRO

A menudo somos personas difíciles para nosotros mismos. Si el capítulo 2 —sobre lo difícil que es ser bondadosos con nosotros en una cultura individualista y competitiva, y una sociedad fragmentada— era la mala noticia, esta es la buena: lo que podemos hacer para aprender a ser compasivos y bondadosos con nosotros mismos, aunque al principio no sea fácil. En este capítulo volvemos a la fuente que encontramos en el capítulo anterior —nuestro corazón abierto—, pero esta vez para nosotros mismos. Como referencia usamos el amor benevolente y la compasión que mostramos hacia personas "fáciles" (*ahora* verás como se siente) y, teniéndonos a nosotros en mente, tratamos de recrearlos. Nuestros corazones ya han practicado cómo abrirse, y ahora aprendemos a abrirlos hacia nosotros.

Compasión por uno mismo y estilos de apego

Todos tenemos la capacidad de ser compasivos con nosotros mismos, pero no todos la usamos del mismo modo. Según algunos investigadores, nuestras diferencias tienen mucho que ver con los mecanismos de autodefensa que construimos para lidiar con los retos y las decepciones de la vida. Diversos estudios de personalidad y desarrollo infantil indican que la activación y el desarrollo de lo que los científicos llaman el *sistema afiliativo* en los primeros años de vida de un niño es un aspecto crucial. El sistema afiliativo, o sistema afectivo, como es llamado también, está asociado a sentimientos de seguridad, conexión y satisfacción, y está ligado a nuestra producción natural de opiáceos y hormonas como la oxitocina (a veces nombrada "la hormona de los abrazos"). Idealmente, por medio del cuidado de los padres un bebé reconoce en ellos una fuente de confianza, calma y seguridad. De estas experiencias tempranas el bebé forma recuerdos emocionales de seguridad, consuelo y tranquilidad; se siente seguro y no lo olvida nunca. En este feliz escenario, el bebé tendría lo que los psicólogos llaman un estilo de apego seguro. A partir del trabajo de John Bowlby y Mary Ainsworth, los actuales teóricos del apego hablan de cuatro estilos básicos: seguro, ansioso y preocupado, indiferente y evasivo, y temeroso y evasivo.[1] Pero los estilos de apego no son sólo cosas de bebés; el concepto se aplica a los primeros años de nuestras vidas y cómo estos afectan nuestra personalidad, en específico cómo nos relacionamos con las personas por las que sentimos apego a lo largo de la existencia.

Algunos investigadores dicen que, al crecer, la capacidad para calmarnos a nosotros mismos se desarrolla a partir de esas experiencias iniciales; si prefieres, es un proceso de memoria emocional.[2]

En el fondo, si tenemos un estilo de apego seguro, creemos que estamos bien y seguros, o al menos lo pensamos como una posibilidad, porque lo hemos experimentado antes. Idealmente, esos recuerdos permanecen con nosotros como una especie de "cobija de seguridad" mental en tiempos de estrés. Así, nuestro estilo de apego afecta nuestros hábitos de regulación emocional que, a su vez, afectan nuestra capacidad básica de compasión por uno mismo como adultos.

Si nuestras experiencias tempranas no fueron las ideales, como adultos debemos generar desde cero esa calidez y seguridad. No es fácil, pero es muy posible porque ya tenemos la materia prima: nuestras experiencias de sufrimiento y nuestra capacidad natural y humana para la compasión. No podemos cambiar a nuestros padres ni la experiencia que tuvimos como bebés criados en una cultura particular, pero como adultos somos capaces de aprender diferentes formas de regular nuestras emociones, además de prácticas para desarrollar compasión hacia nosotros mismos. Si no tuvimos la suerte de ser uno de los "seguros", ¡aún podemos aprender a tener compasión por nosotros mismos al respecto! Al mismo tiempo, nuestra personalidad puede ser más flexible y propensa al cambio de lo que creemos.

Aprender a estar con nuestro sufrimiento

En el ECC dividimos la práctica de compasión por uno mismo en dos partes. En la primera, *cultivar compasión por nosotros mismos*, aprendemos cómo relacionarnos compasivamente con nuestro propio sufrimiento y necesidades. La segunda, *cultivar amor benevolente hacia nosotros*, examina cómo nos relacionamos con nuestra felicidad y aspiraciones. (Seguro recuerdas estas dos partes del capítulo anterior.) Los objetivos son cultivar, respectivamente, la capacidad para aceptarnos y cuidarnos de forma genuina, y una profunda apreciación por nuestra natural y legítima aspiración a la felicidad.

En nuestras clases de compasión por uno mismo nos hacemos preguntas como: "¿Qué sentiríamos al relacionarnos con nuestro propio sufrimiento con aceptación y más apertura y no con negación o lástima? ¿Cómo se sentiría ser tiernos y cariñosos con nosotros mismos y no juzgarnos ni recriminarnos?" En clase, los participantes discuten cómo responder de manera más compasiva al sufrimiento y a las dificultades en sus vidas. Las respuestas específicas no son tan importantes como la conciencia que desarrollan en el proceso de responder: darse cuenta de la habitual dureza con que se juzgan, ver que puede haber otras maneras más compasivas de relacionarse con su experiencia y probar cómo se siente esto en el entorno seguro del salón de clases.

A menudo, cuando atravesamos un momento difícil tratamos de ignorar los sentimientos que nos produce. Esto es natural y entendible. Queremos evitar el dolor. Tememos desmoronarnos si no "mantenemos la compostura"; es decir, suprimimos nuestros sentimientos a toda costa. Pero este método no es sano ni sustentable a largo plazo. Resulta demasiado caro. En muchos aspectos, muestras heridas emocionales son similares a nuestras heridas físicas. Si suprimimos el dolor emocional, se infectará como una herida sin tratar y se convertirá en algo mucho peor que la herida original: por ejemplo, en amargura o irritabilidad y desconexión de los otros, incluidos quienes en verdad nos importan.

Un participante de la clase lo explicó de esta manera:

> Últimamente he tenido algunas luchas silenciosas con mis sentimientos: sentimientos de enojo, frustración, asco, indignación e irritabilidad, todos relacionados con el trabajo. Estos sentimientos no querían irse, o quizá yo no quería que se fueran. Mi ego

> se sintió lastimado. Estaba a punto de explotar o implotar, y no sabía cuál de las dos opciones me aliviaría. Me sentía avergonzado y enojado conmigo mismo por tener tan poco control de mis sentimientos y por mis pensamientos. Rechazaba la compasión. Estaba harto de ser amable con la gente (eso provenía del enojo). Me sentía en desequilibrio con el universo. Estaba tan enojado que obviamente no podía meditar. Así que decidí venir a la clase para ver si se calmaba la vorágine en mi interior. No comenzó muy bien. No quería ponerme triste.[3]

¿Quién no se identifica con estas palabras? ¿Puede cualquier cosa que suceda en el trabajo ser tan mala como la manera en que nos torturamos al respecto por días, semanas o incluso años? Después el participante describió cómo su corazón se había abierto durante una meditación en clase, y cómo el enojo se había "derretido". Al reflexionar al respecto, dijo:

> Lo mejor es que todavía tengo los mismos problemas en el trabajo, la misma situación incómoda y el mismo compañero irritable, pero ya no hay sentimientos involucrados. A veces pienso en las mismas cosas que detonaban mi enojo y mis frustraciones… y ya no me es posible enojarme.

Como criaturas sensibles, el sufrimiento es una parte inevitable de nuestra realidad, y cuanto más pronto logremos desarrollar una relación saludable con él, mejor lo mitigaremos. El primer paso es aprender a estar con nuestro dolor y sufrimiento, sin resistencia y sin ceder a la tentación de encontrar una solución inmediata. Para deshacer nuestros hábitos emocionales, necesitamos hacer varias cosas: una es aprender la habilidad de simplemente observar nuestras experiencias y permanecer con ellas mientras se desarrollan; necesitamos tener metaconciencia (del capítulo 5) de nuestro sufrimiento.

Otra técnica, sobre todo para quienes se sientan menos atraídos por la meditación silenciosa e inmóvil, es aprender a distinguir entre el lenguaje de la "observación" y el de la "evaluación" o juicio en nuestros pensamientos. El lenguaje de la observación se relaciona con los hechos, mientras que el lenguaje evaluativo pertenece a nuestra interpretación de esos hechos.[4] Tomemos el ejemplo de someterse a la revisión de seguridad en un aeropuerto. De pronto la fila que elegiste parece moverse más lento y comienzas a impacientarte. Puedes pensar: "¡Siempre elijo la fila equivocada!"; "¿Por qué los agentes de seguridad se tardan tanto justo cuando me cambio de fila?"; "A los agentes no les importa si perdemos nuestros vuelos"; "Nunca nada me sale bien". Si las examinamos con cuidado, ninguna de estas frases se refiere a los hechos. Son prejuicios cargados de emociones, suposiciones y generalizaciones; nuestra reacción a lo que en realidad está pasando, que es simplemente esto: el proceso de chequeo de seguridad se volvió lento. Eso es todo.

Debemos cuestionar nuestro pensamiento evaluativo y otros patrones habituales de pensamiento, en especial la idea que tenemos de nosotros ("Nunca nada me sale bien"). A pesar de la evidencia en contra emanada de la psicología, la neurociencia y nuestra experiencia, la mayoría continuamos aferrándonos a una idea estática de nosotros mismos. Cada uno hemos internalizado, a partir de nuestra experiencia cultural, social y de la niñez, una representación particular de nosotros mismos, un concepto propio que ejerce una fuerte influencia en nuestra vida diaria ya que afecta la manera en que nos percibimos y experimentamos nuestro ser y el mundo que nos rodea. No hay nada malo en tener un concepto de uno mismo, el problema es que la mayoría no logramos entender que es sólo eso: un *concepto*, una construcción de la mente desarrollada mediante la experiencia. Creemos en la historia que nos contamos y confundimos el contenido de los pensamientos con la realidad. Cuando nos descubrimos cayendo en los habituales juicios negativos —"No sirvo para nada", "Nadie me quiere", "No merezco ser feliz", etcétera—, debemos incorporar la voz crítica que dice: "¡Espera un segundo! Esos son sólo mis pensamientos, no quien soy en realidad".

En un libro notable, David Kelley —fundador de IDEO y del Instituto de Diseño Hasso Plattner de la Universidad de Stanford— habla de cómo un concepto rígido de nosotros (en su caso, "No soy creativo") a menudo es el principal obstáculo para expresar nuestra creatividad natural.[5] David y su coautor y hermano, Tom Kelley, narran historias inspiradoras de cómo, cuando las personas logran librarse de esa mentalidad fija en un ambiente que promueve la expresión desinhibida, su lado artístico y creativo se manifiesta casi sin esfuerzo. Una clave se encuentra en lo que David evocativamente llama *confianza creativa*, un concepto de uno mismo que sostiene que la creatividad es una capacidad humana natural, presente en todos nosotros. En cuanto a la compasión, también podemos adquirir una especie de confianza desinhibida cuando sabemos que ya tenemos esa capacidad. Esto puede ayudar a vencer las dudas y los temores que a menudo nos impiden expresar la parte más bondadosa de nosotros mismos.

Cultivar el perdón a uno mismo

Si en verdad queremos ser bondadosos y compasivos con nosotros, es necesario preguntarnos qué tan capaces somos de aceptarnos y perdonarnos. Cuando sentimos aversión o enemistad hacia alguien es imposible generar compasión o preocupación genuinas hacia esa persona. Lo mismo sucede con nosotros: al igual que la comprensión nos ayuda a perdonar a otras personas, entender nuestros pensamientos y acciones en términos de la condición humana también puede ayudar a perdonarnos. Sólo somos humanos. Hacemos lo mejor que podemos. Necesitamos esa comprensión de nosotros y el perdón que fluye en consecuencia. Marshall Rosenberg, el fundador del método de comunicación no violenta (CNV), reflexiona: "Un aspecto importante de la compasión por uno mismo es ser capaces de entender empáticamente las dos partes de nosotros mismos, la que se arrepiente de una acción pasada y la que realizó la acción en un principio".[6]

Cuando nos juzgamos con dureza y nos rehusamos a perdonarnos por algo que hemos hecho, estamos atacando la parte de nosotros que llevó a cabo la acción: decimos "la parte" porque, en algún momento, hubo razones por las cuales realizamos esa acción que, de forma consciente o inconsciente, significaba algo para nosotros. Nuestra mente evaluativa y capaz de odiarse a sí misma diría que fueron "malas" razones, pero en realidad sólo fueron razones humanas. O tal vez nuestra estrategia sea amputar esa parte de nosotros, con todo y sus motivos, negando su existencia. ("No hay que pensar en eso", decimos, o "No soy el tipo de persona que hace esas cosas".) De cualquier modo, estamos en guerra con una parte de nosotros, desconectados de ella, y mientras estemos en guerra no hay esperanza de entendimiento o de reconciliación. Sin entender (todo) nuestro ser, no podemos aceptarlo (en su totalidad); y sin entendimiento y aceptación no podemos aprender de ese error. Sirve pensarlo en términos de alguien más: en medio de una pelea con alguien o si nos rehusamos a reconocerlo, no podemos aprender nada de él. Por supuesto, cuando no aprendemos de los errores tendemos a repetirlos, y la batalla con nosotros mismos continúa.

Es necesario tener en cuenta que, al igual que cuando hablamos con alguien más, el tono importa mucho cuando nos dirigimos a nosotros mismos. Podemos gritar: "¿Cómo pudiste hacer esto?", implicando con el tono: "¡Eres un *monstruo*!", o podemos preguntarnos con gentileza: "Veamos, ¿cómo es que *hiciste* esto?"; en ese caso, la implicación es: "Esto es un lío. Veamos cómo sucedió para evitar que suceda de nuevo y te ayudaré a arreglarlo".

En el ECC usamos ejercicios específicos dirigidos a la autoaceptación y el perdón de uno mismo, que nos ayudan a explorar las posibles necesidades o razones que explican nuestras acciones y a utilizar este entendimiento para disminuir una reacción de reproche hacia uno mismo. Una vez que logramos conectarnos con nuestra necesidad subyacente, podemos tener muchos sentimientos: tristeza, frustración, arrepentimiento, decepción, desesperanza, etcétera. Estos sentimientos, que en sí son también de aceptación —es triste, pero *sucedió*—, nos ayudan a alejarnos de la culpa, la recriminación y los juicios negativos, los cuales son sentimientos que imposibilitan la aceptación de uno mismo. ("¿Cómo pude permitir que sucediera?"; "No me perdono haber dejado que esto pasara", etcétera.) Por medio del entendimiento y la aceptación empatizamos con nosotros, no sólo por lo que hicimos ("Ah, sí, ahora entiendo por qué lo hice") sino por la dolorosa forma en que reaccionamos. (Un peligro de aprender estas habilidades es usarlas contra nosotros mismos, ¡e incluso juzgarnos duramente por no ser mejores en su empleo!) En el lenguaje de la CNV, este proceso de conectarse con nuestras necesidades insatisfechas se llama *duelo*. El duelo nos permite arrepentirnos, lo cual, en palabras de Rosenberg, "nos ayuda a aprender de lo que hemos hecho sin culparnos ni odiarnos".[7]

EJERCICIO Perdonarnos

En nuestro entrenamiento para la compasión, guiamos a los participantes en una meditación dirigida para ayudarlos a perdonarse genuinamente:

Para realizar esta meditación, siéntate en una posición que te haga sentir cómodo y relajado. De tres a cinco veces, inhala profundo hasta llenar el abdomen, y luego exhala despacio. Haz una pausa de veinte a treinta segundos en silencio.

Ahora piensa en algún momento en que hayas hecho algo de lo que te arrepientes y por lo que te reproches. Quizá le gritaste a alguien que quieres y luego te sentiste mal al respecto. O tal vez es algo que sólo te afectó a ti, como gastar demasiado dinero y sentirte culpable después. No es importante recordar los detalles específicos, a no ser que te ayuden a evocar la reacción emocional que sentiste en el momento. Lo que importa es que recuerdes cómo llegaste a juzgarte de forma negativa. Mantente en silencio con esa reflexión.

Luego pregúntate: "¿Por qué reaccioné tan duro en ese momento?"; "¿Qué necesidad deseaba satisfacer cuando llevé a cabo esa acción?" Quizá cuando perdiste la calma necesitabas respeto y te sentiste insultada por la otra persona. Tal vez necesitabas ser escuchada y sentiste que no era así. Permanece con estas reflexiones por un momento.

Ahora reconoce que aunque lo que hiciste no estuvo bien (por ejemplo, utilizar lenguaje agresivo), la necesidad que provocó tu acción era legítima. En el caso de gastar demasiado y sentirte culpable, aunque lo que hiciste estuvo mal, también tenías una necesidad que satisfacer, quizá te sentías sin poder o triste, y necesitabas un empujón psicológico. Conscientemente, permítete experimentar tristeza, decepción y arrepentimiento en lugar de culpa y vergüenza. Haz una pausa con estos sentimientos.

Cuando entres en contacto con la necesidad que dio paso a la acción que provocó el juicio negativo, quédate con ella por un momento.

Ahora, exhalando por completo y despacio, libérate de cualquier tensión corporal, de cualquier rigidez mental, reflexiona sobre tus pensamientos de reproche, y di para tus adentros: "Puedo dejarlo ir. Lo voy a dejar ir".

Al final, imagina que te sientes libre y que tu pecho se expande. Luego, exhala por completo unas veces más.

Aceptación de uno mismo

Por desgracia, en la cultura contemporánea es raro —si no es que por completo inexistente— que una persona se sienta aceptada por completo, "con todo y todo". Si tenemos suerte, hay alguien en nuestras vidas con quien nos sentimos o nos hemos sentido en paz. Puede ser un abuelo, un maestro favorito, un mentor espiritual, o uno o ambos padres (¡lo que sería muy afortunado!), alguien que nos brinda aceptación incondicional. Una persona así nos hace sentir que su cuidado y su cariño no dependen de lo que logremos en la vida o de lo que hagamos por él o ella; sentimos su amor sólo por existir.

Una tradición espiritual también puede hacernos sentir aceptación incondicional. En mi caso, la imagen del Buda de la compasión, con sus miles de brazos y ojos para atender a innumerables seres, me parece una poderosa fuente de tranquilidad. El único criterio para ser digno del amor, la preocupación y la compasión del Buda es ser una criatura sensible, nada más. En el budismo, de hecho, uno de los nombres del Buda es "el amigo amoroso hasta de los extraños", puesto que su compasión no depende de una relación personal. El simple hecho de ser ya es suficiente.

A partir del poder de esa actitud, el psiquiatra británico Paul Gilbert creó una práctica para *desarrollar una imagen compasiva*, adaptada de la meditación tibetana hacia el Buda de la compasión.[8] Gilbert, que trabaja con individuos con fuertes sentimientos de vergüenza y autocrítica excesiva, atribuye estos problemas a la formación de un poco constructivo sistema de autoprotección ante las amenazas, o "maladaptativo", de acuerdo con el lenguaje científico. Según Gilbert, estas personas han adquirido un estilo de regulación emocional que no usa el sistema cerebral dedicado al amor y al cuidado. El objetivo de su terapia es enseñarles a activar ese sistema para usarlo con ellos mismos.

En el ECC también utilizamos una forma de práctica con imagen compasiva. El núcleo de esta técnica es cultivar una imagen a la cual le atribuyamos cualidades como el amor, compasión, sabiduría, firmeza y confianza, entre otras. Debe ser una imagen con la que se sienta una profunda conexión personal. Puede ser la de una persona sabia que admiras y respetas, o la de una mascota que te ama o te amó de forma incondicional y que consideras que representa todas esas cualidades. Puede ser la imagen de una luz en tu corazón o la de un enorme y profundo océano azul; puede ser un árbol bien enraizado, con un espeso y magnífico follaje; o si eres alguien religioso, un ícono significativo. Cualquiera que sea la imagen, la evocamos mediante una práctica de meditación formal, sentados. Cuanto más fácil traigamos a nosotros la imagen, más fuerte será el sentido que nos brinde de su presencia para nosotros no sólo durante la meditación sino en la vida diaria.

EJERCICIO | **Aceptarnos a nosotros mismos**

Una vez más, de tres a cinco veces inhala profundo llenando tu abdomen y exhala despacio. Haz una breve pausa en silencio, de unos veinte a treinta segundos.

Ahora lleva a tu mente una imagen compasiva que represente para ti amor, cuidado, sabiduría y fuerza. Date un momento para dejar que el pensamiento de tu imagen compasiva permee tu mente. No es necesario tener una imagen visual de una persona como si fuera una foto; lo importante es sentir su presencia.

Ahora imagina que en presencia de esa imagen te sientes tú mismo por completo: nada más, nada menos. No hay nada que fingir; no hay que tratar de ser alguien diferente a ti mismo. No hay ningún juicio, ninguna voz crítica; en su lugar sólo hay aceptación, cálida y tierna. Mantente en este sentimiento de recibir aceptación incondicional. ¿Cómo se siente? ¿Percibes cómo tu corazón se tranquiliza, sientes que la tensión en alguna parte de tu cuerpo se libera, que te dejas ir?

Retén esta imagen compasiva mientras respiras. Luego, al inhalar, visualiza rayos de luz cálida que emanan de ella y tocan cada parte de tu cuerpo. Mientras estos rayos te tocan, imagina que te tranquilizan, que calman tu sufrimiento y que te brindan fuerza y sabiduría. Permenece con ese pensamiento en silencio por un momento.

Repite la secuencia de imaginar rayos de luz que surgen de tu imagen y te tocan, inspirando en ti sentimientos de seguridad, serenidad y paz plena.

Si descubres que la práctica de la imagen compasiva no tiene efecto en ti, puedes intentar un método alterno que John Makransky, un colega estudioso del budismo, llama *momentos benefactores* en un programa desarrollado por él mismo, titulado "entrenamiento de la compasión innata". Los momentos benefactores son casos de nuestra vida en que nos hemos sentido vistos, escuchados y reconocidos por alguien que nos mostró cariño y cuidado genuinos; pudo ser una expresión de preocupación en un momento difícil de nuestras vidas, un sentido de plenitud en compañía de un viejo amigo, o tan sólo al sentir un abrazo cálido. Puede ser el tiempo que pasamos en la niñez con alguien a quien queríamos. Lo que caracteriza a estos momentos es que nos hicieron sentir importantes; nos dieron ánimos, nos hicieron sentir honrados y vivos. "Benefactor se refiere", escribe Makransky, "a alguien que nos ha deseado amor, el simple deseo de que estemos bien y seamos felices".[9] Makransky subraya que los benefactores no necesitan ser infalibles. En la meditación tomamos una imagen de nuestro benefactor y lo imaginamos deseándonos bienestar, felicidad y alegría hondamente. No importa si usamos la técnica de la imagen compasiva o el enfoque de los momentos benefactores, la clave es evocar un sentimiento de aceptación incondicional en presencia de alguien o algo que nos hace sentir en paz y seguros. Con la práctica, gradualmente expandimos nuestro círculo de benefactores.

Bondad hacia uno mismo

Muchos somos menos pacientes con nosotros mismos que con otras personas; perdonamos menos nuestros errores y somos menos propensos a vernos con buenos ojos. En la práctica de la compasión por uno mismo aprendemos a cambiar esto y a extender nuestra bondad y preocupación naturales hacia nosotros mismos. Abrimos el círculo de compasión que hemos creado (capítulo 6) y nos permitimos entrar en él.

Una práctica de visualización que es de gran ayuda para evocar el sentido natural de cuidado y ternura por uno mismo es imaginarse como niños y luego dejar fluir los sentimientos naturales hacia ese pequeño. Podemos utilizar una foto si nos ayuda a adquirir esta perspectiva sobre nosotros mismos. En el ECC usamos esta meditación:

EJERCICIO | Bondad hacia uno mismo

Imagínate como un niño pequeño, quizá de unos dos años, libre aunque vulnerable, que corre y a veces tira cosas en el camino. O si te ayuda más, imagina una edad que puedas recordar de tu infancia. ¿No te sientes protector de manera instintiva con ese niño? En lugar de hacer juicios negativos, criticar o regañar, ¿no sientes ternura y cariño?

Deja que estos sentimientos de ternura y afecto hacia tu yo niño permeen tu corazón. Luego, repite en silencio estas frases:

Que estés libre de dolor y sufrimiento
Que estés libre de miedo y ansiedad
Que experimentes paz y alegría
Que estés libre de dolor y sufrimiento
Que estés libre de miedo y ansiedad
Que experimentes paz y alegría.

Margaret Cullen, una colega de Stanford e instructora experta en entrenamiento de la compasión, me compartió una conmovedora historia que sucedió en su clase.[10] En uno de los numerosos cursos de compasión que Margaret ha impartido a grupos de apoyo para pacientes con cáncer en el área de la bahía de San Francisco, California, se inscribieron un hombre y su esposa; ella era la paciente. Cuando comenzó el curso de ocho semanas, ella llevaba una intimidante férula de plástico sobre todo su torso, ya que al parecer el cáncer había hecho metástasis en sus huesos. La pareja tenía alrededor de setenta años de edad y eran muy afectuosos entre ellos. Hacia el final del curso, la mujer dejó de asistir porque estaba demasiado enferma como para salir de casa. Aun así, el esposo continuó porque descubrió que las clases le ayudaban en la tarea diaria de cuidar de su esposa enferma.

El grupo había terminado los ejercicios de compasión por uno mismo la semana anterior: estos incluían la meditación guiada sobre uno como niño. Durante el inicio de la clase, cuando los participantes comparten sus experiencias de la semana, el hombre dijo que encontrar un sentido de sí mismo como niño lo hizo sentir, de nuevo, que podía ser amado. Tenía una foto de sí mismo en los brazos de sus padres y se sintió feliz y abierto de corazón hacia sí mismo siendo un bebé. Luego avanzó en el tiempo hasta un recuerdo navideño feliz. Su familia estaba en Minnesota, había nieve y compartió varios detalles de su recuerdo que lo hacían sentir bien. De ahí en adelante, reconoció los momentos difíciles de su vida que lo convirtieron en el hombre que era ahora. Sintió el dolor y vio cómo éste lo había bloqueado; sintió entonces compasión por ese hombre. Entendió por qué intentaba protegerse. Decidió que ya no necesitaba vivir así, a la defensiva y cerrado sobre sí mismo. Pensó: "¿Qué es lo peor que puede pasar?" Luego de su reflexión, este hombre mayor, más bien conservador, salió al mundo decidido a compartir su corazón con todas las personas que conociera. Sobre la enfermedad de su esposa, dijo: "Nunca he tenido ningún problema para sentir compasión por otros, pero conmigo mismo es otro tema". La invitación a imaginarse a sí mismo como un niño produjo esa cascada de compasión. Sintió que se libraba de un peso, que ahora tenía energía y libertad.

Puesto que nuestro objetivo es cambiar la manera en que nos relacionamos con nosotros mismos "cómo nos percibimos, la actitud que nos manifestamos, cómo nos relacionamos con las necesidades y dilemas y cómo nos sentimos con nosotros", las prácticas breves de meditación no son suficientes. Al igual que cuando cultivamos nuestra intención, atención y amor benevolente, necesitamos llevar nuestras prácticas de transformación a la vida cotidiana. En el ECC hablamos de "prácticas informales" cuando usamos situaciones de la vida diaria para aplicar nuestras prácticas de transformación. Recomendamos tres prácticas informales para la compasión por uno mismo:

1. Trata de estar más atento ante cualquier pensamiento o frase para ti que sean autocríticos o negativos.
2. Date cuenta de que son sólo pensamientos, construcciones e interpretaciones; son representaciones y no hechos reales.
3. Explora maneras en las que puedas reformular juicios negativos con otros más compasivos.

Digamos que hiciste algo de lo que te arrepientes, y te lanzas en una perorata inútil contra ti mismo ("¡Qué idiota!", "¿Cómo pude hacer eso otra vez?", "Soy un perdedor".) Cuando esto sucede, el primer paso es darse cuenta de lo que pasa, que has caído en juicios negativos contra ti mismo. La práctica de metaconciencia ayuda con esto. Después, ¿puedes darte cuenta de que las etiquetas que te asignas son sólo tus pensamientos, construidos a partir de tu frustración y decepción contigo mismo? Finalmente, ¿puedes reformular estos pensamientos de un modo más constructivo? En lugar de flagelarte con frases como "Soy lo peor", "Soy un idiota", "¿Quién podría quererme?", podrías replantearlas así: "Bájale", "Estoy pasando por un momento de dolor", "Necesito afirmación", etcétera. Cuando hablas de este modo, tu corazón lo sabrá. Reformular el lenguaje de juicio como bondad hacia ti mismo, en especial si lo haces de manera constante, puede ser una poderosa fuente de transformación personal.

Así, por medio de estas reflexiones y ejercicios aprendemos a aceptarnos, a perdonarnos y cuidarnos más, y también a ser menos negativos y críticos con lo que percibimos como errores y desgracias; es decir, a ser más compasivos con nosotros mismos. De cualquier modo, para ser en verdad compasivos necesitamos una relación saludable con nuestras necesidades legítimas y aspiraciones básicas como humanos: tener una apreciación instintiva de nuestra humanidad, de nuestra necesidad de amor y felicidad. Por lo tanto, éste es el objetivo de la segunda parte de la práctica de compasión por uno mismo.

Mostrar amor benevolente hacia nosotros mismos

En este capítulo haremos con el amor benevolente lo que hicimos con la compasión en el anterior: llevarlo desde los demás hacia nosotros mismos. Recordarás que el amor benevolente es la parte del cariño que se manifiesta al desear la felicidad de alguien. Es cálida, afectuosa, tierna y conectada; tiene esperanza en el éxito y la alegría. El amor benevolente es incondicional, abierto y no juzga. El amor benevolente por nosotros mismos debería ser algo completamente natural, una expresión de nuestra disposición fundamental: el deseo de ser felices y evitar el sufrimiento.

Una complicación es que muchos creen que concentrarse en uno mismo es egocéntrico o narcisista. La realidad es que el amor benevolente por nosotros mismos en todo caso nos hace más conscientes y empáticos hacia los sentimientos y las necesidades de la gente. Cuidarnos y calmarnos nos rejuvenece; por ello tenemos más energía benevolente para relacionarnos con los demás y con el mundo que nos rodea. Cuando sentimos plenitud en el corazón tendemos a ser más generosos al tratar a otros. Cuando nos damos el amor benevolente que necesitamos, sentimos que hay suficiente para todos y que tenemos más para ofrecer.

Una manera de comenzar es poner en claro nuestras aspiraciones más profundas. Esto se logra meditando, llevando un diario, dialogando con los demás o con una combinación de estas opciones. En algún momento tranquilo de nuestro día podemos preguntarnos, como hicimos en el capítulo 4 para fijar intenciones: "En lo más profundo de mi corazón, ¿qué quiero realmente en mi vida?" Si repetimos este proceso, con el tiempo descubriremos que nuestros valores pueden convertirse en las metas de nuestras aspiraciones. Reconocemos que, en el fondo, aspiramos a ser genuinamente felices —para dar sentido a nuestras vidas, para sentirnos plenos, en paz, realizados— y que esta aspiración es un aspecto fundamental de nuestro ser. Cuando honramos nuestro deseo de felicidad, éste se convierte en una enorme fuente interior. Y como este deseo surge del núcleo de nuestra humanidad, al aceptarlo aceptamos a quien sea que lo comparta; es decir, a todos.

Otra manera de llegar al amor benevolente por nosotros mismos es prestar atención a todo lo bueno que hay en nuestras vidas y alegrarnos por ello. Quizá sea algo que hicimos o acerca de nosotros que nos hace sentir bien. Puede ser la fortuna de tener una pareja amorosa, una familia o una comunidad. O tan sólo el placer de estar vivos. Si no surge nada específico, es posible alegrarnos por nuestra capacidad natural humana para empatizar y ser bondadosos. Una vez escuché al Dalai Lama decir: "Celebro mi vida como ser humano tan sólo por el hecho de que me permite cantar alabanzas de altruismo". La práctica de tener en cuenta nuestras bendiciones ha demostrado ser benéfica para la salud. El reto es evitar caer en la autocomplacencia que sólo alimenta nuestro ego, y mantenernos en el gozo genuino, que es una expresión de verdadera gratitud.

Reavivar nuestra fuente interior

En la residencia para el tratamiento de estrés postraumático de Palo Alto, California, donde el ECC se ha ofrecido ya por dos años, había un veterano de la guerra de Vietnam para el que la parte de compasión por uno mismo del curso era tan significativa que, además de la práctica en clase, aprovechaba cada oportunidad en su día para meditar, en especial cuando participaba en otras actividades grupales, incluidos grupos de apoyo para traumas.[11] Debido a su condición sufría de insomnio extremo, así que también aprovechaba las altas horas de la noche para la meditación compasiva hacia uno mismo. Dijo que su historia de abuso de sustancias durante décadas surgió de su incapacidad para acceder al sentimiento de abordar sus experiencias de la guerra y a sí mismo de una manera compasiva. Me conmovió profundamente la manera en que hablaba sobre su experiencia de la compasión por uno mismo y la vulnerabilidad que dio paso a su abuso de sustancias.

En uno de los talleres de ECC una madre habló de cómo, por medio de la compasión por uno mismo, se dio cuenta de que llevaba años sin tener una relación consigo misma.[12] Había estado tan concentrada en cuidar de todos los demás que olvidó sus propios sentimientos y necesidades; paradójicamente, descuidarse a sí misma la hizo menos accesible en lo emocional para su familia. Las prácticas de compasión por uno mismo la ayudaron a reconectarse consigo; ahora quiere encontrar una manera de compartir este conocimiento con sus hijos, para que también ellos aprendan a ser compasivos con ellos mismos.

Priorizar la compasión por uno mismo es como el anuncio de seguridad de las aerolíneas: “Si viajas con niños, asegúrate de tener bien colocada tu máscara de oxígeno antes de ayudarlos”. La fuerza de carácter, la valentía de corazón y la profundidad de la sabiduría necesaria para estar ahí para alguien dependen de nuestra compasión por nosotros mismos.

8

"EXACTAMENTE COMO YO"

Expandir nuestro círculo de afecto

Esta virtud, una de las más nobles del hombre, parece surgir del hecho de que nuestra simpatía se vuelve más tierna y se expande más ampliamente, hasta llegar a todos los seres sensibles.

CHARLES DARWIN (1809-1882)

Si de sufrimiento se trata, no lo deseo en lo absoluto;
en cuanto a la felicidad nunca estoy satisfecho.
A este respecto no hay ninguna diferencia entre
los demás y yo.
Bendíceme para que así pueda regocijarme
en la felicidad de los otros.

PRIMER PANCHEN LAMA (1570-1662)

En *El corazón del altruismo*, la científica social Kristen Renwick Monroe recupera una serie de entrevistas que realizó a rescatadores de judíos en la Europa ocupada por los nazis, sobre todo en Holanda y Dinamarca a principios de los años cuarenta.[1] La historia de dos rescatadores de Holanda a los que Monroe se refiere sólo por sus nombres, Tony y Bert, muestra cómo su valiente actuación no se limitó a personas de algún contexto socioeconómico o religioso específico. Hijo de un doctor y de una madre educada, Tony creció con comodidad en Ámsterdam y viajaba regularmente a la casa de campo de su familia. Bert, en contraste, se crio en el seno de una amplia familia en un pequeño pueblo, y vivió la típica "vida campirana de los trabajadores holandeses que Van Gogh retrató".[2] El asombroso periplo de Tony para salvar judíos comenzó casi por casualidad cuando sencillamente le sugirió al padre de su amigo judío que se refugiara en aquella casa de campo de su familia. Bert, en cambio, comenzó escondiendo a una pareja holandesa que había ayudado a otros judíos a escapar a España. La primera persona judía que Bert escondió fue un amigo de Annie, su esposa. Bert y su esposa eran dueños de una farmacia enorme, donde construyeron un cuarto secreto para esconder a quienes salvaban de los nazis. Tony y Bert continuaron con su valiente labor durante un largo periodo, con plena conciencia de los graves riesgos que ellos y sus familias corrían. Bert, de hecho, fue traicionado en una ocasión por otro holandés, y su casa fue cateada por soldados alemanes.

Luego de un largo análisis de estas entrevistas, Monroe concluyó que el factor que unía a todos estos rescatadores no era la religión ni estándares éticos sino lo que Monroe llama su "percepción de humanidad compartida". Ella entiende esto como un reflejo de "una manera diferente de ver el mundo y a uno mismo en relación con los otros"; en esa visión, todas las personas del planeta se perciben conectadas por una humanidad común —una actitud que el Dalai Lama caracteriza a menudo como el reconocimiento de la "unidad de la humanidad". Las declaraciones de muchos de los rescatadores que Monroe registra en su libro capturan lúcidamente esta noción de unidad humana. Cuando se les pregunta si había algo común entre las personas que ayudaban, uno de ellos respondió: "No. Sólo eran personas". Otro dice llanamente: "Si un ser humano está tirado en el piso, sangrando, vas y haces algo al respecto".[3] Nuestro rescatista holandés, Bert, lo dice aún más claro cuando señala: "Ayudas a las personas porque eres humano y te das cuenta que lo necesitan. Hay cosas en la vida que tienes que hacer, y las haces".[4]

Este tema del trabajo de Monroe —que al centro del altruismo se encuentra una percepción de humanidad compartida— resuena de un modo hermoso con un importante hallazgo del pensamiento budista: *Lo que facilita el surgimiento de la preocupación empática por los otros es un sentido de conexión —de hecho, una suerte de identificación— que sentimos con los otros.* El dolor es un conector poderoso. Cuando vemos a alguien sangrando en el suelo, respondemos instintivamente; no nos detenemos a pensar cómo debemos sentirnos al respecto. Actuamos.

Las implicaciones son radicales: si aprendemos a relacionarnos con los otros desde la perspectiva de nuestra humanidad compartida, podemos extender nuestra preocupación empática a los extraños e incluso a aquellos con quienes se nos dificulta relacionarnos. Las meditaciones sobre la compasión derivadas del budismo utilizan todo el tiempo frases del tipo: "Exactamente como yo, los otros desean ser felices y superar el sufrimiento", casi a la manera de un mantra: "Exactamente como yo... exactamente como yo...". Además, a partir de la relación que establecemos con los otros sobre la base de nuestra humanidad compartida, nos vemos bendecidos por una infinidad de oportunidades para salirnos de nuestra propia mente, una clave tanto para la compasión como para nuestra felicidad personal, como hemos visto.

Una mujer que estaba entrenándose para ser profesora en el curso de compasión de Stanford realizaba con gusto las meditaciones diarias durante al menos treinta minutos.[5] Como parte de la práctica para "aceptar la humanidad común", se le pidió que se imaginara extendiendo su compasión hacia una persona difícil. Escogió a su ex marido y a su nueva pareja. Cada día alternaba entre los dos, y el ejercicio siempre resultaba un reto para ella. Pero sabía que esto era una *práctica* y que, con el tiempo, podría ayudar. Cuando llevaba ya nueve meses de meditación diaria, durante una meditación guiada diferente sobre la compasión se le pidió que visualizara a sus seres queridos frente a ella, y para su sorpresa, ¡su ex esposo y la nueva novia aparecieron ahí! No podía creer lo que veía o, mejor dicho, lo que imaginaba. Ahora eran sus "seres queridos". La sorpresiva aparición generó un cambio en su actitud hacia ellos. Entendió que, "exactamente como yo, ellos también sufren y quieren ser felices". Como ella misma dijo, "no estoy diciendo que mi relación con ellos es siempre color de rosa. Sin embargo, sé que las meditaciones han creado en mí una paz que ahora puedo extender hacia ellos. Este cambio ha afectado tremendamente mi interacción con ellos, lo que le ayuda sobre todo a nuestra hija de siete años que, por un acuerdo de custodia compartida, vive en ambas casas".

Por supuesto, depende de muchos otros factores que nuestros sentimientos hacia los demás lleven, de hecho, a algún beneficio tangible. Algunas veces las otras personas no están listas para recibir nuestra ayuda. Lo que no se puede negar, sin embargo, es el beneficio propio. Nos sentimos menos solos. Y reconocer el rol que tienen otras personas en nuestro bienestar nos hace verlos como una fuente de bien y alegría, y no de antagonismo.

El poder de la similitud compartida

Dos psicólogos estadounidenses, Piercarlo Valdesolo y David DeSteno, demostraron por medio de un creativo experimento que la similitud percibida con otras personas, incluso una trivial, influye en nuestra atención y compasión por esa persona. El estudio realizaba una serie de actividades con dos personas, un participante real y alguien contratado por el equipo de investigación. En la primera parte del experimento se pedía a ambos participantes

—sentados frente a frente, con un monitor de computadora frente a cada uno— que tocaran unos sensores mientras escuchaban música con unos audífonos. Los participantes fueron asignados al azar en dos grupos, uno en el que las parejas tocaban el sensor en sincronía, y otro en el que no se sincronizaban. Luego, los participantes observaban cómo su pareja (la persona contratada por el equipo) era obligada injustamente a realizar actividades tediosas, y se les daba la oportunidad de ayudarles.

Los investigadores descubrieron que el simple hecho de tocar el sensor en sincronía, aun cuando fuera por sólo tres minutos, influía dramáticamente en cómo los participantes se sentían con respecto a su compañero.[6] Los que tocaban en sincronía reportaron sentir mayor similitud con el otro; además, mostraron más compasión cuando su compañero era penalizado de forma injusta. Fue asombroso que en el grupo sincronizado más participantes ayudaron a sus compañeros —31% más que en el otro grupo—, y en promedio invirtieron siete veces más tiempo haciéndolo. DeSteno escribe: "No hay nada especial en hacer marcas en sincronía; cualquier cosa en común puede bastar".[7] Agrega que a menudo podemos elegir: ¿vemos a nuestro vecino como un miembro de otra raza, o como un *fan* del mismo restaurante que nosotros? La segunda opción hará que aumente nuestra compasión. Este estudio reforzó mi convicción en un punto clave del pensamiento budista: que la compasión depende de identificarnos con el objeto de nuestra preocupación.

Un área en la que desde hace tiempo se ha estudiado el estrecho vínculo entre nuestra atención compasiva y nuestro sentido de identificación con los otros es la donación caritativa. La noción de "efecto de la víctima identificable" se refiere a nuestra tendencia a ofrecer a víctimas individuales más que a víctimas anónimas de alguna desgracia; esto sugiere que la identificación con las víctimas influye en nuestra compasión hacia ellas. De hecho, este fenómeno parece ser parte de una psicología de la compasión más amplia. Tendemos a sentir compasión más fácilmente por personas reales que por una idea abstracta de humanidad; por un individuo concreto que por un grupo de personas; por alguien que es identificable y no por alguien anónimo; por alguien que sufre, que por alguien que podría sufrir. Ésta es la razón por la que respondemos de manera mucho más dramática a una fotografía de un individuo en problemas que a estadísticas que hablan de miles que necesitan nuestra ayuda.

Un colega de Stanford, el psicólogo Brian Knutson, descubrió recientemente junto con su equipo las bases neurales detrás del efecto de la víctima identificable.[8] Realizaron un experimento con estudiantes de Stanford utilizando diferentes conjuntos de imágenes. Un conjunto incluía: *1*) una foto de un niño con nombre, *2*) una foto sin nombre, *3*) una silueta con nombre y *4*) una silueta sin nombre. El otro conjunto utilizaba sólo dos imágenes: una foto con nombre y una silueta con nombre. Los participantes recibieron quince dólares por hora por su participación así como un apoyo por la misma cantidad que se les pagó por adelantado, así que tenían el dinero en efectivo. Se les informó que los investigadores tenían un convenio con un refugio de niños huérfanos en la región de Darfur en Sudán, y por ello se les pediría donar el dinero que les habían adelantado. En el experimento, las imágenes eran seguidas por una pantalla con un monto de dinero solicitado, otra con una opción "sí o no" y al final una pantalla neutral. Como era de esperarse, descubrieron que los sujetos preferían dar más cuando la víctima era más identificable; es decir, cuando se mostraba una fotografía en lugar de una silueta. Además, la foto venció al nombre, puesto que daban más luego de ver una fotografía sin nombre que una silueta que sí lo tuviera. Cuando se trata de compasión, los sentimientos siguen de cerca de nuestras percepciones.

Así, la similitud percibida instiga nuestra capacidad natural de afecto empático. Pero cuando no logramos reconocer similitudes entre nosotros y los otros —o, peor aún, cuando nos rehusamos a hacerlo—, creamos situaciones del todo contrarias a nuestra naturaleza empática. Sin importar si es una actitud de indiferencia en apariencia inocua o una deshumanización completa del otro, nuestra historia muestra las consecuencias de no saber reconocer nuestras similitudes. Desde la esclavitud hasta el Holocausto judío, de la limpieza étnica en los Balcanes al genocidio en Ruanda, en la raíz de todos estos horrores se encuentra la falta de percepción de nuestra humanidad compartida. En cambio, las víctimas fueron sujetas a etapas de deshumanización progresiva, comenzando por la diferenciación entre "ellos" y "nosotros", la cosificación y la generalización de los demás mediante estereotipos, la deshumanización y, en algunos casos, la demonización.

Aceptar nuestra humanidad compartida

Por ello, en el entrenamiento de la compasión en Stanford tenemos un paso llamado "aceptar nuestra humanidad compartida", en el que exploramos la verdad fundamental de que, *exactamente como yo*, otras personas desean la felicidad y no quieren sufrir. Y, exactamente como yo, los otros tienen el derecho de buscar esta aspiración fundamental. El propósito del entrenamiento no es un asunto sólo intelectual; al contrario, se trata de aceptar esta verdad sintiéndola, por así decir, en las entrañas.

En el ECC, cultivar un sentido de comunidad compartida es uno de los primeros tres pasos para extender nuestra compasión hacia los otros en círculos expansivos de atención: desde nuestros seres queridos (capítulo 6), a nosotros (capítulo 7) y, en este capítulo, a los extraños, personas difíciles y, por último, a toda la humanidad. En el primer paso cultivamos la comprensión de la *identidad básica del yo y los otros* mediante un reconocimiento profundo de la aspiración común a la felicidad y la liberación de sufrimiento que todos compartimos. En el segundo, cultivamos un sentido de *apreciación de los otros* observando lo interconectadas que están nuestras vidas y bienestar. El tercer paso es la práctica efectiva de expandir nuestro círculo de compasión. El reto en este proceso es identificarnos con quienes no son cercanos a nosotros.

Un objetivo fundamental para esta práctica es el deseo compartido de felicidad: los otros la desean tanto como nosotros. Como parte del entrenamiento usamos meditaciones y visualizaciones.

EJERCICIO | Aceptar la humanidad compartida

Imagina a alguien a quien quieres, a quien te es fácil cuidar y amar. Puede ser un miembro de tu familia, como tu hijo pequeño, un padre o un abuelo. Puede ser también un amigo cercano. Para algunos, puede ser una mascota amorosa. No pienses en el objeto de tu afecto sólo de manera abstracta; intenta sentir su presencia.

Advierte los sentimientos placenteros que te produce imaginar a esta persona. Ahora imagina ser esa persona, y observa lo fácil que es reconocer que tiene la misma aspiración de felicidad genuina que tú.

Ahora lleva a tu mente otra persona, alguien a quien conoces pero con quien no has tenido mucho contacto, con quien no te sientes muy cercano. Piensa en una persona real que veas a menudo, quizás alguien de tu trabajo o de una clase, o tal vez un conductor de autobús o alguien que trabaja en un café o una biblioteca , o en algún lugar que frecuentes.

Date cuenta de los sentimientos que esta persona te produce cuando la imaginas y observa cómo son diferentes de aquellos en relación con tu ser querido. Por lo regular no nos preocupa si esas personas son felices. Incluso cuando interactuamos con alguien así no pensamos demasiado cuál puede ser su situación. Tomamos lo que necesitamos y seguimos nuestro camino. Pero ahora intenta imaginar que eres esa persona. Imagina su vida, sus esperanzas y miedos: son tan reales, complejos y diversos como los tuyos.

Reconoce la profunda similitud entre tú y esa persona en el nivel fundamental de humanidad y reflexiona: "Exactamente como yo, esa persona desea ser feliz y evitar cualquier sufrimiento".

Luego imagina a alguien con quien hayas tenido dificultades, que te irrita o te molesta, que te haya hecho daño o que crees que se alegra de verte en una mala situación. Imagina a esta persona frente a ti.

Si como resultado de imaginar a esta persona te sientes incómodo, sólo acéptalo. Quizá recuerdes interacciones dolorosas con ella, los sentimientos desagradables que te produjeron entonces. No suprimas estos sentimientos y no los refuerces intentando recordar con mucha precisión esos intercambios ("Entonces él me dijo... Pero yo le dije...").

Ahora ponte en los zapatos de esa persona por un momento, reconociendo que es el objeto de un cariño profundo para alguien, que es un padre o una pareja, un hijo y un amigo querido de alguien. Reconoce que tiene la misma aspiración fundamental a la felicidad que tú. Deja que tu mente permanezca en esa conciencia por un momento, unos veinte a treinta segundos.

Finalmente, imagina juntas a las tres personas frente a ti y reflexiona sobre el hecho de que comparten el mismo anhelo de ser felices y evitar el sufrimiento. A este nivel no hay diferencia entre estas tres personas; en este aspecto fundamental, son exactamente iguales. Intenta relacionarte con cada una de ellas desde esa perspectiva, desde la base del deseo de felicidad que todos compartimos.

Esta aspiración a la felicidad y el deseo de superar el sufrimiento son un vínculo común que nos une con todos los demás seres. Permite que tu mente incorpore esto por un momento.

Con el reconocimiento profundo de que el deseo de felicidad y de superar el sufrimiento es común a todos, repite en silencio esta frase: "Exactamente como yo, todos aspiran a ser felices y desean superar el sufrimiento".

Esta práctica abre el camino para relacionarte con los otros más constructivamente. Hay una razón por la que tantas personas amaron la película *E. T.* Las características humanas del extraterrestre, su situación trágica de abandono en la Tierra, su miedo de lo que podría ocurrirle y su deseo de regresar a casa (materializado en la famosa frase "E. T. llama a casa"), todo dentro del contexto de su creciente amistad con un niño solitario, convirtieron la película en una historia de empatía y compasión universal. A mí me gustó tanto que, cuando mis dos hijas pasaron de los dibujos animados a películas con personajes humanos, la escogí como su debut de "adultas".

A veces, la práctica del "exactamente como yo" puede funcionar de las maneras menos esperadas. Mi colega Leah Weiss, quien ha dado varios cursos de ECC en la residencia de tratamiento de estrés postraumático para veteranos de guerra en Palo Alto, me contó una historia conmovedora.[9] Uno de los participantes, un veterano de unos cuarenta años, dijo que de todo lo que había aprendido en el entrenamiento de la compasión, la contemplación de nuestra aspiración común a la felicidad fue lo que le ayudó con más rapidez. Dijo que había tenido problemas de ira por mucho tiempo y que intentó todo tipo de terapias y tratamientos, pero que el curso le ofreció una herramienta importantísima para su proceso de sanación. Su ira detonaba sobre todo cuando percibía que alguien estaba siendo injusto; por ejemplo, cuando se metían en una fila o se apresuraban para ganar un espacio de estacionamiento. Cuando esto sucedía, él se llenaba de rabia; en ocasiones incluso agredió a la otra persona. Dijo que gracias al entrenamiento de la compasión, ahora utiliza la contemplación *Exactamente como yo, la otra persona también desea la felicidad y evitar el sufrimiento* como un mantra para calmarse. Cuando se da cuenta de que está enfureciendo por algo que alguien más ha hecho, repite la frase: "Exactamente como yo exactamente como yo ", y le ayuda a calmarse.

Una maestra de educación especial en la enseñanza media que además es instructora certificado de ECC, describió una revelación que tuvo con alguien difícil en su trabajo (las cursivas son mías):

> Cuando comencé las clases de ECC estaba pasando por una situación muy difícil y desmoralizante en el trabajo. Durante los últimos cuatro años he utilizado con éxito ejercicios diarios de conciencia plena tanto en lo personal como en el salón de clases. Sin embargo, esto no me estaba ayudando con un proceso de evaluación muy difícil llevado a cabo por la directora de la escuela. De verdad creo que de no haber sido por el ECC me habría cambiado de plantel o incluso abandonado la profesión para siempre. Las observaciones semanales que la directora hacía de mis clases siempre llevaban a críticas severas e innecesarias de mis prácticas de enseñanza. Nuestras reuniones posteriores a la evaluación siempre eran el mismo día que mis clases de ECC, y estoy eternamente agradecida por ello. No sólo recibí el valioso apoyo

y la compasión de mis compañeros y entrenadores de ECC, sino que comprendí casi de inmediato que la actitud de la directora era tan sólo la trágica expresión de una necesidad no satisfecha. Así que, en lugar de aceptar el lugar de víctima, aprendí a sentir compasión por esta persona todos los días. Era mi "persona difícil" *que yo sabía que, en el fondo, sólo quería ser feliz y ser amada.* Esto transformó mi experiencia con ella. Fui capaz de tomar en cuenta las sugerencias razonables que me daba para mejorar mi enseñanza, ignorando todas las críticas innecesarias.[10]

Cultivar el aprecio por los demás

Luego de aceptar nuestra humanidad compartida en el ECC, nos dedicamos a contemplar lo interconectados que estamos. Los participantes reflexionan sobre cómo nuestras propias vidas y las de incontables otros están unidas en una red de relaciones que sustenta y favorece el bienestar de todos los que pertenecen a ella. Aunque la cultura contemporánea tiende a fomentar el individualismo, la autosuficiencia y la independencia, la realidad de nuestra vida actual es tal que somos por completo sociales, interdependientes y necesitados de los demás.

Tomemos, por ejemplo, las múltiples necesidades de nuestra vida, las cosas que requerimos para mantener nuestra vida, nuestra salud y prosperar. Desde nuestra comida, la ropa que usamos y la casa en que vivimos, hasta los libros que disfrutamos leer, las ideas que nos inspiran y todos los servicios de los que nos valemos a diario, dependemos de los otros para cada aspecto de nuestra comodidad y placer... y para nuestra sobrevivencia misma. Como nos recuerdan los maestros tibetanos, incluso en la fama necesitamos del resto para que hablen de nosotros.[11]

Intenta trazar la cadena de quienes llevan una camiseta hasta una tienda, y encontrarás tal vez a innumerables individuos: los campesinos que cultivan el algodón, los animales que aran la tierra, los trabajadores de la industria textil, las personas que hacen el *marketing* del producto, y finalmente el vendedor de la tienda en que compramos la camiseta. Están también los campesinos que cosechan la comida de los productores de algodón, y las personas que extraen el petróleo que usa la maquinaria de la plantación; la tripulación del barco que trae la camiseta desde su lugar de producción, y las personas que la llevan del barco al almacén; los que la trasladan de ahí hasta la tienda, etcétera.

O bien, piensa en las personas que hacen posible que un plato de arroz esté en tu mesa. Cuando era adolescente trabajé en los campos del sur de India; por ello, siempre intento tener en cuenta las dificultades que los campesinos sufren para llevar comida a otros, y trato de enseñarles a mis hijas a que también sean conscientes de ello. Arar, sembrar, cuidar y cosechar; el clima, las plagas, etcétera, el trabajo del campo requiere de una enorme paciencia y está lleno de preocupaciones sobre las mil cosas que pueden salir mal.

En la actualidad hay una increíble técnica de análisis de ciclos de vida, que ayuda a valorar el impacto ambiental de un producto específico; por ejemplo, el libro o la tableta que tienes en las manos.[12] El análisis toma en cuenta los pasos necesarios para producir una mercancía, desde la extracción de materia prima hasta la manufactura de las partes, el trabajo invertido en diferentes partes del mundo hasta el transporte. Se trata de una herramienta poderosa para apreciar la naturaleza interconectada de los objetos cotidianos, desde nuestros celulares hasta nuestros pantalones favoritos, y podemos usarla para contemplar qué tanto dependemos los unos de los otros. Cuando profundizamos en el carácter interconectado de nuestra existencia, nos damos cuenta de que, literalmente, no hay nada en nuestra vida —nuestra existencia, nuestro bienestar, incluso nuestra identidad como individuos— que no dependa de los demás.

Esta interconexión entre uno y el resto se extiende hasta nuestra identidad misma. Incluso el objeto más preciado de nuestros pensamientos, el sentido del "yo", depende de la presencia de otros. El "yo" puede ser definido sólo en relación con un "tú" y "ellos"; sin los otros, el pensamiento de un "yo" simplemente no existiría. De hecho, me he dado cuenta de que pasa bastante tiempo antes de que un bebé aprenda a usar pronombres de primera persona como "yo" o "mío". Como padres, sabemos esto de manera intuitiva. Decimos cosas como "Dale eso a papá" o "Mamá va a hacer eso", "Mamá está triste", etcétera, refiriéndonos a nosotros mismos en tercera persona. El niño hace lo mismo. Cuando mis hijas estaban aprendiendo a hablar, se referían a sí mismas en tercera persona o eliminaban al sujeto de sus frases ("¡Quiere eso!"). Los científicos del desarrollo afirman que las identidades de los bebés se funden con las de sus madres, y que sólo con el tiempo adquieren una identidad autónoma como individuos.

En las clases de ECC guiamos a los participantes por medio de una meditación dirigida centrada en apreciar a los demás.

EJERCICIO | **Apreciar a los demás**

Contempla las maneras en que te beneficias de las contribuciones de muchas personas, incluidos incontables extraños, y reconoce que la presencia de los otros hace posible tu vida, da sentido a tu existencia y que sus actos contribuyen a tu bienestar. Ahora permite que tu corazón se abra para que el sentido de apreciación y gratitud surja dentro de ti. Mantente en este estado y con cualquier pensamiento o sentimiento positivo que experimentes; deja que permeen todo tu ser.

Ahora contempla este pensamiento: "Exactamente como yo me siento feliz cuando otros me desean el bien, y conmovido cuando los otros muestran preocupación por mi dolor y sufrimiento, se sienten el resto de las personas. Por ello me regocijo en la felicidad de los otros y me siento preocupado por su dolor y sufrimiento".

Una vez más, recordando tu reconocimiento profundo de que los otros aspiran a la felicidad y a alejar el sufrimiento igual que tú, abre tu corazón al regocijo en la felicidad de los otros y conecta con su dolor.

Ahora —teniendo en mente el reconocimiento fundamental de que, exactamente como tú, todos aspiran a la felicidad y desean evitar el sufrimiento, y luego de reflexionar sobre tu naturaleza profundamente interconectada y la de los demás— permite que tu corazón se sienta permeado por un sentido de conexión con los otros.

Expandir nuestro círculo de afecto

En esta sección ampliaremos de modo consciente nuestro círculo de afecto para incluirnos no sólo a nosotros y a nuestros seres queridos sino a un grupo mucho más grande de desconocidos. Al hacerlo nos liberamos de lo que Albert Einstein llamó "la ilusión óptica de la conciencia"; es decir, sentir que estamos separados de los otros y del universo. Aprenderemos a trascender nuestra tendencia tribal a referirnos a los otros en términos de "ellos" y "nosotros", los de dentro y los de fuera. Einstein, por ejemplo, comparaba nuestro sentido de separación con una prisión que nos confinaba a "nuestros deseos personales y al afecto por un puñado de personas cercanas a nosotros". Nuestra tarea, sostenía, "debe ser liberarnos de esta cárcel al ampliar nuestro círculo de compasión para incluir a todas las criaturas vivientes y toda la naturaleza en su hermosura".[13] Ésta es una meditación que nos puede ayudar a ampliar nuestro círculo de compasión para incluir a todas las criaturas vivientes.

EJERCICIO Expandir nuestro círculo de afecto

Una vez que hayas llegado a un estado de relajación física y mental, lleva tu atención al momento presente observando tu respiración. Permanece en la única realidad que hay en este preciso instante, el presente. Deja que tu mente descanse en la conciencia del ritmo tranquilo de tu respiración.

Ahora piensa en un momento en que hayas experimentado grandes dificultades y sufrimiento. Nota qué sientes cuando piensas en esa experiencia luego, con ternura, calidez y afecto hacia ti mismo, repite en silencio estas frases:

Que esté libre de sufrimiento...
Que experimente paz y alegría.

Después, reconociendo con firmeza que el deseo genuino de felicidad es una parte esencial de tu ser, repite en silencio las siguientes frases:

Que sea feliz...
Que esté libre de sufrimiento...
Que encuentre paz y alegría.

Con todo tu corazón, mantente centrado en estas aspiraciones por un momento, unos veinte a treinta segundos.

Ahora imagina a alguien por quien sientes un afecto poderoso. Nota la ternura y la calidez que esto produce en tu corazón y cómo te hace sentir. Ahora piensa en un momento en que esta persona pasaba por dificultades y nota cómo experimentas un sentido de preocupación a partir de un sentimiento de ternura hacia esa persona querida. Nota cómo te sientes por su dolor; puedes incluso sentir la urgencia de ayudar. Con estos sentimientos, recita en silencio las frases:

Que seas feliz…
Que estés libre de sufrimiento
Que encuentres paz y alegría.

Repítelas en silencio y mantente con los sentimientos que resuenan en estas frases.

Ahora piensa en alguien que no te gusta ni te disgusta; puede ser alguien que ves a menudo pero con quien no tienes mayor contacto, alguien del trabajo, del gimnasio o de la tienda. Reflexiona cómo, exactamente como tú, esa persona es importante en la vida de alguien. Exactamente como tú, busca amor y felicidad. Exactamente como tú, tiene sueños, aspiraciones, esperanzas y temores. Luego reflexiona: "Exactamente como yo, esa persona aspira a la felicidad y desea superar el sufrimiento".

Ahora imagina que esta persona está sufriendo, que se encuentra en medio de un conflicto con un ser querido, que lucha con una adicción o sufre una tristeza profunda o depresión. Permite que tu corazón sienta ternura y preocupación por esta persona . Si es posible, permite incluso que tu corazón sienta la necesidad de hacer algo al respecto. Con estos sentimientos, repite en silencio:

Que estés libre de este sufrimiento
Que experimentes paz y alegría…
Que estés libre de este sufrimiento
Que experimentes paz y alegría.

Ahora considera este pensamiento: "De hecho, todos en este planeta, no sólo yo y mis seres queridos, compartimos la misma aspiración fundamental de ser felices y el mismo deseo de superar el sufrimiento. Exactamente como yo, todos desean conseguir la felicidad. Exactamente como yo, todos deseamos estar libres de dolor, miedo y sufrimiento. Exactamente como yo, todos buscan satisfacer su aspiración básica de felicidad y ausencia de sufrimiento". Permanece con este pensamiento por un momento.

Ahora, llenando tu corazón con el deseo de que todos los seres se liberen de su sufrimiento, repite en silencio estas frases:

Que todos los seres estén libres de sufrimiento
Que todos los seres estén libres de dolor y penas
Que todos los seres estén libres de miedo y ansiedad
Que todos los seres experimenten paz y alegría.

Incluso puedes incorporar en tu compasión a alguien que consideres difícil. Piensa cómo todos estos seres, todos y cada uno, se ven afectados por dolor, sufrimiento, penas y miedos, aun cuando aspiran a ser felices y estar en paz. Deja que tu corazón sienta: *De verdad deseo que todos estén libres de miedos y sufrimiento.*

Permea tu mente con este sentido de compasión y permite que llene tu corazón. Mantente en este estado por un momento, escuchando el bello silencio interior.

Esta contemplación puede ser parte de tu práctica de meditación diaria. Puedes grabar el texto en tu propia voz o tener una versión hecha por alguien más que te parezca tranquilizante; reprodúcela cuando sea necesario. Recomendamos que lo hagas temprano por la mañana, o en un momento y lugar relativamente silenciosos que te generen un estado mental de relajación.

Dependiendo de cómo hayas grabado el guión, esta meditación diaria de compasión puede ser corta —de unos diez o quince minutos— o tan larga como treinta o cuarenta y cinco minutos.

Preparar nuestro corazón para una compasión más activa

Una práctica final de nuestro curso de entrenamiento de la compasión es la *meditación de compasión activa*. Se trata de una adaptación de la conocida práctica tibetana llamada *tonglen*, que significa literalmente "dar y recibir", la que consiste en eliminar mentalmente el sufrimiento, los infortunios y los estados mentales destructivos de los otros y, al mismo tiempo, ofrecerles nuestra propia felicidad, buena fortuna y cualidades mentales positivas. En el ECC llamamos a esto meditación de compasión activa porque en esta práctica nos preparamos para actuar de verdad a partir de nuestra preocupación compasiva por los demás. En la práctica tibetana tradicional, el *tonglen* se sincroniza con la respiración. Cuando inhalamos, nos imaginamos eliminando el sufrimiento y el dolor de los otros, incluidas sus causas, que son usualmente visualizadas como nubes oscuras o volutas de humo que entran en nuestro cuerpo para disolverse en medio de una luz. Cuando exhalamos, nos imaginamos enviando felicidad y buena fortuna.

El *tonglen* es una práctica que podemos aplicar tanto a nuestra propia situación como a la de otros.[14] Cuando nos enfermamos o algo va mal —un problema financiero, por ejemplo—, podemos utilizar la meditación *tonglen*. Con frases como "Que mi sufrimiento sirva para librar a otros de una situación similar", imaginamos que nos hacemos cargo de la misma enfermedad o infortunio que aqueja a otros en el mismo momento. La idea es usar la oportunidad que plantea la universalidad del sufrimiento, para conectar con otros. El flautista tibetano Nawang Khechog sufrió alguna vez un terrible accidente cuando iba a visitar a su padre en el asentamiento tibetano de Orissa, al este de India; era la víspera del Año Nuevo tibetano y Nawang viajaba con su hijo y su sobrina. El carro en el que iban fue impactado por un camión; el conductor murió y la sobrina de Nawang resultó herida de gravedad, para luego fallecer en el hospital. Aunque su hijo sólo sufrió lesiones leves, Nawang también resultó gravemente herido y tuvo que pasar varios meses hospitalizado, sometido a diversas cirugías complejas. Alguna vez me compartió que fue la práctica de *tonglen* lo que lo mantuvo a flote en las primeras semanas, llenas de dolor intenso y miedo a no saber si sobreviviría. Recostado en su cama, pasaba horas pensando en todas las otras personas que sufrían heridas físicas, traumas emocionales y miedo. Tomaba su dolor al inhalar y exhalaba su compasión y preocupación por el bienestar de los otros. (Nawang se recuperó por completo del accidente y ha logrado retomar su carrera como flautista.)

También podemos practicar el *tonglen* cuando un ser querido sufre. Podemos imaginarnos tomando la enfermedad o el infortunio de esa persona, y enviándole nuestro amor y compasión, deseándole que encuentre sosiego. Si estás junto al lecho de muerte de un ser querido, puedes imaginar en silencio que te llevas su dolor y le envías ondas de luz que le llenan de tu afecto y bondad, dándole valentía y paz. Hacer *tonglen* nos ayuda a estar plenamente presentes para nuestro ser querido, y a mantener nuestros pensamientos y emociones concentrados en cómo ayudarle mejor, en lugar de estar preocupados con nuestro propio temor de lo que la muerte de esta persona puede significar para nosotros. El *tonglen* es un método poderoso para ayudarnos a conectar con el sufrimiento y ser valientes ante él.

Uno de los alumnos del curso de ECC, un capellán de hospital de sesenta y cuatro años, nos contó esta historia sobre el *tonglen*:

En la sala de emergencias solicitaron al capellán porque los paramédicos habían traído a un niño de dos años, víctima de un accidente de ahogamiento. Me sentí muy tenso, porque sabía de la magnitud de estas situaciones: las más difíciles para los involucrados son siempre las que tienen que ver con niños.

Recé para tener fuerza mientras iba hacia la sala de emergencias. La enfermera me dijo que se trataba de dos niños, hermanos, y que aunque los médicos les habían realizado los primeros auxilios, las cosas no pintaban bien. También me dijo que la madre estaba allí Me sentí aún más tenso cuando entré al cuarto y vi a la joven madre deshecha, sollozando desde lo más profundo de su ser.

Así comenzó una serie de encuentros que personificaron el sufrimiento humano: desde los médicos que no pudieron revivir a los niños, los jóvenes padres y todos los miembros de la familia que llegaron a intervalos distintos para recibir las terribles noticias. Toda la sala de emergencias parecía darse cuenta de la tragedia, sus efectos eran tangibles; permeaban la atmósfera como una nube oscura.

Me sentí sobrepasado, como si estuviera a punto de colapsar bajo el peso del sufrimiento y de mi tarea. ¿Qué les podría decir? Sentía que no podía darle ninguna dirección al sufrimiento y que me quedaba en blanco.

Luego recordé la técnica de "dar y recibir" [el *tonglen*] que había aprendido en mi clase de ECC. Mi primer pensamiento fue: "¡No aquí! ¡Hay demasiadas cosas sucediendo!".

Pero necesitaba con urgencia una salida, así que inhalé el sufrimiento como si se tratara de una nube oscura, y exhalé una

> luz dorada desde mi corazón hasta el cuarto y todos los que se encontraban en él. Un nivel de integración completamente nuevo tuvo lugar. Me pude abrir a la experiencia de sufrimiento y encontré algo necesario y precioso para sostenerme. El sufrimiento se volvió fluido con cada respiración y me bañó, dejándome libre de nuevo. Me dejé de sentir atrapado en la experiencia del sufrimiento y, por el contrario, sentí la libertad resultante de haberme involucrado de modo activo con él. Éste fue el regalo y me siento profundamente agradecido.[15]

Para muchas personas, la idea de abordar conscientemente el sufrimiento de los otros —incluso en su imaginación— puede parecer demasiado. Shantideva, el autor budista del siglo VIII, hizo la misma pregunta: "Puesto que la compasión implica dolor adicional, ¿por qué deberíamos buscar deliberadamente que surja?"[16] En respuesta, Shantideva hace notar una diferencia psicológica entre la experiencia del sufrimiento propio y el malestar que nos provoca la compasión por el de alguien más. A diferencia de nuestro propio sufrimiento, el dolor ocasionado por nuestra compasión hacia los otros es voluntario. Tenemos una elección y decidimos no desconectarnos del dolor de la otra persona. Shantideva compara esto con situaciones como la enfermedad, en las que, para prevenir un problema más serio, estamos dispuestos a pasar por situaciones difíciles. Vamos al dentista. Decidimos someternos a cirugía. Aún más, el cuidado compasivo por la situación de alguien más es un estado mental esencialmente empoderado que nos hace dirigirnos hacia los otros. También, vale la pena repetirlo, al sentir el dolor de los otros salimos de nosotros mismos: tan sólo esto es un descanso de nuestro propio sufrimiento.

Dicho esto, incluso la tradición tibetana reconoce que hacer *tonglen* hacia todo desde un inicio puede ser muy difícil; por ello es mejor avanzar poco a poco. Podemos comenzar a hacer *tonglen* por nuestro yo del futuro, llevándonos su dolor, sus temores y penas, y enviándole nuestro amor benevolente, compasión y toda la fuerza que sintamos. Por ejemplo, podemos imaginarnos hacer esta práctica con respeto hacia nuestro yo del día de mañana, dentro de un mes, del año siguiente, de la próxima década, etcétera. Una vez que nos sintamos cómodos con esto, podemos cambiar nuestra atención y hacer *tonglen* por algún ser querido. Y cuando nos sintamos a gusto con esto, podemos expandir gradualmente nuestra atención para incluir a un amplio círculo de amigos y familia, etcétera.

Aquí hay un ejemplo de una meditación guiada de *tonglen* por alguien más, pero puedes adaptarla para ti mismo.

EJERCICIO | Preparar nuestro corazón (*Tonglen*)

Primero, tranquiliza tu mente realizando de tres a cinco respiraciones profundas. Lleva cada una hasta tu estómago y exhala despacio. Luego escoge a alguien como enfoque para esta meditación de *tonglen*. Puede ser un ser querido, en especial alguien que esté pasando por un momento difícil; puedes escoger a un grupo de personas desplazadas de su hogar en un contexto de guerra y que buscan un nuevo lugar en un campo de refugiados, por ejemplo.

Ahora piensa: "Exactamente como yo, ellos también quieren superar su sufrimiento". Sobre la base de este reconocimiento, genera un sentimiento de preocupación por su bienestar y el deseo de que estén libres de dolor, pena y temores.

Con este deseo compasivo, imagina su dolor, su temor y su sufrimiento saliendo de sus cuerpos como nubes negras que entran en tu cuerpo Con cada respiración, las nubes se disuelven en un centro radiante de luz en tu corazón, donde se extinguen por completo.

Imagina que te has llevado su sufrimiento y ahora están libres de dolor, miedo y agobio.

Mientras piensas en ellos, refuerza este pensamiento: "Exactamente como yo, ellos también aspiran a la felicidad". Sobre la base de este reconocimiento, genera el deseo de que ellos encuentren paz y alegría.

Mientras cultivas estos pensamientos de afecto hacia esas personas, cuando exhales imagina que desde tu corazón envías nubes blancas y rayos de luz que los tocan llevándoles tu compasión, tus alegrías, tu buena fortuna y todo lo que es bueno en ti. Imagina que encuentran paz, fuerza y felicidad.

Repite esta práctica alternada de tomar el dolor y el sufrimiento y enviar paz, alegría y seguridad.

Ahora intenta hacerlo en mayor escala. Por ejemplo, si has hecho *tonglen* por un ser querido que pasa por un momento difícil, extiéndelo a muchas más personas que estén en situación similar. Llévate y envía.

Puedes incluso extender el *tonglen* a personas que consideras difíciles, aquellas que te desean el mal y te han tratado de manera injusta. Piensa que ellos también, exactamente como tú, no desean sufrir; ellos también sólo quieren ser felices y estar en paz.

Finalmente, si tu corazón se siente lo bastante grande, extiende el *tonglen* a todos los seres. Imagina que te llevas el dolor, los temores y el sufrimiento de todos los seres, y les envías tu amor benevolente y tu compasión. Mantente en silencio con este pensamiento por un momento.

El *tonglen* es una práctica espiritual hermosa; en mi opinión, es uno de los regalos más preciosos que la tradición tibetana le ha ofrecido al mundo. También es una práctica espiritual que puede ser realizada por cualquiera, de cualquier religión y sin religión alguna. Es una práctica que podemos hacer en cualquier lugar, en cualquier momento, por cualquiera. No requiere ningún lugar especial ni preparación alguna. Lo único que necesitas es tu presencia plena: necesitas estar ahí para realizarla. Debes permanecer atento a la situación, estar con el sufrimiento e inhalar y, mientras exhalas, enviar tu amor benevolente y tu compasión. Inhala, exhala. Es todo.

Ahora, en la parte final del libro estudiaremos cómo, al cultivar nuestro lado más bondadoso, podemos imaginar una nueva forma de estar en el mundo.

TERCERA PARTE

Una nueva manera de ser

9

MAYOR BIENESTAR

La compasión nos vuelve fuertes y saludables

Si, por otro lado, entendemos la naturaleza humana como predominantemente bondadosa podemos considerar la ética como una manera completamente natural y racional de desarrollar nuestro potencial innato.

EL DALAI LAMA

Hasta que extienda el círculo de su compasión a todos los seres vivientes, el hombre no encontrará la paz.

ALBERT SCHWEITZER (1875-1965)

¿Cómo puede relacionarse nuestra práctica de la compasión con la emergente ciencia del bienestar? ¿Puede el entrenamiento de la compasión ayudar a fomentar lo que los actuales investigadores del bienestar han reconocido como un aspecto central de nuestro funcionamiento psicológico?

En una serie de artículos académicos, la psicóloga estadounidense Carol Ryff propuso una nueva manera de conceptualizar el bienestar.[1] Antes de ella, los investigadores se habían concentrado en trazar distinciones entre emociones positivas y negativas y evaluar la satisfacción con la vida en general. Se solía asumir que las emociones positivas sumadas a la satisfacción con la vida equivalían a la felicidad, incluido el bienestar psicológico. Ryff, en cambio, comparó la opinión predominante dentro de la ciencia del bienestar con algunas perspectivas alternas para desarrollar un modelo integral basado en seis "elementos fundamentales del funcionamiento psicológico positivo": autoaceptación, relaciones positivas con los demás, autonomía, dominio ambiental, propósito de vida y crecimiento personal. Luego diseñó una escala amplia para medir cada una de estas dimensiones. Hoy, la nueva ciencia del bienestar ha aceptado el modelo de Ryff.

Tener *autoaceptación* significa poseer una actitud positiva hacia nosotros mismos, lo cual cada vez se reconoce más como un factor importante de salud mental. Quienes tienen buenos resultados en las mediciones de autoaceptación son capaces de aceptar múltiples aspectos de sí mismos, buenos y malos, y en su totalidad aceptan su pasado de forma positiva. Las *relaciones positivas con otros* pertenecen al ámbito de la conexión social: tener relaciones interpersonales cálidas, basadas en la confianza. Los que tienen buenos resultados en este rubro son capaces de tener relaciones empáticas fuertes con los otros, incluidos sentimientos de afecto e intimidad, y se preocupan por el bienestar de los demás. La *autonomía* implica cualidades como la autodeterminación, la independencia y la regulación de nuestro comportamiento desde el interior y no por determinaciones externas. Las personas altamente autónomas se resisten a las presiones sociales para pensar o actuar de cierta manera y se evalúan a sí mismas por estándares personales sin esperar la aprobación de los otros. El *dominio ambiental* es una especie de competencia, la capacidad de "controlar un conjunto complejo de actividades y hacer un uso efectivo de las oportunidades que nos rodean… [y] elegir o crear contextos apropiados para las necesidades y los valores personales".[2] Un elevado *propósito en la vida* significa tener metas, un sentido de dirección y creencias que den significado a la existencia. Finalmente, en la dimensión del *crecimiento personal* nos vemos a nosotros mismos siempre creciendo (o no) en términos psicológicos y emocionales. Quienes tienen altos niveles en la medición del crecimiento personal están abiertos a nuevas experiencias, y se comprometen a realizar su potencial y a ver mejoras en sí mismos con el tiempo.

Entrenamiento de la compasión para el bienestar psicológico

Como vimos en el capítulo 7, no hay autoaceptación sin compasión por uno mismo (y viceversa). En nuestro entrenamiento para cultivar la compasión tratamos la aceptación y la bondad hacia uno mismo como dimensiones de la compasión por uno mismo. Por medio del entrenamiento de la compasión aprendemos a reconocer, sin juzgar, todo lo que implica nuestra realidad: nuestra vulnerabilidad y debilidades, y también nuestras fortalezas; nuestra buena y mala fortuna. Nos perdonamos por los errores y fallos. La gran mayoría de los participantes del ECC descubren que relacionarnos con nosotros mismos y con nuestras vidas de este modo implica un alivio profundo. Nos brinda una sensación de paz y de confort interior (recuerden a mi abuela, en el capítulo 2) que nos libera tanto de los habituales autocastigos y nuestro odio a nosotros mismos que no es raro que la gente rompa en llanto durante la clase. Tampoco debe sorprender que sentirse más cómodo con uno mismo tiende a mejorar nuestras relaciones con los demás.

En efecto, el entrenamiento de la compasión contribuye a establecer relaciones positivas con los otros al hacernos más conscientes y agradecidos de las personas importantes en nuestra vida mediante nuestro deseo consciente de que tengan felicidad y sean libres de sufrimiento e infortunios. Los familiares de los veteranos que participaron en un curso acelerado de seis semanas como parte de su tratamiento en residencia por trastorno por estrés postraumático han notado los efectos. Las esposas, en particular, nos han contado cómo el entrenamiento de la compasión ha mejorado la calidad de su vida doméstica; los veteranos regresan mucho más sensibilizados ante los sentimientos y necesidades de sus parejas, y han adquirido una renovada capacidad para conectar con sus seres queridos. Expandir nuestro círculo de afecto (capítulo 8) nos lleva a tener relaciones *más* positivas con *más* personas.

Un doctor de mediana edad decidió hacer el entrenamiento de la compasión porque había perdido el interés en su trabajo.[3] Como resultado del curso de ECC, dijo, cambió la manera en que recibía, escuchaba e interactuaba con sus pacientes. Un día, una paciente —una mujer mayor— le preguntó si "estaba enamorado o algo así", porque estaba actuando "tan diferente, tan feliz". "O algo así", explicó en su clase de ECC, era que sentía una conexión mucho más fuerte con sus pacientes y que de nuevo era feliz en el trabajo. (Se podría decir, tal vez, que estaba "enamorado benevolentemente".) También les propuso a sus instructores de ECC ofrecer el entrenamiento a otros empleados del hospital, dado el profundo efecto que él había tenido.

El efecto que tiene el entrenamiento de la compasión sobre la autonomía, la tercera dimensión del bienestar psicológico, puede ser menos directo. Aun así, hacer que la compasión sea parte de nuestra intención consciente y nuestro sistema básico de motivación (capítulo 4) nos brinda una brújula interna en la que podemos confiar: una serie de principios para conformar nuestras actitudes y guiar nuestros pensamientos, sentimientos y comportamiento en lugar de estar a merced de las normas sociales y de los caprichos de otras personas.

El dominio ambiental se relaciona con nuestro sentido de control. Es claro que estar demasiado obsesionados con el control puede ser perjudicial y no contribuir a nuestro bienestar, puesto que muchos aspectos de nuestra vida estarán siempre fuera de nuestro control personal, pero las investigaciones muestran cada vez más que tener cierto sentido de control es crucial para la salud psicológica. Un sencillo experimento realizado con ancianos en una residencia, por ejemplo, encontró una relación sorprendente entre la longevidad y su sentido de control. Los investigadores dieron a cada uno de los residentes una planta; un grupo era directamente responsable de cuidarla, mientras que al otro grupo se le informó que un empleado cuidaría las plantas por ellos. Los investigadores descubrieron que, seis meses después, en el grupo de baja responsabilidad habían muerto el doble de ancianos: 30% contra 15% en el grupo de alta responsabilidad.[4] Podemos pensar en el cuidado de la planta de este experimento como una metáfora de la práctica de la compasión: nos responsabilizamos del cuidado de nosotros mismos, de otros y del mundo en que vivimos.

Como vimos en el capítulo 1, la compasión aumenta nuestro sentido de propósito en la vida, y hay evidencia que sugiere que éste está relacionado con la salud física y la longevidad. En primer lugar, empezar un curso de compasión es un propósito en sí mismo. Luego, mientras nuestra práctica se profundiza con el tiempo y nuestro sentido de conexión con los otros lo hace también, aprendemos a alegrarnos al beneficiar a otros. Vemos que nuestra existencia importa y esto nos inspira a hacer lo posible para volverla tan significativa como sea posible.

Por último, el entrenamiento de la compasión se trata de crecimiento personal, la sexta dimensión del bienestar psicológico. Un esfuerzo consciente para transformar nuestra perspectiva de la vida y cambiar la manera en que nos relacionamos con nosotros mismos y con los demás como compañeros humanos —en una palabra, estar en un proceso de crecimiento consciente y comprometido— necesariamente nos hará más conscientes de nosotros mismos como seres en crecimiento que ven la vida desde esa perspectiva.

No tengo duda de que, si las seis dimensiones de Ryff comprenden los aspectos esenciales de nuestro bienestar psicológico, el cultivo de la compasión puede ser un método poderoso para fomentarlo en toda su complejidad multifacética.

Una mente compasiva es una mente resiliente

Quizá el mayor beneficio a la salud mental que genera el entrenamiento de la compasión es que nos vuelve más resilientes. Investigadores de la resiliencia en el campo del desarrollo infantil y estudios sobre viudos que enfrentan la pérdida del cónyuge han identificado dos aspectos cruciales. Uno es la llamada *ego-resiliencia*, es decir, "la capacidad de superar, mantenerse a flote y recuperarse de la adversidad".[5] El otro es la *dureza*, o la capacidad de ver las dificultades como un reto y no como una amenaza, de comprometerse con ellas en lugar de sentirse alienados, de tener un sentido de control y no de impotencia.

Estudios longitudinales demuestran que los niños que obtienen buenos resultados en las mediciones de resiliencia suelen ser "seguros, perceptivos, reflexivos y son capaces de establecer relaciones abiertas y cálidas con los otros". En contraste, los niños con un ego más frágil "exhiben problemas de comportamiento, síntomas depresivos y niveles más altos de uso de drogas en la adolescencia". Los estudios muestran también que la ego-resiliencia está asociada con mayor recuperación cardiovascular en adultos luego de eventos estresantes inducidos en el laboratorio,[6] y con menores niveles de depresión entre estadounidenses que fueron testigos del ataque del 11 de septiembre en Nueva York.

El Dalai Lama cuenta a menudo la increíble historia de un monje común que era miembro del monasterio de Su Santidad en el Tíbet. Incapaz de escapar a India con el Dalai Lama en 1959, Lopon-la tuvo que quedarse en Lhasa. Cuando comenzó la Revolución Cultural, sin embargo, fue enviado a un campo chino de trabajo y aprisionamiento en el Tíbet, donde permaneció durante dieciocho años. A comienzos de los ochenta, durante un periodo de relajación política en el Tíbet, Lopon-la pudo ir por fin a India, donde entró al monasterio de Namgyal. Como un miembro mayor del monasterio, a veces pasaba tiempo con el Dalai Lama. En una conversación casual, cuenta el Dalai Lama, Lopon-la comentó que enfrentó graves peligros en una o dos ocasiones durante sus años en prisión. Pensando que se trataba de amenazas contra su vida, el Dalai Lama preguntó qué tipo de peligros había enfrentado. El monje respondió: "El peligro de perder mi compasión hacia los chinos". Esto es resiliencia en estado puro.

Lopon-la sabía que, físicamente, no había mucho que pudiera hacer para cambiar su situación. Su rutina diaria estaba en manos de otros. Pero sabía que él estaba a cargo de su propia mente. A pesar de todas las durezas de la vida en prisión, Lopon-la continuó con sus prácticas espirituales, incluida la generación de compasión por todos los seres, incluidos los que causan daño. Practicó generar sentimientos de preocupación por la forma en que la ignorancia y las circunstancias los habían llevado a hacer cosas que los perjudicaban incluso a sí mismos. Desde un punto de vista convencional, la preocupación de Lopon-la —perder la compasión hacia los chinos— podría parecer ridícula e incluso autodestructiva. Pero su compromiso con la compasión le ayudó a mantener la cordura y no rendirse ante la amargura o la desesperanza. He visto a Lopon-la en numerosas ocasiones: es un monje alto, delgado, de maneras sutiles. Excepto por una leve joroba, causada tal vez por las pesadas cargas de sus años en el campo, parece haber salido indemne de su experiencia.

En mi propia vida, estas estoicas líneas de Shantideva me han sido de mucha ayuda:

Si algo puede hacerse al respecto,
¿para qué sentirse abatido?
Y si nada puede hacerse al respecto,
¿para qué sentirse abatido?[7]

Yo llamo a esto el "principio de innecesariedad" de Shantideva. Estoy consciente de que muchos de los problemas que enfrentamos en nuestra vida son demasiado complejos y no nos queda sino ponerlos simplemente en las categorías de "solucionable" o "irresoluble". A menudo, la solución a nuestros problemas requiere de la cooperación y la voluntad de otras personas. Incluso en esos casos, hay mucho que podemos hacer para generar la ayuda que necesitamos.

De cualquier modo, trato de hacer lo mejor que puedo y luego sigo adelante. La preocupación constante, y cargar el problema sobre nuestra espalda —o, mejor dicho, en nuestra mente— es lo que genera el mayor estrés. Esto es lo que nos sobrepasa. Cuando es claro que no hay nada que podamos hacer sobre una situación, debemos tener la sabiduría suficiente para aceptarlo y dejarlo ir.

Esta misma sabiduría se encuentra en la conocida plegaria de la serenidad de la tradición cristiana:

Señor, dame serenidad para aceptar
las cosas que no puedo cambiar,
valor para cambiar
lo que sí puedo,
y sabiduría para distinguir la diferencia.

Me inclino hacia las palabras de Shantideva, puesto que en mis primeros años en el monasterio memoricé su famoso texto *El camino del Bodhisattva.* Este clásico espiritual en verso es la visión del autor de una trayectoria completa conforme a los dictados del altruismo, una vida dedicada al bienestar de todos los seres. Parte de mi preferencia viene de cómo memoricé el texto. Fue en 1973, en el sur de India, donde se había mudado el pequeño monasterio del que yo formaba parte a un asentamiento agrario de tibetanos cerca de la ciudad india de Hunsur. Como parte de un experimento de agricultura cooperativa, se plantó sorgo blanco en los campos. Cuando la siembra comenzó a madurar al final del verano, los campos debían ser protegidos de los pájaros y el monasterio nos envió a los monjes más jóvenes a hacerlo. Fue así, en medio de los campos de sorgo, entre ruidos para ahuyentar a las aves, que memoricé el texto de Shantideva. Hasta hoy, encuentro paz espiritual en este libro y sigo recitando de memoria y con alegría algunos versos.

Una de las maneras en que aumentamos nuestra resiliencia mediante el entrenamiento de la compasión es porque nos enseña a observarnos en el contexto de nuestra relación con otros, y no aislados. Cuando definimos un concepto de nosotros mismos basándonos simplemente en nuestro propio interés, nos vemos atrapados en la estrecha visión de nuestras preocupaciones, llena de ciclos de esperanza y miedo. La excesiva preocupación por uno mismo hace que nuestra mente sea frágil, hipersensible a la menor cosa que pueda ser percibida como una amenaza. Los maestros tibetanos del entrenamiento mental dicen que es como llevar una enorme diana a la que es fácil dar en el centro. Entre más preocupación por nosotros mismos tengamos, mayor será nuestra vulnerabilidad a sentimientos negativos y heridas.

En contraste, un estado mental compasivo es, necesariamente, menos preocupado por sí mismo, está más en paz y menos inhibido. No es una exageración decir que por medio de la conexión con los otros nos liberamos. Cuando el ego es resiliente no hay por qué levantar barreras y ponerse máscaras para protegerlo: podemos dejar de escondernos y sólo ser. Ciertamente, a veces las personas más bondadosas son lastimadas y no se recuperan con facilidad; pueden ser más sensibles al sufrimiento de otros y quizá *demasiado* preocupados por el bienestar ajeno. Aquí es importante recordar la distinción que hicimos antes entre empatía y compasión. La empatía es crucial para encontrar nuestra compasión, pero si nos quedamos varados en la zona de la empatía (de la resonancia emocional) podemos sentirnos exhaustos y llegar a la impotencia y el agotamiento. La compasión, por el contrario, es un estado más empoderado en el que ponemos nuestra energía en desear que los otros estén libres de sufrimiento y queremos hacer algo al respecto. Lo que necesitamos —al menos los más de nosotros, almas comunes— es un equilibrio saludable entre concentrarnos en nosotros mismos y concentrarnos en los demás. De este modo, no caemos en ninguno de los dos extremos: la excesiva preocupación por uno mismo o el cuidado obsesivo de los otros. En el entrenamiento de la compasión practicamos precisamente este tipo de equilibrio.

Entrenamiento de la compasión y regulación emocional

Un estudio aleatorio controlado sobre los efectos del ECC encontró un fuerte impacto en la regulación emocional.[8] La regulación emocional es una nueva área de investigación científica, donde se ha demostrado su importancia para nuestra salud mental y física, nuestro funcionamiento social, nuestras relaciones y desempeño laboral. Los problemas de regulación emocional se han asociado con infelicidad, preocupación excesiva y aumento de estrés.

De hecho, la regulación emocional es algo que hacemos naturalmente; hemos tenido emociones positivas y negativas toda nuestra vida y debimos arreglárnoslas para lidiar con ellas. Un pionero del campo, James Gross, psicólogo de Stanford, define la regulación emocional como un "proceso en el que los individuos influyen en qué emociones tienen, cuándo las tienen y cómo las experimentan o expresan".[9] Algunas estrategias comunes incluyen *suprimir la expresión* de nuestras emociones: por ejemplo, mantener un semblante emocionalmente inexpresivo y no revelar que nos sentimos mal; *revalorar* una situación emocional para darle un significado más positivo; *distraernos* con actividades positivas o neutrales, como la típica "ducha fría", y *desapegarnos,* suprimir una emoción distanciándose de ella. (Suprimir nuestras emociones de forma deliberada es una forma de negación. Es muy diferente de la distancia o la desvinculación *con aceptación* de la metaconciencia en la conciencia plena.) Suprimir las expresiones emocionales se ha "asociado con el aumento de los síntomas relacionados con el estrés, emociones negativas, depresión y ansiedad, así como una disminución de afectos positivos y de satisfacción en la vida".[10] Por supuesto, no todas las expresiones emocionales son saludables o útiles. Recuerda al veterano del capítulo 8 que expresaba su ira agrediendo verbal e incluso físicamente a las personas. La regulación, y no la supresión o la libre manifestación, es la clave.

Para evaluar el efecto del entrenamiento en la compasión en la regulación emocional, los investigadores del estudio de Stanford usaron el Cuestionario de Regulación Emocional, una prueba estándar diseñada para evaluar el uso de dos estrategias de regulación emocional dominantes: la revaluación cognitiva y la supresión expresiva.[11] Los investigadores encontraron que un descenso en la supresión emocional estaba íntimamente ligado con la cantidad de práctica compasiva que los participantes llevaban a cabo a diario. No es algo sorprendente, puesto que el ECC nos alienta a estar con nuestro sufrimiento de manera consciente, a tener expresiones abiertas de preocupación y a cultivar la calidez interior: lo opuesto de la supresión emocional.

Es cierto que la regulación emocional tiene un lado interactivo, y no sólo en los resultados últimos de cómo nuestra expresión o nuestra supresión afecta a los otros. Somos criaturas sociales, y de forma natural recurrimos a los otros para ayudarnos a regular nuestras emociones. Cuando estamos en un aprieto instintivamente buscamos el confort de los otros, en especial de nuestros seres queridos. No hay nada como el abrazo de un ser amado para calmarnos, un oído atento que disminuya nuestras frustraciones, una sonrisa que nos dé fuerza cuando nos sentimos ansiosos. Al profundizar nuestra conexión con los demás, sobre todo con nuestros seres queridos, y al volver a formar apegos seguros, sobre todo mediante la práctica de la compasión por uno mismo, el ECC tiene el potencial de cambiar la forma en que regulamos nuestras emociones día a día.

Debo admitir que los abrazos son un área en la que yo mismo, siendo un exmonje tibetano casado con una franco-canadiense, tuve que entrenarme desde lo básico. Tradicionalmente, en el Tíbet los padres son muy cercanos en lo físico y afectuosos con sus hijos pequeños. Los niños duermen con sus padres y a menudo viajan a espaldas de su madre en el día, envueltos en un chal que une a ambos. A pesar de esto, luego de cierta edad —por lo regular al comienzo de la pubertad— no se acostumbra abrazarse a menudo. La gente se abraza sólo en circunstancias especiales: cuando alguien está en un mal momento, o cuando se va de viaje o vuelve luego de una larga separación, por ejemplo. Luego, durante toda mi juventud viviendo como monje, el contacto físico estaba especialmente limitado, así que desarrollé una reticencia instintiva a abrazar a la gente. Esto era perfectamente normal cuando era soltero y vivía en Cambridge, en Inglaterra. He notado que los ingleses, en general, suelen ser parcos con sus abrazos. Sin embargo, cuando mi futura esposa, Sophie, llegó a mi vida, las cosas tuvieron que cambiar en esa área. Alguna vez ella compró un libro llamado *El pequeño libro de los abrazos* y lo dejó en nuestro baño. Resultó ser de mucha ayuda.

Una base para nuestra ética personal

Cuando hacemos de la compasión una parte de nuestro sistema básico de motivación (capítulo 4) le damos una base sólida a nuestros valores y a nuestra ética personal. Hay una cuestión en la que coinciden la mayoría de los científicos que estudian el comportamiento humano: queramos o no, como seres humanos somos criaturas morales. Como seres emocionales y racionales, no es extraño que también seamos criaturas morales que evaluamos constantemente el mundo que nos rodea y ajustamos nuestras respuestas de acuerdo con nuestros valores, actitudes y metas. Cuando hablo de ética me refiero a cómo hacemos estas evaluaciones y qué consideraciones realizamos para llegar a ellas.

Como animales sociales, nuestro bienestar está conectado con el de los demás. No llegaremos muy lejos en nuestro impulso fundamental de buscar la felicidad y aliviar el sufrimiento si no contamos con los otros. Nuestra ética nos guía para mantener un equilibrio entre nuestro deseo de bienestar personal y nuestra responsabilidad en cuanto al bienestar de los demás, quienes comparten la misma aspiración básica y tienen el mismo derecho de conseguirlo. La ética es lo que nos ayuda a negociar este universo moral compartido. No es sorprendente, por tanto, que alguna forma de la regla de oro (Trata a los otros como quieres ser tratado) se encuentre en la base de todos los grandes sistemas éticos, ya sean religiosos o seculares. En el pensamiento budista, por ejemplo, un acto ético es definido como aquel que no daña a ningún ser y que se mantiene alejado de las fuentes de ese daño. La gravedad del comportamiento no ético está determinada por el grado de daño causado; tomar la vida de alguien es lo más severo. A la inversa, hacer el bien de forma proactiva tiene más valor ético que tan sólo evitar el daño; en este caso, los actos altruistas están valorados en lo más alto. En el pensamiento budista, por tanto, se habla de la ética de la contención, la ética de la virtud y la ética del altruismo.

La investigación científica reciente acerca de la evolución de la moral sugiere que es posible que compartamos los mismos sentimientos morales básicos en todas las culturas, idiomas y etnias. Hay quien argumenta que esto se extiende incluso a nuestros primos no humanos, como los primates. Darwin mismo parece haber sostenido una posición similar. Algunos defensores de la moralidad humana natural sugieren que, como seres humanos, tenemos una especie de "gramática moral" innata, similar a la teoría de la gramática universal propuesta por el conocido lingüista Noam Chomsky.[12] Del mismo modo que la "gramática innata" —nuestra capacidad natural para aprender gramática como una facultad específica del cerebro— se expresa de maneras específicas al exponernos a comunidades lingüísticas específicas, nuestra "gramática moral" natural se manifiesta dependiendo de la comunidad social y cultural en la que nos criamos. Así, cada uno adquiere una serie de valores, perspectivas y actitudes a través de la sociedad en la que nos desarrollamos. Esto es nuestra ética personal.

En el pasado, muchas sociedades eran más homogéneas que hoy —sobre todo en cuestiones como religión, idioma u origen étnico— y más personas compartían valores dentro de una misma sociedad. Con la secularización y la exposición a una pluralidad de sistemas de valores —dos importantes consecuencias de la modernidad, de hecho— hay pocas cosas que representen los valores comunes de una sociedad más allá del respeto a las leyes. Cuando se trata de moralidad, sólo tenemos nuestro propio criterio para darle sentido a nuestras relaciones con los otros y con el mundo que nos rodea. La pregunta fundamental, en nuestro tiempo secular y plural, es: ¿en qué basamos nuestra ética?

En mi caso, mi esposa y yo decidimos que educaríamos a nuestras hijas en los valores que ambos compartimos como budistas. Nuestro planteamiento fue muy simple. Los niños absorben toda clase de actitudes y valores, lo queramos o no, de toda una serie de agentes —padres, escuelas, amigos y la sociedad en general, en especial por conducto de los medios— que influyen en su carácter moral. Dada la complejidad de la realidad contemporánea, es importante que los padres eduquen bien a sus hijos, para compartirles nuestros valores éticos y espirituales más preciados. Esto es especialmente importante durante los primeros años, cuando los padres somos el principal marco de referencia de nuestros hijos.

La compasión puede ser tanto el fundamento como el principio organizativo de nuestra casa moral, aquello que da claridad a nuestra visión ética. Puede ayudarnos a fijar prioridades y a decidir entre valores enfrentados; puede darnos un criterio sencillo para discernir al vernos enfrentados a un desafío ético. Con la compasión como nuestro valor fundamental, nos motiva la preocupación por el bienestar de los otros, nuestras acciones estarán dirigidas a ayudarlos y encontraremos felicidad en la de los demás.

La compasión es parte de la disposición innata que compartimos como seres humanos. Si la aceptamos y la alimentamos, la compasión puede ofrecer una base universal para la ética que nos define, a todos, como seres morales.

El Dalai Lama, por ejemplo, ha dedicado una buena parte de su esfuerzo a promover exactamente este mensaje; que la compasión puede ser el fundamento de una "ética secular universal". Su Santidad ha argumentado con intensidad esta perspectiva ética, sobre todo en su libro *El arte de vivir el nuevo milenio* y su continuación, *Más allá de la religión.*[13] Una premisa central del argumento del Dalai Lama es que, aunque los valores humanos básicos como la compasión, el amor, el perdón y la responsabilidad pueden ser promovidos por la religión, en sí mismos son independientes de la fe religiosa. Son valores universales enraizados en nuestra condición humana: nuestra necesidad de conexión con los otros, nuestra aspiración a la felicidad y nuestro deseo instintivo de evitar el sufrimiento. En una palabra, estos valores son expresiones de nuestra naturaleza empática elemental. De ahí que la compasión, definida en esencia como el sentido de preocupación por el bienestar de los otros, puede brindar una base a nuestra ética compartida, sin recurrir a ningún credo religioso o metafísico en particular. Cultivar la compasión, por tanto, puede tener también implicaciones sociales y globales tremendas. Imaginemos cómo sería nuestro mundo si cada uno de nosotros hiciera de la compasión el principio regulador de su vida.

10

MÁS VALENTÍA, MENOS ESTRÉS, MAYOR LIBERTAD

Hacer de la compasión nuestra postura base

La virtud moral nace del hábito
Uno se hace justo practicando la justicia;
adquiere temple cultivando la templanza; es
valiente ejercitando el valor.

ARISTÓTELES (*ÉTICA A NICÓMACO*, LIBRO II)

Mantén tus acciones positivas, porque tus
acciones se convierten en tus hábitos.
Mantén tus hábitos positivos, porque tus hábitos
se convierten en tus valores.
Mantén tus valores positivos, porque tus valores
se convierten en tu destino.

GANDHI (1869-1948)

¿Podemos volver hábitos a la compasión y el altruismo al fijar (y volver a fijar, y volver a fijar) nuestra intención de hacerlo, y practicar (y practicar, y practicar)? ¿Puede el entrenamiento de nuestra mente y corazón convertir la compasión en un proceso inconsciente y automático del llamado *pensamiento rápido*, de manera que respondamos así por instinto ante la vida? ¿Puede la compasión volverse algo más que sentimientos volátiles, ser una manera de ver y estar en el mundo?

En su influyente libro *Pensar rápido, pensar despacio*, el economista y psicólogo Daniel Kahneman, ganador del Premio Nobel, hizo célebres dos distintos sistemas de formación del pensamiento en nuestro cerebro.[1] Lo que él llama el *sistema rápido* está asociado en principio con nuestras emociones y tiende a ser automático; opera bajo la superficie de nuestra conciencia. El *sistema lento* involucra un funcionamiento consciente y racional que representa esfuerzo. Tendemos a confiar más en el sistema rápido para nuestra toma de decisiones en la vida cotidiana. Desde un punto de vista evolutivo, esto tiene mucho sentido. El sistema que es más automático nos permite procesar información con mayor rapidez, facilitando que demos la respuesta más eficiente ante lo que exijan las circunstancias dadas. Este sistema obtiene su velocidad de asociar información nueva con patrones existentes de pensamiento, sentimiento y comportamiento, en lugar de crear nuevas respuestas para cada situación nueva. En otras palabras, reutiliza patrones de comportamiento que hemos internalizado por haber resultado útiles en el pasado. Con el sistema rápido no necesitamos reinventar la rueda. Con la aplicación de esta teoría, Kahneman revolucionó nuestro entendimiento de cómo formulamos juicios y tomamos decisiones, y también ofreció una explicación convincente a nuestros prejuicios.

Pisando los talones del libro de Kahneman, el libro *El poder de los hábitos*, del periodista Charles Duhigg, trajo a la conciencia popular descubrimientos científicos importantes sobre cómo se forman los hábitos y cómo es que motivan el comportamiento humano. Duhigg ofrece una visión de cómo funciona el pensamiento rápido de Kahneman. Los científicos llaman fragmentación al proceso mediante el cual "nuestro cerebro convierte una secuencia de acciones en una rutina automática". Se cree que la fragmentación es la raíz de la formación de hábitos. El fenómeno neurobiológico de la fragmentación tiene una función evolutiva crucial, puesto que nuestro cerebro todo el tiempo está buscando maneras de ahorrar esfuerzo. Cuando un hábito surge, el cerebro deja de esforzarse en esa tarea en particular y conserva su energía, que es limitada, para abordar otras cuestiones. Duhigg resume el mensaje clave de su libro: "En algún punto, todos decidimos conscientemente cuánto comer, en qué concentrarnos cuando vamos a la oficina, qué tan seguido tomamos un trago o cuándo vamos a trotar. En algún punto después, dejamos de tomar la decisión y la conducta se convierte en algo automático. Esto es una consecuencia natural de nuestra neurobiología. Y al entender cómo sucede, puedes reconstruir esos patrones de la manera que quieras".[2]

A la luz de lo que se sabe hoy en día en psicología y neurociencia, la respuesta a las preguntas del principio de este capítulo tiene que ser afirmativa. La tradición budista, por ejemplo, siempre ha defendido el valor transformador de las prácticas que cultivan nuestra compasión. Si hemos aprendido algo de la neurociencia contemporánea es que nuestro cerebro está muy dispuesto a cambiar en respuesta a nuevas experiencias. No sólo se forman nuevas conexiones sinápticas, sino que también se crean nuevas neuronas en la interacción que tenemos con el ambiente. El nacimiento de nuevas neuronas se llama *neurogénesis*, y a la capacidad de nuestro cerebro para cambiar a lo largo de nuestra vida se le conoce comúnmente como *neuroplasticidad*.[3] Nuevos hallazgos incluso sugieren que existen efectos *epigenéticos* en el cerebro —es decir, cambios genéticos producto de la influencia ambiental— como resultado de la experiencia; estos perduran a lo largo de toda la vida y, en algunos casos, incluso pueden ser heredados a nuestra descendencia.

La compasión en la vida diaria

Cuando entrenamos y ejercitamos la compasión de forma recurrente y hacemos de ella un hábito en nuestra vida cotidiana, vivimos con más valentía, menos estrés y mayor libertad. Con el tiempo nos veremos a nosotros mismos y al mundo en términos de interconexión. Nuestra postura por omisión hacia las demás personas será verlos como compañeros humanos y no como fuentes de antagonismo y amenaza. Nuestros nuevos hábitos orientados hacia los otros nos liberarán de viejos hábitos defensivos, de juzgarnos y preocuparnos por nosotros mismos. Desde las interacciones azarosas con extraños hasta las conexiones íntimas con nuestros familiares y amigos más cercanos, nuestras relaciones se verán permeadas por un sentido de apertura y bondad con raíces en la comprensión de nuestra condición humana fundamental: las necesidades, la vulnerabilidad y la aspiración a la felicidad que compartimos. Responderemos habitualmente con compasión ante el sufrimiento y necesidades de todas las personas, libres del prejuicio de quiénes son en relación a nosotros. Incluso cuando se trate de alguien difícil quien nos causa problemas, no perderemos de vista este hecho básico: *Exactamente como yo, es un compañero humano que aspira a la felicidad y no desea sufrir.* Estos pensamientos habrán penetrado en nuestro sistema rápido. Nuestras acciones reflejarán también nuestro conocimiento profundo, incluso a nivel celular, del impacto que tenemos en los demás. Nuestros hábitos de bondad se verán reforzados una y otra vez por la dicha que nos produce ser amables con los demás y verlos felices. Ser serviciales será nuestra nueva normalidad. Llegaremos a encarnar la compasión, en lugar de sólo admirarla como un ideal. Aprenderemos a vivirla en nuestros pensamientos, sentimientos y comportamiento. En resumidas cuentas, hacer de la compasión un hábito transformará nuestras vidas.

Ser compasivos no nos hace tímidos o tolerantes a la injusticia. De hecho, socialmente hablando, una respuesta en verdad compasiva ante la injusticia surge de un fuerte sentido de indignación moral; una especie de ira constructiva. Fue la indignación moral la que impulsó a Mahatma Gandhi a liderar al pueblo indio para liberarse del dominio colonial británico; la que llevó a Abraham Lincoln a hacer campaña contra la esclavitud; la que incitó a Rosa Parks, en una fría mañana de diciembre en Montgomery, Alabama, a desafiar con valentía la segregación en los autobuses, y la que orilló a Nelson Mandela a conducir una campaña de por vida contra el *apartheid*. Gracias a su fuerte sentido de indignación moral y a su valentía, hoy nuestro mundo es un lugar mejor. Lo que sustenta la asombrosa valentía de la joven activista paquistaní Malala Yousafzai es su indignación moral ante la injusticia del régimen talibán al prohibir la educación de las niñas. En la raíz de su indignación moral está una profunda preocupación por el bienestar de los demás, sobre todo el de los débiles y oprimidos.

Una teoría de la transformación personal

La psicología budista clásica reconoce el importante papel de la formación de hábitos en el cambio y la transformación personal, y las prácticas budistas tradicionales de la compasión reflejan esta concepción. La palabra original en sánscrito para meditación, *bhavana*, sugiere "cultivo", mientras que su equivalente tibetano, *gom*, contiene la noción de desarrollar "familiaridad". Por medio de la repetición en el tiempo internalizamos y encarnamos una determinada manera de ver, sentir y ser en el mundo. Incluso las tareas que inicialmente requieren un esfuerzo consciente y deliberado pueden, con el tiempo, volverse espontáneas, familiares y no representar un esfuerzo. Esto es, en esencia, lo que pasa cuando adquirimos experiencia en algo.

Por experiencia personal sabemos cómo es que, mediante la práctica, lo que antes parecía representar un esfuerzo puede volverse fácil. Cuando aprendemos a andar en bicicleta resulta muy difícil equilibrarse, pedalear y mantenerse en el camino sobre dos estrechas ruedas en movimiento. A mí se me dificultó aún más aprender a manejar; para entonces ya tenía poco más de treinta años. Como vivía en un pueblo a las afueras de Cambridge (unos amigos generosos me habían prestado una cabaña que estaba en su propiedad, por la cual no tenía que pagar renta), era urgente que aprendiera a conducir para desplazarme. Como monje en India, nunca aprendí a manejar o a andar en nada más desafiante que una bicicleta, así que la sensación de tener bajo mi control algo motorizado me era completamente ajena y bastante aterradora. Aprendí a manejar una transmisión manual con un instructor que me repetía su mantra: "EDM: espejos, direccionales y palanca" en todas las vueltas. La atención consciente necesaria para tener todos los detalles en orden —revisar los espejos, no olvidar indicar la vuelta, pisar el *clutch* en el momento correcto para cambiar de velocidad— requería un esfuerzo constante. Sabía que en algún punto conducir se volvería fácil, pero en el momento me era imposible imaginar cómo podría ocurrir. Reprobé mi primer examen de manejo, lo cual me sacudió un poco, pues en verdad quería poder conducir. ¡Hoy en día no puedo imaginar que manejar sea tan difícil!

La psicología cognitiva moderna distingue entre conocimiento declarativo y procedimental. El primero se refiere al conocimiento *acerca de* o *sobre* algo, mientras que el segundo tiene que ver con *cómo* se hace algo, y se adquiere principalmente por medio de la práctica de la tarea en cuestión. A grandes rasgos podría decirse que el conocimiento declarativo es cognitivo y tiene que ver con hechos, mientras que el conocimiento procedimental es conocimiento encarnado. Saber cómo manejar es conocimiento procedimental, mientras que saber que un motor turbo da una aceleración mayor es conocimiento declarativo. En el entrenamiento de la compasión nos ponemos como meta no sólo saber acerca de la compasión, sino más importante aún, que la compasión y el altruismo sean conocimiento encarnado como parte de nuestro carácter.

La psicología budista tiene una teoría acerca de cómo ocurre esto, a partir de tres niveles de comprensión: primero la comprensión se *obtiene por medio de la escucha*, etapa en la que nuestra comprensión es en esencia verbal, ligada a las palabras y cargada de suposiciones. Nuestro conocimiento en esta etapa no es sino una suposición informada. Sin embargo, mientras continuamos contemplando este conocimiento, alcanzamos el segundo nivel: la comprensión *obtenida mediante la reflexión crítica*. En esta etapa nuestra comprensión se vuelve intelectualmente rigurosa, debidamente procesada, integrada a nuestro corpus mayor de conocimiento y sostenida por la convicción. Por último, alcanzamos el nivel de la comprensión *obtenida por medio de la experiencia de la meditación*, el cual es resultado de un largo proceso de internalización de nuestro entendimiento, al punto de que se vuelve parte de nuestro paisaje mental básico. Es en esta etapa final que nuestro conocimiento se vuelve fácil, integrado y vivencial. Lo que antes había sido comprensión cognitiva deliberada se ha transformado en conocimiento espontáneo encarnado.

Puede ser que estudiemos, por ejemplo, la naturaleza interdependiente de las cosas, concepto clave en el budismo. Esta es la idea de que todo llega a ser como consecuencia de múltiples causas y condiciones, y que cada acción o evento tiene efectos a lo largo del espacio y el tiempo. Al principio, nuestra comprensión vendrá como producto de lecturas y enseñanzas. Será necesariamente superficial, en cierto sentido. Sin embargo, mediante la reflexión sobre la idea de la interdependencia, analizándola y relacionando el concepto a nuestra propia experiencia, con el tiempo surgirá en nosotros una convicción más profunda. Aplicaremos esa nueva conciencia en nuestra vida cotidiana, de manera que nos volvamos menos rígidos y categóricos en nuestros juicios. Aprenderemos a relacionarnos con las situaciones, particularmente con las adversas, con un mayor grado de tolerancia y compostura y notaremos la diferencia. Ahora, para impactar radicalmente en nuestra psique y conducta, debemos integrar este conocimiento en la mismísima estructura de nuestra mente. Se cree que el tercer nivel de comprensión surge sólo después de haber internalizado nuestra comprensión mediante un prolongado y repetido proceso de introspección; en otras palabras, la meditación.

Podemos aplicar este mismo modelo a la compasión. Un texto budista primigenio compara las primeras etapas de aprender compasión global con probar la corteza de la caña, mientras que la compasión avanzada y vivencial es como probar el azúcar del centro de la caña. En la primera etapa, nuestra compasión hacia todos los seres se mantiene como un esfuerzo, como tan sólo imaginado e imitado. Con la contemplación y la práctica, nuestra compasión se vuelve fácil, emerge espontáneamente en respuesta a las necesidades de los otros sin deliberación por nuestra parte.

Ver, sentir y actuar

Como hemos visto, la relación entre percepción, experiencia y acción es compleja, cíclica y bidireccional. Esto es, que nuestras emociones forman nuestros pensamientos y nuestra conducta, mientras que nuestra conducta reforma nuestra vida emocional y conforma nuestras percepciones y actitudes de manera simultánea. Estas dinámicas son particularmente evidentes en la psicología del deseo, del ansia y de la conducta compulsiva. Para el pensamiento budista, el primer eslabón en la cadena es descrito como *contacto*: a saber, entrar en contacto con el objeto que da pie a la *experiencia* que se manifiesta como placentera o no placentera. Esta respuesta afectiva o emocional llega entonces a definir nuestro recuerdo del objeto, de manera que la próxima vez que entremos en contacto con él, incluso antes de que sea una experiencia, empezamos a fantasear con él, haciéndolo parecer mucho más importante y atractivo para nosotros de lo que nos parecía antes. Este tipo de involucramiento con el objeto lleva al *ansia*, querer poseer lo que no tenemos, creyendo que, de algún modo, poseerlo nos dará alivio o felicidad. Las ansias no vigiladas cobran vida propia cada vez que automática y repetidamente intentamos alcanzar el objeto de nuestro deseo, lo cual conduce a tener más ansias.

Para bien o para mal, muchas de nuestras perspectivas del mundo —nuestras percepciones, pensamientos, actitudes y valores— son moldeadas por el ambiente, en especial la familia y la cultura en la que hemos sido criados. La ciencia cognitiva nos dice que incluso nuestro aparato perceptual básico, aquel que consideramos tan fundamental y neutral, se ve influenciado por nuestra crianza. La historia humana está repleta de ejemplos de cómo las actitudes sociales sesgan las percepciones de la gente de manera que parecen universales y verdaderas. Por ejemplo, mucha gente en el Occidente premoderno, incluidos los cristianos devotos, no tenían ningún problema con la esclavitud.

De este modo los prejuicios sociales crean puntos ciegos que debemos evidenciar pensando fuera de los límites establecidos. En India, algunos hindúes ortodoxos aún ven a los *dalits*, los llamados intocables, como naturalmente inferiores y evitan cualquier contacto directo con ellos. Muchos islamistas fundamentalistas consideran a los no creyentes, o *kafirs*, intrínsecamente impuros y no merecedores de respeto ni atención. Me sorprendió encontrar, en la cultura tibetana, un prejuicio en ciertas regiones del Tíbet central contra los miembros de familias hereditarias de carniceros y herreros. Vi de primera mano cómo este prejuicio se manifiesta en la práctica. El pequeño monasterio del que fui miembro en mi adolescencia era parte de una colonia tibetana en el sur de India, a unos cincuenta kilómetros al oeste de la ciudad de Mysore; durante una fiesta de cosecha, se armó una tienda en el cruce que constituía el centro del campamento. Dentro de la tienda había dos ollas sobre una mesa que tenían mijo fermentado remojado en agua, una pequeña y otra grande; esta mezcla es una cerveza casera llamada *chang*. Se bebe con popotes que se clavan dentro del mijo fermentado. Descubrí que la olla chica era para aquellos que pertenecían a las "clases bajas", es decir, las familias de herreros y carniceros.

La buena noticia es que no importa qué tan arraigados estén dichos prejuicios, podemos cambiarlos. El Dalai Lama cita con frecuencia a su amigo Carl von Weizsäcker, un conocido físico cuántico alemán que dijo que cuando era niño, los franceses eran los enemigos a los ojos de cada alemán y viceversa. A finales del siglo XX esto había cambiado por completo, con Francia y Alemania como la alianza más fuerte de la Unión Europea. La ciencia contemporánea también afirma que podemos remplazar una vieja visión del mundo con nuevas maneras de verlo, y viejos hábitos con otros nuevos. Esto es para lo que, en esencia, sirve la educación. Esto es también para lo que sirve entrenar la compasión: *aprender a ver, sentir y ser de una nueva manera que esté más en contacto con la mejor versión de nosotros mismos.* Una parte importante de este proceso de transformación es una especie de desaprendizaje de nuestros patrones habituales que no sean constructivos para nuestro bienestar y el de los demás. Algunos de estos patrones pueden tener raíces en nuestra infancia temprana, lo cual los hace menos flexibles. Pero creo que incluso en esto, la práctica regular de la compasión puede producir verdaderos cambios. Lo creo porque lo he visto.

Un instructor de ECC con experiencia en la enseñanza del curso me compartió la siguiente historia conmovedora de transformación personal. Susan, una mujer de sesenta y nueve años, había pasado deprimida la mayor parte de su vida adulta.[4] Su madre padeció de depresión clínica al tiempo que ella nació, así que Susan rara vez fue cargada cuando bebé. Toda la vida infantil de Susan giró en torno a la depresión de su madre. Con el tiempo aprendió a formar un muro entre ella y el trauma de su juventud. Esto cambió cuando Susan participó en un entrenamiento de la compasión de ocho semanas. Fue alrededor de la mitad del curso cuando mencionó sentirse más feliz de lo que jamás había sido, y que sus amigos decían que parecía otra persona. Aparentemente, este cambio permaneció al enfrentar Susan su propio sufrimiento, el de su madre y cómo ambos conectaban a Susan con toda la humanidad. Siempre le había encantado la música, pero nunca sintió que mereciera la dicha que trae. A raíz de la experiencia en el curso no sólo se entregó de nuevo a su música, sino que solicitó una beca para estudiar música en el verano y la ganó. Estaba impresionada y entusiasmada, y quería que su instructor del ECC lo supiera. Incluso los más hondos baches psicológicos pueden revertirse y ser cambiados por hábitos más constructivos. Es interesante: muchas historias de transformación personal, como la de Susan, muestran cómo un cambio en apariencia pequeño en un área desencadena todo un torrente de cambios.

Un cambio perceptual puede transformar la manera en que nos sentimos

Entonces, un aprendizaje clave surge tanto de la psicología budista clásica como de la ciencia cognitiva contemporánea, como vimos también en el capítulo 4: existe una conexión íntima entre nuestras percepciones y emociones.[5] Desde el punto de vista del budismo, sentir permea cada acto cognitivo, incluso uno aparentemente neutral, como resolver un crucigrama. La ciencia cognitiva contemporánea sugiere también que si moldeamos la manera en que nos vemos a nosotros mismos y al mundo que nos rodea, podemos reformar cómo nos experimentamos a nosotros y al mundo. De igual modo, al cambiar cómo nos sentimos acerca de nosotros mismos, de los demás y del mundo, reformamos la manera en que nos percibimos, a los demás y al mundo en que vivimos.

Algunas veces el impacto que tiene un cambio perceptual en lo que sentimos puede ser instantáneo. Experimenté esto de manera poderosa cuando tenía quince años. De los ocho a los once, una de las encargadas del internado para refugiados en Shimla fue cruel conmigo por alguna razón. Ella y su esposo nos cuidaban a más o menos treinta de nosotros en uno de los dormitorios para chicos del internado. Admito que yo era bastante precoz y soberbio, pero nada justificaba la manera en que nos trató a algunos de nosotros. Cuando los domingos tomábamos una ducha en el baño común, seleccionaba primero a algunos de nosotros para enjabonarnos, nos tallaba muy fuerte con hebras de coco secas y nos hacía esperar nuestro turno para ser enjuagados hasta el final; no se nos permitía enjuagarnos solos y teníamos que aguardar mientras los ojos nos ardían a causa del jabón. Durante unas vacaciones de invierno, como mi madre había fallecido y mi padre estaba enfermo, tuve que quedarme en la escuela con los niños huérfanos o aquellos cuyos padres eran demasiado pobres como para pagar los gastos de viaje. Así que pasé un invierno nevado en Shimla con sandalias, pues la mujer me dijo que ya había usado mi par anual de zapatos asignados. Fue así como aprendí que cuando tus pies están fríos es extremadamente difícil mantener el calor en el resto del cuerpo.

A los once años, luego de dejar la escuela para unirme al monasterio, solía imaginarme cómo sería mi reacción si me encontrara a esa mujer cara a cara, y entonces ocurrió. Tenía quince años y ya estaba familiarizado con muchas historias de adversidades y penurias tras el escape de los tibetanos a India. Vi a mi antigua cuidadora cargando un bulto de leña en su espalda, con una pala encima, caminando bajo el sol abrasador del verano en el sur de India; resultó que ella y su familia se habían unido al mismo campamento de reasentamiento al que se había mudado mi monasterio. Se veía pequeña, sudorosa y bronceada por el sol, con el pesar esbozado en las arrugas de su frente. Al mirarla, en lugar de resentimiento sentí lástima por su dolor. Me di cuenta de que pese a que yo había sufrido su maltrato, al ser un niño estaba protegido de los dolorosos recuerdos de desarraigo que ella debió haber experimentado, habiéndolo perdido todo hacía sólo algunos años: su país, su hogar y todo el mundo conocido que dejó atrás para exiliarse en India. Ahí estaba, en el norte de India, cuidando a más de treinta niños, ninguno de ellos suyo. Ante semejante labor, resulta completamente humano reaccionar con hostilidad ante aquellos niños rebeldes y soberbios. Quizá no había nada personal en su modo de tratarme, tan sólo fui el detonador que por desgracia sacó su lado menos agradable. La siguiente vez que la encontré, alrededor de un mes después, fui y me presenté. Al principio no me reconoció, pero luego dijo: "Sí, eras buen amigo de mi hija en la escuela". El simple reconocimiento de su vulnerabilidad humana cambió por completo la manera en la que me sentía respecto a ella.

La meta del entrenamiento de la compasión es sencilla: condicionar nuestro corazón y mente de tal manera que, instintivamente, podamos relacionarnos con nosotros mismos y con los demás con la conciencia de nuestras necesidades y de la vulnerabilidad fundamental que nos une a todos como humanos.

Un modo de ser en el mundo

Para el budismo existe el ideal del *bodhisattva*, aquella persona que ha sido elegida para vivir su vida conforme al principio de la compasión universal: un sentido indiferenciado de preocupación por el bienestar de todos los seres. Esto siempre me ha parecido inspirador. ¿Cómo es que el *bodhisattva* vive en la práctica este ideal? Él o ella debe hacer un juramento de vivir bajo la práctica de las *seis perfecciones*: la generosidad, la virtud ética, la tolerancia, el esfuerzo entusiasta, la concentración y la sabiduría. Pese a que el contexto de este libro es secular, y por lo tanto muy diferente, el esquema de las seis perfecciones puede serle útil como guía a quien aspire a vivir su vida en sintonía con el principio de la compasión, incluso en el mundo secular.

No es sorprendente que el budismo clásico haya señalado la *generosidad* como la primera aplicación práctica del principio de la compasión. En otras grandes tradiciones espirituales, la virtud de la generosidad, por ejemplo, o la caridad (para el cristianismo) y el *zakat* (en el Islam) es también ensalzada como un modo de honrar a la divinidad. Hoy en día los investigadores de la conducta humana la usan como medida del altruismo de un sujeto. Sin embargo, el significado de la generosidad no debería ser reducido a la donación caritativa de bienes materiales. Otorgar nuestra atención, nuestro tiempo y nuestras habilidades para contribuir al bienestar de otros son también actos de generosidad. Así lo son también el consejo espiritual, la tranquilidad y el consuelo psicológico y proveer una sensación general de seguridad. Aquellos que son lo bastante afortunados como para poseer recursos materiales, pueden dar como una manera de expresar su espíritu compasivo fundamental. El punto es ser generoso no sólo con nuestras acciones sino también de espíritu y de corazón. Los textos budistas clásicos explican tres maneras de dar: dar bienes materiales, dar libertad del miedo —hacer sentir segura a la gente— y dar consejo espiritual. En términos contemporáneos, el primer punto tiene que ver con nuestra donación caritativa convencional; el segundo engloba a las profesiones del cuidado, tales como la enfermería, la medicina, la terapia, ser bombero y ser vigilante, y el tercero incluye, por ejemplo, la enseñanza y la consejería.

La segunda de las seis perfecciones, la *virtud ética*, se resume en este principio sencillo: *Ayuda a los otros si puedes, y si no, al menos abstente de dañarlos.* Si tomamos esto con seriedad, debemos hacernos conscientes de las consecuencias de nuestras acciones no sólo sobre los demás, sino también sobre el medio ambiente. La ética no se refiere sólo a actos de abstinencia, también incluye a la virtud, por la que nos involucramos de modo consciente en actos altruistas y virtuosos.

La tercera perfección, la *tolerancia*, se refiere a cierta manera particular en la que lidiamos con los eventos, en especial los que son desafiantes y adversos. En lugar de ceder ante la ira, la hostilidad y la impaciencia, escogemos responder desde la comprensión, la bondad y la paciencia. Existen en los textos del budismo clásico tres tipos de tolerancia: la ecuanimidad frente a aquellos que nos dañan, la aceptación voluntaria de las dificultades que se presentan en la búsqueda de un propósito más elevado, y la que nace del entendimiento de la naturaleza más honda de la realidad.[6] Sabemos por experiencia propia que mientras más nos importa alguien, más pacientes podemos ser con esa persona, incluidos nosotros mismos. Todo el conjunto de las cualidades mentales relacionadas con la tolerancia —la paciencia, la comprensión y el perdón— son expresiones de bondad y de compasión.

La cuarta es el *esfuerzo entusiasta*, el cual va más allá del esfuerzo inicial para mantener la alegría y el entusiasmo en nuestra búsqueda del altruismo. Esta virtud depende de la motivación sostenida; en otras palabras, la determinación. Aquí son importantes varios factores. Uno es estar convencido de la nobleza de nuestra empresa; otro es estar preparado, reconociendo que necesariamente habrá desafíos involucrados. Para los textos budistas, adoptar de entrada una actitud de esfuerzo entusiasta es como ponerse una armadura que impida que nuestra motivación y determinación se vean socavadas por la adversidad y los retrocesos. De acuerdo con estos textos, en la práctica hay cuatro fuerzas que promueven el esfuerzo entusiasta: un hondo sentido de convicción respecto al valor de nuestra tarea, ser constantes en la búsqueda, la alegría y el entusiasmo, y la capacidad de dejar ir; saber cuándo relajar nuestros esfuerzos de manera que no nos agotemos.

La quinta de las seis perfecciones, la *concentración*, se relaciona en principio con la calidad de la atención y el énfasis que ponemos en nuestro encargo. Mientras más atención pongamos en la compasión y el altruismo que buscamos, menor será la propensión a distraernos; por ejemplo, rumiando sobre nosotros mismos. Con la virtud de la concentración obtenemos un grado de dominio sobre nuestra mente de modo que podemos dirigirla hacia aquellas metas y búsquedas que en verdad valoramos.

Y finalmente está la *sabiduría*, la cual nos permite profundizar nuestra compasión, y más importante aún, nos ayuda a convertirla en actos sabios en sintonía con la realidad. Este factor final —la sabiduría o intuición— es considerado tan crucial que es como si fuera el ojo mediante el cual es posible que las otras cinco virtudes vean. De hecho, la unión perfecta entre sabiduría y compasión es vista como el verdadero despertar del Buda. Independientemente de sus raíces budistas tradicionales, el cultivo y la búsqueda de estas seis virtudes nos ofrecen un esquema muy útil para quienes nos tomamos en serio la compasión como una guía de nuestro modo de vida. En primera instancia, yo mismo las encuentro útiles en mi afán por vivir conforme al ideal de la compasión, especialmente en el mundo cada vez más globalizado, competitivo y acelerado en que vivimos.

De un sentimiento a nuestra manera propia de ser

A lo largo de estas páginas, en repetidas ocasiones hemos reconocido que somos, por naturaleza, criaturas empáticas; que los seres humanos tenemos la increíble capacidad de conectar con los demás, de ponernos en sus zapatos y su mente. Cuando nos encontramos frente a las necesidades y el dolor de alguien, respondemos instintivamente con bondad, comprensión y afecto. No necesitamos religión o educación alguna para esto. Cada uno de nosotros anhela por instinto la conexión con los otros. Ansiamos el afecto de los demás, su aceptación, y que nos hagan sentir seguros. Incluso nuestra experiencia de la felicidad y el sufrimiento, la cual nos define como seres sensibles, está profundamente configurada por nuestra relación con los otros. Estos son hechos fundamentales de la condición humana.

Habiendo dicho esto, hacer de la empatía y la compasión las fuerzas rectoras de nuestra vida es, claramente, una cuestión de elección, tanto individual como cultural. La manera en que nos vemos a nosotros mismos y al mundo que nos rodea, las actitudes que aportamos al mundo, los valores que apreciamos y nuestras acciones determinan si la compasión juega un papel definitivo en nuestra vida o no. El entrenamiento de la compasión nos conecta con la parte más bondadosa de nuestra naturaleza. Pero si no tenemos el hábito de la compasión, nos tomará cierta decisión, determinación y práctica para hacer de ella nuestra postura inicial y principio organizador.

Así que la meta de cultivar la compasión es tanto ambiciosa como radical. Transformará nuestro mismísimo ser y cambiará a profundidad cómo nos comportamos en el mundo. Es una verdadera transformación espiritual.

11

EL PODER DE UNO SOLO

El camino a un mundo más compasivo

Todos los seres humanos nacen libres e iguales en dignidad y derechos y, dotados como están de razón y conciencia, deben comportarse fraternalmente los unos con los otros.

DECLARACIÓN UNIVERSAL DE LOS DERECHOS HUMANOS, ARTÍCULO 1

Mientras permanezca el espacio,
y mientras permanezcan los seres sensibles,
hasta entonces, que yo también permanezca,
para disipar los sufrimientos del mundo.

SHANTIDEVA (SIGLO VIII)

Hasta este momento, hemos visto a la compasión principalmente desde el punto de vista individual. Sin embargo, "nadie es una isla"[1] y, como hemos visto, el destino de cada uno de nosotros está entrelazado con el de todos los demás. Los sistemas sociales, políticos y económicos que conforman a nuestra sociedad impactan nuestro bienestar y nuestro día a día.

Muchos de nosotros nos sentimos impotentes cuando pensamos en los grandes problemas del mundo. La guerra, el terrorismo, el cambio climático y la destrucción ambiental, la pobreza y la creciente brecha entre pobres y ricos: nuestros problemas parecen tan enormes y complicados que a duras penas los entendemos, y difícilmente podríamos pensar en solucionarlos. Incluso si tenemos alguna intuición de cómo la compasión podría ayudar, aun así no tenemos idea de cómo hacer que funcione. Sabemos, por ejemplo, que podemos ser compasivos con nuestras familias, pero no tenemos pista alguna sobre qué papel podríamos jugar en, digamos, crear corporaciones más compasivas. En este último capítulo veremos cómo podríamos desglosar algunos de estos problemas de manera que empiecen a parecer más manejables, e identificaremos en la medida de lo posible los papeles cruciales que cada persona puede jugar para hacer del mundo un lugar más compasivo. No importa qué tan compleja, sobrepoblada o caótica nos parezca la sociedad moderna, a final de cuentas está conformada por individuos como tú y como yo. Así que la pregunta práctica para cada uno de nosotros es: "¿Qué quiere decir para mí practicar la compasión, no sólo en lo personal, sino en el ámbito público también?"

La compasión en nuestros sistemas de salud

Resulta obvio que el sistema de salud es una institución en la cual necesitamos hacer de la compasión una prioridad, particularmente en el entrenamiento de los prestadores de atención primaria. Desde la comunicación con los pacientes y la familia, en especial cuando se dan malas noticias, hasta estar del todo presente con cada uno de los pacientes, incorporar el entrenamiento de la compasión en el entrenamiento formal podría cambiar por completo la cultura hospitalaria y del cuidado al paciente.

Esto también proporcionaría a los profesionales de la atención a la salud las habilidades necesarias para lidiar con la constante exposición al sufrimiento agudo y el considerable impacto emocional que viene con su trabajo diario. Muchos usan la supresión como una estrategia de adaptación, distanciándose y manteniendo un desapego "profesional". Sin embargo, como vimos en el capítulo 9, la supresión a largo plazo termina por no ser buena para nosotros. Por otro lado, como también hemos planteado, mantener constantemente una actitud abierta y empática nos puede abrumar y agotar. No importa qué tan fuertes seamos mentalmente, todos tenemos un límite. Una respuesta sin regulación también puede ser difícil para el paciente. Los pacientes y sus familias necesitan compostura y confianza por parte de sus expertos en salud, no a alguien con las emociones confundidas. Pero también necesitamos que a los proveedores de servicios de salud les importe.

¿Existe un equilibrio posible entre el profesionalismo y la preocupación? El entrenamiento de la compasión dice que sí. Mediante la práctica de la compasión, los proveedores de servicios de salud pueden aprender a comprometerse a plenitud con el sufrimiento de su paciente sin consumirse emocionalmente, pues, de manera crítica, con la compasión nuestra respuesta de empatía es moderada por el deseo de ver a alguien libre de sufrimiento y nos sentimos cargados de energía por el impulso de hacer algo acerca de la situación. Espero que sea claro a estas alturas que la compasión es un estado de empoderamiento.

Para distinguir los sistemas cerebrales involucrados en la empatía y la compasión, Tania Singer, renombrada investigadora de la empatía, buscó ayuda del monje budista y escritor francés Matthieu Ricard para realizar una serie de sesiones de resonancias magnéticas. En estas sesiones de IRMf, se pidió a Matthieu permanecer deliberadamente en un estado de empatía después de haber sido inducido a éste mediante la exposición a imágenes de sufrimiento, sin llegar a la compasión. Después de un rato se le pidió pasar a la compasión, deseándole al objeto de su preocupación alivio del sufrimiento. Matthieu-la, como lo llaman con cariño quienes lo conocen, informó que el tránsito a la compasión se sintió como una liberación, una suerte de alivio gozoso. En contraste, dijo que mantenerse en el estado de empatía era agotador.[2] Desde entonces, Matthieu-la se ha pronunciado aún más acerca de la idea de que aquello que llamamos "cansancio de la compasión" debería llamarse, más bien, "cansancio de la empatía", con la compasión como una vía de escape.

Existen ya muchos centros de salud que reconocen al entrenamiento de la compasión como un componente crucial de la educación profesional y el cuidado propio. Por ejemplo, la Sharp HealthCare, de San Diego, es una importante asociación privada de asistencia médica con unos veinte mil empleados y ha ofrecido el ECC de Stanford desde 2011. Entre quienes participaron en el curso, los resultados preliminares mostraron efectos positivos significativos en cuanto a satisfacción en el trabajo, relaciones interpersonales y compasión por uno mismo.[3] En Stanford misma, la escuela de medicina ha introducido recientemente cursos de ECC para los estudiantes interesados. De igual modo, el notable maestro zen Roshi Joan Halifax ha desarrollado un curso especial de compasión para médicos. Conocido por sus siglas en inglés, GRACE (gratitud, respeto, atención, compasión y encarnación), es un programa útil sobre todo para los médicos de enfermos terminales.

Tratándose de terapias, no cabe duda de que, como con la conciencia plena, empezaremos a ver el entrenamiento de la compasión adaptado para el tratamiento de más trastornos, desde la prevención de recaídas en pacientes depresivos hasta el abuso de sustancias, TEPT, fobia social y estrés excesivo. Un ejemplo de esto es la terapia centrada en la compasión (CFT, por sus siglas en inglés) de Paul Gilbert, orientada hacia pacientes que padecen extrema vergüenza y juicio negativo patológico de sí mismos. Otro más es la terapia de aceptación y compromiso (ACT, por sus siglas en inglés) de Steven Hayes y otros, e incorpora, en este caso, aspectos de la compasión por uno mismo, tales como la aceptación sin juicios así como una actitud más bondadosa hacia uno mismo. Imagino que también entre las terapias cognitivas emergerán métodos más integrados. El entrenamiento de la compasión también tiene un gran potencial en el campo de las terapias de pareja y familiares, y en la consejería parental y laboral, en las cuales el involucramiento constructivo con los demás depende de una relación sana con nosotros mismos.

A final de cuentas, la propia ética de nuestros sistemas de salud puede y debe partir de la compasión. Sin importar si el sistema es público como en Canadá, donde vivo, o privado, como en Estados Unidos, el objetivo principal de la atención a la salud debe ser cómo servir mejor a los pacientes bajo la premisa de que la gente busca satisfacer una necesidad básica y la mayoría de las veces, en este caso, se encuentran en su momento más vulnerable. Incluso para los sistemas médicos privados, la compasión es en el largo plazo una cuestión de interés propio: promueve relaciones positivas entre pacientes y proveedores de cuidado médico, hace sentir más seguridad a los pacientes y es buena en cuanto a la reputación de las instituciones mismas. Respecto al cuidado de la salud, la compasión es una ganancia para todas las partes interesadas.

Replantear cómo educamos a nuestros hijos

La educación también necesita centrarse más en la compasión. Nuestro mundo se va interconectando cada vez más, y nuestra generación más joven necesita urgentemente aprender a relacionarse con los otros desde la perspectiva de nuestra humanidad común. Si esperamos que nuestros hijos mantengan su buen juicio, su salud y su felicidad pese a la complejidad y el estrés de la vida moderna, debemos equiparlos con habilidades cognitivas y de regulación de las emociones; debemos enseñarles a manejar sus propias mentes y a atender a sus corazones y los de los demás. Esto es lo que hace el entrenamiento de la compasión. Motiva mucho saber que, gracias al respeto generalizado hacia la inteligencia emocional causado por el influyente libro de Daniel Goleman, *Inteligencia emocional*, muchas escuelas en Norteamérica y Europa incluyeron la materia de aprendizaje social y emocional (SEL, por sus siglas en inglés) en sus programas de estudio.[4] Los estudios han mostrado que enseñar a los niños el control sano de sus emociones les ayuda a aprender. Un estudio reciente, realizado en un programa de bondad de doce semanas basado en la conciencia plena y suministrado en una escuela pública a niños de preescolar, mostró marcados efectos en la función ejecutiva, el autocontrol y la conducta prosocial de los pequeños.[5]

En Montreal, donde vivo, hay una escuela privada francesa llamada École Buissonnièrre, a la cual mis dos hijas asistieron durante el jardín de niños y la primaria. En 2008 la escuela realizó un osado experimento para probar si, en lugar de simplemente reaccionar al problema del *bullying* cuando se presenta, podría mejorar de forma tangible la cultura escolar un enfoque proactivo para enseñar a los niños ciertas habilidades de autocontrol, empatía y resolución pacífica de conflictos. El programa, conocido como Ma Classe, Zone de Paix,* fue creación de mi esposa, Sophie, quien lo desarrolló en parte sobre la base de los principios de la comunicación no violenta (CNV).[6]

Se les enseña a los niños de incluso cinco años a revisar su "temperatura emocional" en un "termómetro", una lámina que

---

* Del francés: "Mi clase, zona de paz". (*N. de la t.*)

tiene en la parte superior la imagen de un volcán en erupción, en medio una "zona de alerta tranquila" de un relajante color verde, y una helada "zona fría" en la parte inferior. Si, por ejemplo, Thomas, de seis años, se siente enojado y agitado, puede identificarse con el volcán. Si no tiene interés y se siente desapegado, está en la "zona fría". Si está atrapado en alguno de estos estados, Thomas no será capaz de conectarse constructivamente con sus compañeros, lo cual le dificultará jugar con ellos. Así que a Thomas y a sus amigos se les enseñan ejercicios para calmarse, tales como la respiración abdominal profunda y el tamborileo rítmico con los dedos en sus rodillas para calmar sus sentimientos volcánicos. Un ejercicio predilecto es el "jardín secreto": cada niño desarrolla una imagen visual de un jardín propio, tranquilo y silencioso, donde se siente seguro, en paz y relajado. Thomas y sus amigos realizarían este ejercicio cerrando los ojos y haciendo inhalaciones profundas para tranquilizarse. Luego se imaginan a sí mismos en sus jardines, sintiendo cómo es estar ahí. Resulta conmovedor escuchar, años después, a algunos amigos de nuestras hijas decir ahora, en su adolescencia, que aún van a su jardín secreto cuando se estresan.

Conforme progresa nuestro estudiante de primero, Thomas, su repertorio de palabras para expresar emociones se expande para abarcar un espectro cada vez mayor de sentimientos importantes: "feliz", "triste", "enojado", "asustado", "seguro", y así sucesivamente. En el jardín de niños, los niños empatan imágenes de expresiones faciales con lo que están sintiendo. Para los grados segundo y tercero, la educación emocional de Thomas ha crecido hasta el punto de que puede decir que siente alegría, curiosidad, frustración, ira, soledad, decepción, satisfacción, preocupación, entusiasmo, confusión, ganas de jugar, sorpresa, alivio y gratitud.

Una función poderosa del programa Zone de Paix tiene que ver con conectar estos sentimientos personales con necesidades universales subyacentes. Si Thomas está enojado y arremete contra un compañero en el patio, puede ser porque se sienta excluido, lo cual atenta contra su necesidad de ser incluido. Todos los niños necesitan seguridad, respeto, amistad, paz, posibilidad de elección, espacio personal, descanso, juego e inclusión en una comunidad o un sentido de pertenencia. Cuando estas necesidades no se ven satisfechas, se sienten amenazados, lo cual expresan mediante emociones como ira, frustración, tristeza o miedo. Como dice el fundador de la CNV, Marshall Rosenberg: "Todos los juicios, críticas y diagnósticos, así como las interpretaciones que hacemos de los demás, son expresiones alienadas de nuestras propias necesidades".[7] Thomas y sus amigos aprenden acerca de sus necesidades básicas y practican estar conscientes de ellas en tiempo real. ¡Te sorprendería ver lo rápido que lo logran! Se turnan para decir "Necesito x", y observan qué pasa con lo que sea que escojan frente a la pregunta: "¿Todos los niños lo necesitan?" Si la respuesta es negativa, entonces no es una necesidad real. Así, cosas como los iPads pueden ser fácilmente excluidas. Habiendo aprendido lo que se siente estar enojado, triste y asustado, y también a conectar estos sentimientos negativos con necesidades que nos son comunes a todos, Thomas y sus amigos amplían entonces su comprensión a otros. Este enfoque consciente de conexión con las emociones y necesidades de los otros a partir de las propias le ayuda al pequeño Thomas a usar su capacidad natural de empatía de manera constructiva.

Uno de los resultados más atractivos del programa, desde la perspectiva de la escuela, es un sistema efectivo para la resolución de conflictos en el cual los niños involucrados son los mismos agentes de su resolución, y los adultos simplemente facilitan el intercambio mediante el cual cada niño expresa lo que el otro pudo haber sentido y, más importante aún, cuál puede ser la necesidad subyacente del otro que no fue satisfecha. Mediante este proceso, los niños suelen resolver su conflicto y reconciliarse en uno o tres minutos.

Al final del primer año de este experimento, hablé con la directora en una celebración escolar y le agradecí por ofrecerle valientemente a mi esposa la oportunidad de probar su programa. Ella respondió: "Debo agradecerles por compartir su tiempo con la escuela. El impacto del programa es tangible. Este año, por ejemplo, ha habido una reducción aproximada de 50% en casos de mala conducta que han llegado a mi oficina". Ahora, en el sexto año del programa, los maestros informan que existe un mayor sentido de comunidad y un sentimiento de conexión mucho más fuerte entre ellos mismos. Cuando los maestros se sienten escuchados, vistos y valorados por sus colegas, estudiantes y autoridades, así como por los padres, esto impacta en la cultura de toda la escuela y otorga beneficios sobre todo a los estudiantes.

Por más de tres décadas, el Dalai Lama ha hecho un llamado a repensar los fundamentos de nuestro sistema educativo. Como nos recuerda, la educación moderna tiene su origen en la Europa medieval, cuando las instituciones religiosas eran las principales responsables del desarrollo moral. Hoy en día, en nuestra sociedad secular, con el papel de la Iglesia considerablemente disminuido, es necesario repensar el rol de las instituciones educativas. ¿Debemos seguir limitando la educación de nuestros hijos al desarrollo académico? ¿O deberíamos tener como meta desarrollar integralmente al niño, su mente y su corazón? ¿Deberíamos enseñar a nuestros hijos las habilidades básicas para prosperar en un nuevo mundo que, gracias a la economía global y la tecnología informática, se caracteriza por la creciente proximidad entre personas, culturas y religiones? Si la respuesta a estas preguntas cruciales es "sí", el Dalai Lama argumenta que debemos enseñar a nuestros hijos, como parte de su educación formal, los valores humanos fundamentales:[8] la ética secular universal de la cual hablo en el capítulo 9, que se encuentra en el corazón de todas las grandes tradiciones espirituales y éticas, y que nos define como miembros de la misma familia humana.

En 2013 el Instituto Mente y Vida, una organización cofundada por el Dalai Lama, aceptó el reto. Ha reunido expertos en neurociencia, psicología y educación para descubrir qué podría suponer una educación a partir de una ética secular. Hasta el momento, el núcleo de su respuesta es el reconocimiento de que nuestro instinto de cuidado es la base de nuestro sentimiento moral, y que a nuestro desarrollo ético y social lo definen tres tipos principales de cuidado: ser atendidos por otros, atender a otros y cuidarnos a nosotros mismos. Como alguien estrechamente relacionado con el Instituto Mente y Vida desde su nacimiento en 1987, estoy ansioso por ver cómo esta iniciativa puede inspirar un cambio.

Dependerá de cómo eduquemos a nuestros hijos que las siguientes generaciones afronten los complejos retos de nuestro mundo interconectado. En realidad depende de nosotros que nuestros hijos crezcan con un sentido comunitario, un sentido colectivo de responsabilidad y corazones sensibles ante el destino de nuestro planeta.

Cuidado laboral, economía del cuidado

De muchos modos, el lugar de trabajo es para nosotros lo que la escuela es para los niños. La cultura que nuestro lugar de trabajo representa, así como la manera en que ahí se nos trata, impactan profundamente en nuestro bienestar. Como mínimo, las organizaciones podrían hacer de la compasión un principio de su filosofía sobre los recursos humanos. Cuando la insatisfacción y el conflicto de los empleados son tratados con empatía, atención y comprensión antes que ser vistos como quejas molestas, los empleados tienden a ser más leales y comprometidos. Así que llevar la compasión a la cultura laboral no sólo ayuda a aliviar el sufrimiento humano; es, a final de cuentas, también buena para los negocios.

Por más de una década, la Universidad de Michigan ha albergado un interesante proyecto llamado CompassionLab con el fin de descubrir más acerca de la compasión en el contexto de las organizaciones.[9] Este estudio colaborativo opera desde la premisa de que las organizaciones son "lugares de dolor y curación cotidianos", y pretende desarrollar marcos teóricos que ayuden a explicar cómo puede organizarse y extenderse la compasión a lo largo de una organización. O, en términos prácticos: "¿Cuáles son los factores que amplifican e inhiben la compasión en una organización?" Los investigadores de CompassionLab han identificado tres factores interconectados que ayudan a organizar la respuesta compasiva colectiva: la presencia de redes de personas que se conocen lo suficiente como para compartir su dolor; las rutinas de servicio establecidas dentro de la organización que favorecen el contacto humano regular, y los valores como la humanidad compartida. Sus estudios también resaltan el papel de un líder en la organización para difundir la compasión; él o ella deben dirigir con el ejemplo de la compasión —"recorrer el camino"— para impactar en la cultura de la organización. La compasión, la integridad personal, la humildad y estar abierto a las perspectivas de los demás, pero con la responsabilidad de liderar, todo esto anclado en el valor y la confianza silenciosa, son los rasgos de los verdaderos grandes líderes.

Una cosa es hacer un llamado a la compasión en el lugar de trabajo, ¿pero hay sitio para la compasión en nuestros sistemas económicos? ¿Es la compasión irrelevante para nuestra conducta económica, cuando mucho, o incluso incompatible con ella? Ésta es una pregunta complicada. Sin embargo, creo que la nueva ola de la psicología humana —que reconoce que nuestro lado compasivo y afectuoso tiene un gran papel motivador en la conducta humana— desafía algunos de los supuestos que sostienen nuestros modelos económicos estándar. No somos simplemente egoístas que buscan ganancias en el corto plazo. Es este concepto de la naturaleza egoísta de los humanos lo que justifica la competencia agresiva, el consumo descontrolado de recursos y el crecimiento ilimitado.

Tanto para los individuos como para las corporaciones, el beneficio monetario no debería ser el único criterio para medir el éxito. Cuando definimos el éxito exclusivamente en términos monetarios, la gente hace depender su dignidad y su propio sentido de respeto de cuánto dinero ganan o amasan. Tras la crisis económica global de 2008, la cual causó tanto dolor a millones de personas en todo el mundo, la gente estaba indignada por la cultura de la avaricia de Wall Street. Sí, la avaricia fue un factor relevante, pero en muchos sentidos es tan sólo un síntoma de un problema más profundo y sistémico, a saber, nuestro carácter materialista.

La agresiva cultura corporativa de hoy —la cual empezó a cobrar fuerza en la década de 1980, cuando el mundo sin escrúpulos de las fusiones y las adquisiciones fue glorificado en los medios de comunicación— es claramente insostenible. Mientras el salario del empleado promedio a duras penas ha podido mantenerse al ritmo de la inflación, los beneficios de los altos ejecutivos han aumentado de forma exponencial, llegando a ser casi trescientas veces el salario del empleado típico dentro de la misma organización. De acuerdo con los estudios, entre 1978 y 2013 la remuneración a los presidentes de organizaciones en Estados Unidos aumentó 937%, mientras que el pago al empleado común aumentó poco más de 10%.[10] Ésta es una tendencia peligrosa. En la actualidad, algunos economistas advierten incluso que a no ser que algo cambie, el mundo desarrollado está destinado a regresar a la desigualdad extrema del siglo XIX en cuanto al ingreso, cuando la mayor parte de la riqueza de las naciones estaba en manos del 1% de la población.[11] Un mundo tan desigual no beneficia a nadie, ni siquiera a este 1%. Algunos cuestionan si nuestro modelo económico clásico es fallido, pues la teoría del mercado de capitales no considera que el mundo tiene recursos naturales limitados no renovables (o no remplazables), y que por tanto las generaciones actuales no pueden garantizar un manejo adecuado de los recursos ni actuar en favor de los intereses de las futuras generaciones.

Para mí es una cuestión de justicia, tanto entre las partes interesadas en la actualidad como entre generaciones. Para asegurar mayor justicia en el sistema, necesitamos economistas profesionales que desafíen la ortodoxia mercantil actual y las estrategias de corto plazo para maximizar los beneficios; necesitamos políticas económicas inteligentes por parte de los líderes nacionales y los servidores públicos, y todos debemos desafiar los valores que sirven de base a la injusticia en la práctica. Gracias a la presión pública, algunas compañías ya están empezando a tomar medidas ambientales y de "responsabilidad social" como parte de sus reportes de desempeño. Hoy en día existen negocios en Estados Unidos y otros lugares conocidos como empresas B (de beneficio), las cuales buscan beneficiar a la sociedad y el medio ambiente al tiempo que generan utilidades. Para estas empresas, las metas sociales (contribuciones constructivas a la sociedad y al planeta) son factores críticos en su proceso de toma de decisiones.

Ésta no sería la primera victoria de la compasión sobre las políticas económicas. Con el cambio en las normas sociales, también se da un cambio en nuestros estándares de lo que es una conducta económica aceptable. Hoy en día, con estándares internacionales como la Declaración Universal de los Derechos Humanos, los derechos laborales y la creciente preocupación por el medio ambiente, no podemos, como sociedad, tolerar más tiempo las prácticas de explotación propias de los comienzos de nuestra etapa industrial. Por desgracia, aún hay lugares del mundo donde existen fábricas explotadoras con peligrosas condiciones de trabajo donde se producen artículos a un bajo costo, con grandes ganancias para los dueños, pero incluso ahí las leyes del territorio y la sociedad en su conjunto condenan estas prácticas. (Aunque continúan por la falta de voluntad política y de aplicación de la ley para detenerlas.)

En el mundo actual, de comunicación instantánea y plataformas cibernéticas democráticas tales como el *microblogging* y las redes sociales, las empresas que piden la confianza de sus clientes deben luchar más firmemente para probar que son dignas de ella. La integridad de una organización le ayudará a mantenerse alejada de demandas legales y de encabezados escandalosos, además de dar a sus empleados más razones para ser dedicados y estar orgullosos. Claramente, la compasión puede hacer mucho en cuanto al objetivo de mantener el nivel más alto de integridad.

"Una compañía diferente"

La historia excepcional de una empresa global nos ilustra cómo puede materializarse la visión compasiva en el nivel organizacional. El Camellia Group, un conglomerado de empresas, fue creado por Gordon Fox, alguien a quien he conocido y admirado por mucho tiempo. Gordon es un hombre de voz suave que sabe combinar mente y corazón, y rigor y sensibilidad, de manera que parece fácil. Siendo ya un antiguo estudiante de la tradición zen y de la ceremonia japonesa del té, viajó a India por primera vez en 1956 y se enamoró de la región de Darjeeling, al pie de los Himalaya. La visión del pico nevado de Kanchenjunga desde la atalaya que es la plantación de té de Badamtam ha dejado por años una impresión perdurable con implicaciones para miles de personas. En estos jardines de té había una tradición transmitida de generación en generación: los dueños se preocupaban por el bienestar de los recolectores más allá de lo que implicaba su trabajo, estando al cuidado de su salud, educación, bienestar familiar y su empleo en el largo plazo. Gordon visitó Badamtam durante un periodo de enorme incertidumbre y riesgo; los dueños ingleses de muchos de los jardines de té se sentían cada vez más intranquilos en la India independiente y estaban pensando en regresar a Inglaterra.

Le tomó muchos años de trabajo perseverante, pero Gordon logró formar una familia de compañías, incluidas algunas de las plantaciones de té de la zona de Darjeeling (Badamtam, Thurbo, Castleton y la afamada Margaret's Hope) y muchos otros jardines de la región de Dooars y algunos otros tras la frontera con Bangladesh. Aunque fundado en Londres, el Camellia Group puso la administración de las plantaciones en manos de personas de esos países. Hoy en día, Camellia es una de las mayores productoras de té en el mundo, con propiedades en India y Bangladesh, y Kenia y Malawi en África.

Pasar unos días en una de estas zonas productoras es una experiencia que cambia la vida. Badamtam, por ejemplo, es un lugar singular: cuenta con educación para los hijos de los recolectores, un hospital y clínicas de salud, centros comunitarios y templos en cada uno de los sectores de la propiedad donde viven distintas comunidades específicas. Uno percibe un sentido tangible de pertenencia a la comunidad. Actualmente, estas zonas productoras de té no sólo han sobrevivido sino que prosperan gracias a la certeza constante de empleo para miles de trabajadores y sus familias.

Lo que Gordon escribió hace años como presidente de Camellia captura la esencia de su filosofía empresarial: "Buscamos, sobre todo, ser una compañía de integridad moral y profesionalismo genuinos, con una preocupación real por los intereses y el bienestar de nuestros empleados... Aunque a veces pueda ser inconveniente y costosa, la fidelidad a estos principios dondequiera que operemos es fundamental para respetarnos a nosotros mismos, para nuestra fortaleza interna y nuestros logros a largo plazo". En este mismo informe, también escribió: "Nada que haya visto o experimentado en mis cuarenta años de vida profesional me ha llevado a alterar mi opinión de que un negocio puede manejarse con 'rostro humano' en beneficio no sólo de los accionistas sino de los empleados, así como en provecho generalizado de las sociedades y el ambiente en los cuales está inserto".[12]

Camellia existe no sólo para generar utilidades a los accionistas, sino también para asegurar empleo continuado a poblaciones cuyo bienestar está inextricablemente ligado con el destino de las plantaciones de té. Para lograr esto, Gordon asume una visión de las ganancias de largo plazo y una actitud de custodia más que de apropiación. En un libro reciente del Camellia Group, el famoso gurú de la gestión, Charles Handy, reafirma la perspectiva de Gordon:

> Como una empresa comercial, las ganancias son necesariamente una alta prioridad para Camellia, pero nunca la más importante. En muchas instancias, las utilidades han sido el subproducto de una cautelosa planeación y ejecución de largo plazo más que una meta específica en sí misma. De igual manera, su crecimiento estable no ha sido resultado de alguna necesidad obsesiva por

ser los más grandes o los mejores, sino más bien la consecuencia del modo en que se ha dirigido el negocio. Este enfoque está fuertemente influenciado por la perspectiva de Camellia en torno al tiempo y la naturaleza de la propiedad.[13]

Con el tiempo, Gordon ha transferido la mayor parte de sus acciones a una entidad caritativa, una fundación cuyas responsabilidades incluyen, además de apoyo permanente a obras de caridad en las zonas productoras de té, la protección de la cultura, el carácter y la filosofía administrativa de Camellia. Estar en la junta directiva de esta fundación ha sido uno de los honores más grandes de mi vida. Hoy en día, si hay partes del mundo donde miles de trabajadores del té pueden irse a dormir con el peculiar sentido de seguridad de que su hogar, su medio de vida y su comunidad estarán ahí por mucho tiempo, es debido principalmente al hecho de que, hace más de medio siglo, alguien con un corazón valiente puso una intención consciente en manejar estos ricos bienes con compasión. Tuve la suerte de acompañar a Gordon a una visita a Badamtam en 2013 y me conmovió ver el profundo afecto que la comunidad le profesa. Actualmente Camellia tiene más de setenta y tres mil empleados en todo el mundo, e incluso en el punto más alto de la crisis financiera global, la compañía repartió sustanciales beneficios a sus accionistas.

Hacia una sociedad más justa y compasiva

Si hay una enseñanza fundamental que la ciencia social nos ha otorgado es ésta: *A menos que cambiemos las estructuras y las instituciones sociales, no podemos esperar que nuestra sociedad cambie de ningún modo duradero o sustancial.* Mucho sufrimiento e injusticia son provocados por condiciones estructurales de nuestra sociedad, tales como la discriminación racial, religiosa, por género y por orientación sexual. No es coincidencia que las sociedades que han atravesado cambios estructurales fundamentales desde la Segunda Guerra Mundial, sean aquellas cuyos ciudadanos hoy en día disfrutan del mayor grado de libertad, de respeto por sus derechos individuales y de dignidad. Nada captura el espíritu del carácter de la postguerra mejor que la Declaración Universal de los Derechos Humanos de la ONU, la cual representa la primera expresión global sistemática de los estándares básicos para el tratamiento que los ciudadanos deben recibir de sus sociedades. Aunque la carta emergió directo de la experiencia de la guerra, la veo como la culminación de una historia más larga, quizá proveniente de la Ilustración europea. Junto con la democracia, el imperativo de estructurar la sociedad sobre la base del respeto por los derechos humanos fundamentales es el regalo más grande de Occidente a la humanidad.

Esta carta de la ONU también representa una respuesta histórica a la eterna pregunta: ¿cuál es el equilibrio justo entre el bienestar individual y el colectivo? Al articular los derechos básicos del individuo, los cuales disfruta por el mero hecho de ser humano, los derechos humanos universales ponen límites claros que incluso el Estado —el colectivo— no tiene permitido cruzar excepto bajo circunstancias muy determinadas. La carta declara que nuestra postura inicial como sociedad deberá ser confiar en el individuo, una elección que ha demostrado ser bastante profética. Hoy en día, donde hay respeto por los derechos humanos, las sociedades generalmente prosperan; los ciudadanos se sienten más seguros, más libres y valorados. Si observamos el experimento soviético, o la próspera China comunista del presente, donde no hay un compromiso con los derechos humanos básicos, el Estado siempre trata a sus ciudadanos con terror, sospecha y opresión. Esto hace que un sistema sea intrínsecamente inestable, pues cada expresión crítica de los ciudadanos es percibida por el Estado como una amenaza.

Cuando la compasión surge de manera natural en nosotros como respuesta al sufrimiento humano, es la individualidad concreta del dilema la que suscita nuestra compasión: no una idea abstracta de la humanidad sino la realidad específica del sufrimiento frente a nosotros. Sin embargo, cuando hacemos de la compasión nuestra intención consciente para estructurar la sociedad, lo que nos preocupa es la idea de humanidad y el alivio del sufrimiento. En otras palabras, la compasión como respuesta emocional es apasionada, personalizada y centrada en lo específico, mientras que la compasión como perspectiva es desapasionada, despersonalizada y centrada en lo abstracto, semejante a la justicia ciega. El individuo que recibe justicia podría ser cualquiera: tú, yo, blanco, negro, asiático, religioso, no religioso, rico, pobre; lo que importa es que él o ella es un ciudadano o ciudadana con derechos fundamentales y dignidad. En este nivel, la justicia y la compasión, dos componentes fundamentales de nuestra ética, están unidos.

El pensamiento budista también reconoce que la compasión en su forma más desarrollada no tiene que ver con los pormenores del individuo que sufre. La compasión surge como una respuesta ante el sufrimiento, punto; quien sea la persona que sufre no debería importar. Shantideva lo pone así:

Simplemente por ser sufrimiento,
este debe evitarse.
¿Por qué poner restricciones?
Nadie discute o cuestiona

por qué el sufrimiento debería evitarse.
Si debe evitarse, que lo sea todo él.
Si no, esto vale para uno y para todos.[14]

La belleza del cambio estructural e institucional es que los beneficios son compartidos de forma universal. Es lógico que cualquiera que se dedique a la compasión también se comprometa con el cambio social, no sólo con la transformación personal. La gente que trabaja para promover la justicia social, el respeto a los derechos humanos y una mayor democracia en todo el mundo son campeones y campeonas de la compasión en acción. Esto no tiene nada que ver con importar valores occidentales "inapropiados" a las regiones no occidentales del mundo. Personalmente opino que esta sugerencia de que valores tales como el respeto por los derechos humanos fundamentales son en algún sentido inapropiados e inaplicables en otras partes del mundo es un insulto para la gente y las culturas de estas otras regiones. En el mundo desarrollado también, Occidente incluido (donde ahora vivo), es claro que hay muchas mejoras estructurales aún por hacer para crear una sociedad más equitativa y compasiva. La lucha está lejos de haber terminado. Sin embargo, gracias a la democracia, el respeto por los derechos humanos y a la independencia de los medios y del poder judicial, podemos cambiar la sociedad para que sea más compasiva, justa y atenta cuando sea que los ciudadanos así lo decidamos.

No podemos esperar que nuestra sociedad cambie; debemos tomar la iniciativa de cambiarla. Un mundo más compasivo empieza por los individuos, gente como tú y como yo. Ojalá que este libro te haya ayudado a ver que la compasión no es heroica; es humana. Cuando nos fijamos bien, siempre hay oportunidades para expresar nuestro lado compasivo mediante la bondad en nuestra vida cotidiana. La pregunta no es si soy compasivo, sino más bien: ¿elegiré expresar mi lado más compasivo? Depende de nosotros vivir nuestras vidas con compasión, relacionándonos con nosotros, con los demás y con el mundo a nuestro arededor desde ese lugar de compasión, comprensión y bondad. Para mí, ésta es la cuestión espiritual más importante de la existencia humana.

Hay un dicho en la tradición tibetana que dice que la mejor medida de nuestro desarrollo espiritual es cómo nos relacionaremos con nuestra muerte el día que ésta nos llegue. Se nos recomienda estar preparados para partir, si no con alegría, al menos sin remordimientos. Más aún, se nos dice que tener una conciencia pura de nuestra mortalidad puede ayudarnos a alinear nuestras más profundas aspiraciones con nuestras acciones cotidianas. También puede aportar una suerte de honestidad brutal —y valentía— a nuestras vidas. Deja poco espacio para las falsas pretensiones o para mantener una fachada, y revela lo infructuoso que es gastar demasiada energía en ocuparnos de nuestro ego. Es un consejo severo, pero, he llegado a descubrir, bastante útil.

Cuando al fin llegue nuestra hora, cada uno dejaremos solos esta tierra. No nos podremos llevar con nosotros ni nuestra riqueza ni nuestra fama ni nuestra educación. Lo que sí nos llevaremos son los pensamientos y los sentimientos de nuestros últimos días. ¿He dado a mi vida un propósito? ¿He sido amado? ¿He amado y protegido a los demás? ¿He tocado las vidas de otros de manera significativa? ¿He llevado alegría a la vida de los demás? ¿Ha importado mi existencia para el bienestar de otras personas? Estas son las preguntas que ocuparán nuestra mente conforme nos acerquemos al final.

En cualquier caso, estas son las preguntas que nos deberían de preocupar más como seres humanos cuya felicidad y sufrimiento se definen por nuestra relación con los otros. Así que,

¿por qué no empezar ya a vivir nuestras vidas, desde este momento, de esta manera? ¿Por qué esperar? No hay mejor momento para empezar. El tiempo siempre sigue su marcha. El Dalai Lama a menudo nos recuerda que ninguna fuerza puede detener el tiempo; pero cómo usemos nuestro tiempo, de manera sabia y significativa o no, depende de nosotros. Para mí, la compasión es la clave para una vida plena de significado. Es mi sincera esperanza que algunas de las reflexiones y sugerencias ofrecidas en este libro puedan ayudarles a ti y a otros como tú *—exactamente como tú—* a poner a la compasión en el centro de sus vidas y vean cómo ésta cambia al mundo.

NOTAS

Introducción

1. Éste es un diálogo bianual de cinco días entre científicos de distintos campos y el Dalai Lama, que se lleva a cabo en su residencia en Dharamsala, India. Los registros de muchas de estas conversaciones, las cuales comenzaron en 1987, están disponibles en varios libros. Visita *www.mindandlife.org*

2. Frans de Waal, *Primates and Philosophers: How Morality Evolved,* editado por Stephen Macedo; Harvard University Press, Boston, 1998, p. 10. De Waal atribuye esta cita al biólogo estadounidense y filósofo Michael Ghiselin.

3. Karen Armstrong, *Twelve Steps to a Compassionate Life*; Alfred A. Knopf, Nueva York, 2010, p. 19.

4. Para un repaso de los estudios científicos acerca de la compasión, incluidas sus raíces evolutivas, véase Jennifer L. Goetz, Dacher Keltner y Emilia Simon-Thomas, "Compassion: An Evolutionary Analysis and Empirical Review", *Psychological Bulletin* 136, núm. 3, 2010, pp. 351-74.

5. Uno de los objetivos del movimiento Charter for Compassion, iniciado por Karen Armstrong, una notable autora sobre religiones del mundo, es animar a los seguidores de las mayores religiones del mundo a adoptarlo colectivamente.

6. Véase, por ejemplo, Paul Ekman, *Moving Toward Global Compassion,* Paul Ekman Group, San Francisco, 2014.

7. Algunos de los importantes hallazgos de los estudios de imagen cerebral en meditantes de mucho tiempo, realizados en

los laboratorios de Richard Davidson, se encuentran en los siguientes artículos: Antoine Lutz, Laurence L. Greischar, Nancy B. Rawlings, Matthieu Ricard y Richard J. Davidson, "Long-term Meditators Self-Induce High-Amplitude Gamma Synchrony During Mental Practice", en *Proceedings of the National Academy of Sciences* 101, núm. 46, 2004, pp. 16369-16373; J. A. Brefczynski-Lewis, A. Lutz, H. S. Schaefer, D. B. Levison y R. J. Davidson, "Neural Correlates of Attentional Expertise in Long-term Meditation Practitioners", en *PNAS* 104, núm. 27, 2007, pp. 11483-11488; y Antoine Lutz, Julie Brefczynski-Lewis, Tom Johnstone y Richard J. Davidson, "Regulation of the Neural Circuitry of Emotion by Compassion Meditation: Effects of Meditative Expertise", en *PLoS One* 3, núm. 3, 2008, e1897.

8. Para una presentación lúcida de la conciencia plena y sus prácticas centrales del creador de la reducción de estrés basada en la conciencia plena (MBSR, por sus siglas en inglés), véase Jon Kabat-Zinn, *Wherever You Go, There You Are: Mindfulness Meditation in Everyday Life,* Hyperion, Nueva York, 1994.
9. Ralph Waldo Emerson, "Books", en *Society and Solitude*, Fireside Edition, Boston y Nueva York, 1909. La cita completa dice: "Yo no vacilo en leer todos los libros que he mencionado, y todos los buenos libros, en traducciones. Lo que cualquier libro tiene de verdaderamente excelente es traducible: cualquier hallazgo real o sentimiento humano extendido".
10. Comunicación personal con Robert McClure, psicoterapeuta e instructor experto de ECC en Sharp HealthCare, en San Diego, California.

Capítulo 1. El secreto mejor guardado de la felicidad

1. Alfred Lord Tennyson, *In Memoriam A.H.H*, Canto 56; Houghton Mifflin, Boston, 1895, p. 62.

2. Thomas Huxley, *Evolution and Ethics and Other Essays*; McMillan & Co, Londres, 1895, pp. 199-200. Para una breve presentación de las visiones occidentales influyentes sobre el egoísmo como nuestra naturaleza definitoria y sus primeros críticos, véase De Waal, *Primates and Philosophers*, pp. 3-21.

3. Thomas Nagel, *The Possibility of Altruism*, Princeton University Press, Princeton, Nueva Jersey, 1970, p. 19. Nagel pone en comparación la prudencia y el altruismo y argumenta que la prudencia involucra concebir nuestra situación presente como sólo una etapa en una vida prolongada en el tiempo y preocuparnos por nosotros en el futuro. El altruismo, por otro lado, involucra el concepto de nosotros mismos como sólo una persona entre las demás y nace de nuestra capacidad de vernos tanto como un *yo* como un *alguien* al mismo tiempo.

4. Las publicaciones fundacionales de Daniel C. Batson sobre el tema incluyen: "Prosocial Motivation: Is It Ever Truly Altruistic?", en *Advances in Experimental Social Psychology,* no. 20, 1987, pp. 65-122; *The Altruism Question: Toward a Social-Psychological Answer,* Lawrence Erlbaum Associates, Mahwah, Nueva Jersey, 1997; y más recientemente *Altruism in Humans,* Oxford University Press, Oxford, Reino Unido, 2011.

5. Para dos de los mayores representantes de este conocimiento emergente sobre la naturaleza humana desde la ciencia, véase Elliott Sober y David Sloan Wilson, *Unto Others: The Evolution and Psychology of Unselfish Behavior,* Harvard University Press, Boston, 1998; y De Waal, *Primates and Philosophers.* Véase también Frans de Waal, *The Age of Empathy: Nature's Lessons for a Kinder Society,* Broadway Books, Nueva York, 2010.

6. Greater Good, "What Is Compassion?", en <http://greatergood.berkeley.edu/topic/compassion/definition>.

7. *Udanavarga*, una colección de aforismos atribuidos al Buda. Todas las traducciones de fuentes budistas y tibetanas clásicas en el libro son mías a no ser que se señale.

8. Esta cita del *Emilio* de Jean-Jacques Rousseau aparece en Adam Phillips y Barbara Taylor, *On Kindness,* Farrar, Straus and Giroux, Nueva York, 2009, p. 34.
9. Adam Smith, *The Theory of Moral Sentiments,* Dover Philosophical Classics, Nueva York, 2006, p. 4.
10. Charles Darwin, "Moral Sense", en *The Descent of Man, and Selection in Relation to Sex,* vol. 1, Princeton University Press, Princeton, Nueva Jersey, 1982 (1871), p. 69.
11. Cada vez hay más literatura neurocientífica acerca de la base neuronal de la empatía y cómo ésta implica a varias regiones cerebrales. Véase, por ejemplo, S. D. Preston y F. B. de Waal, "Empathy: Its Ultimate and Proximate Bases", en *Behavioral and Brain Sciences*, núm. 25, 2002, pp. 1-72. Para un repaso de los estudios actuales así como una presentación breve de los temas relacionados con el mapeo de la empatía en el cerebro, véase Boris C. Bernhardt y Tania Singer, "The Neural Basis of Empathy", en *Annual Review of Neuroscience*, no. 35, 2012, pp. 1-23.
12. Los resultados de sus estudios colaborativos en niños así como en primates no humanos fueron publicados en Felix Warneken y Michael Tomasello, "The Roots of Human Altruism", en *British Journal of Psychology* 100, núm. 3, 2009, pp. 455-471.
13. Los resultados del estudio original llevado a cabo en bebés de seis meses en el área de New Haven, Connecticut, se publicaron en J. Kiley Hamlin, Karen Wynn y Paul Bloom, "Social Evaluations by Preverbal Infants", en *Nature*, núm. 450, 2007, pp. 557-560.
14. Davidson hace esta comparación entre nuestra capacidad natural para el lenguaje y la compasión en las distintas charlas con que presentó los estudios de su equipo sobre los efectos de la meditación compasiva.
15. Brandon J. Cosley, Shannon K. McCoy, Laura R. Saslow y Elissa S. Epel, "Is Compassion for Others Stress Buffering?

Consequences of Compassion and Social Support for Physiological Reactivity to Stress", en *Journal of Experimental Social Psychology* 46, núm. 5, 2010, 816-823.

16. Véase, por ejemplo, Kristin Layous, S. Katherine Nelson, Eva Oberle, Kimberly A. Schonert-Reichl y Sonja Lyubomirsky, "Kindness Counts: Prompting Prosocial Behavior in Preadolescents Boosts Peer Acceptance and Well-Being", en *PLoS One* 7, núm. 12, 2012, e51380.

17. Al inicio este estudio se llevó a cabo bajo el liderazgo de Brian Knutson, psicólogo de Stanford, en 2008, y después fue replicado con imágenes cerebrales. Los resultados de estos estudios están preparándose para su publicación.

18. Éste es un proyecto de investigación multianual llevado a cabo en el Centro para la Mente y el Cerebro de la Universidad de California en Davis, con el neurocientífico Clifford Saron como uno de los principales investigadores. Para leer acerca de los descubrimientos sobre los efectos de la telomerasa, véase T. L. Jacobs, E. S. Epel, J. Lin, E. H. Blackburn, O. M. Wolkowitz, D. A. Bridwell, A. P. Zanesco *et al.*, "Intensive Meditation Training, Immune Cell Telomerase Activity, and Psychological Mediators", en *Psychoneuroendocrinology* 36, núm. 5, 2011, pp. 664-681.

19. Jeremy P. Jamieson, Wendy Berry Mendes y Matthew K. Nock, "Improving Acute Stress Responses: The Power of Reappraisal", en *Current Directions in Psychological Science* 22, núm. 1, 2013, pp. 51-62.

20. Una descripción formal de este estudio puede encontrarse en: <http://news.uchicago.edu/article/2014/02/02/16/aaas-2014-loneliness-major-health-risk-older-adults>. Véase también Ian Sample, "Loneliness Twice as Unhealthy as Obesity for Older People, Study Finds", *The Guardian*, 16 de febrero de 2014.

21. Miller McPherson, Lynn Smith-Lovin y Matthew E. Brashears, "Social Isolation in America: Changes in Core Discussion

Networks over Two Decades", en *American Sociological Review* 71, núm. 3, 2006, pp. 353-375.

22. Christina R. Victor y A. Bowling, "A Longitudinal Analysis of Loneliness Among Older People in Great Britain", en *Journal of Psychology* 146, núm. 3, 2012, pp. 313-331.

23. Véase, por ejemplo, Jonathan Haidt, "Elevation and the Positive Psychology of Morality", en *Flourishing: Positive Psychology and the Life Well-Lived*, C. L. M. Keyes y Jonathan Haidt (eds.), American Psychological Association, Washington, D. C., 2003, pp. 275-289.

24. Simone Schnall, Jean Roper y Daniel M. T. Fessler, "Elevation Leads to Altruistic Behavior", en *Psychological Science* 21, núm. 3, 2010, pp. 315-320.

Capítulo 2. La clave de la autoaceptación

1. Jennifer Crocker y Laura E. Park, "The Costly Pursuit of Self-Esteem", en *Psychological Bulletin* 130, núm. 3, 2004, pp. 392-414.

2. Comunicación personal con Edward Harpin, psicólogo del dolor, entrenador de conciencia plena e instructor experto de ECC en Sharp HealthCare, en San Diego, California.

3. Las discusiones de esta conferencia fundacional sobre budismo y psicoterapia se publicaron con el título *Worlds in Harmony: Dialogues on Compassionate Action,* Parallax Press, Berkeley, California, 1992.

4. Para una presentación sistemática del encuadre de Kristin Neff de la compasión por uno mismo como formada por tres dimensiones clave, véase su "Self-Compassion: An Alternative Conceptualization of a Healthy Attitude Toward Oneself", en *Self and Identity*, núm. 2, 2003, pp. 85-101. El libro donde

se presenta su concepto de la compasión por uno mismo y cómo cultivarla y mejorarla, es *Self-Compassion: Stop Beating Yourself Up and Leave Insecurity Behind*, HarperCollins, Nueva York, 2011.

5. Kristin Neff, Kullaya Pisitsungkagarn y Ya-Ping Hsieh, "Self Compassion and Self-Construal in the United States, Thailand, and Taiwan", en *Journal of Cross-Cultural Psychology* 39, núm. 3, 2008, pp. 267-285.
6. Véase, por ejemplo, Amanda Ripley, "Teacher, Leave Those Kids Alone", en *Time*, 25 de septiembre de 2011.
7. M. R. Leary, E. B. Tate, C. E. Adams, A. B. Allen y J. Hancock, "Self Compassion and Reactions to Unpleasant Self-Relevant Events: The Implications of Treating Oneself Kindly", en *Journal of Personality and Social Psychology* 92, núm. 5, 2007, pp. 887-904.
8. Véase, por ejemplo, Barbara Oakley, Ariel Knafo, Guruprasad Madhavan y David Sloan Wilson (eds.), *Pathological Altruism*, Oxford University Press, Oxford, Reino Unido, 2011.
9. Véase, por ejemplo, Hazel Rose Markus y Alana Conner, *Clash! 8 Cultural Conflicts at Make Us Who We Are*, Hudson Street Press, Nueva York, 2013.

Capítulo 3. Del temor a la valentía

1. Véase, por ejemplo, Paul Gilbert, Kristin McEwan, Marcela Matos y Amanda Rivis, "Fears of Compassion: Development of Three Self-report Measures", en *Psychology and Psychotherapy* 84, núm. 3, 2011, pp. 239-255.
2. Paul Gilbert, "Self-Criticism and Self-Warmth: An Imagery Study Exploring Their Relation to Depression", en *Journal of Cognitive Psychotherapy* 20, núm. 2, 2006, p. 183.

3. Los pensamientos representativos aquí presentados que indican nuestros miedos relacionados con la compasión han sido adaptados de una lista más amplia en Gilbert *et al.*, "Fears of Compassion".
4. Véase, por ejemplo, Dalai Lama, *Beyond Religion: Ethics for a Whole World*, Houghton Mifflin Harcourt, Nueva York, 2011, p. 68.
5. Comunicación personal con Robert McClure.
6. En la versión de Oxford World Classics el verso de Shantideva dice: "¿Dónde está la tela para cubrir el mundo entero? El ancho mundo puede ser cubierto con la tela suficiente para un par de zapatos". Shantideva, *The Bodhicaryavatara*, ed. por Paul Williams, trad. de Kate Crosby y Andrew Skilton, Oxford University Press, Oxford, Reino Unido, 1995, p. 35.
7. Thomas Byrom, trad., *The Dhammapada: The Sayings of the Buddha*, Vintage, Nueva York, 2012.

Capítulo 4. De la compasión a la acción

1. Comunicación personal con mi colega Leah Weiss, una de las instructoras expertas en el entrenamiento de la compasión en Stanford.
2. Esta cita es del *Udanavarga* (colección de aforismos), atribuido al Buda y traducido de la versión tibetana del texto.
3. Comunicación personal con Edward Harpin.
4. Citado en Daniel Goleman, *Focus: The Hidden Driver of Excellence*, Harper Collins, Nueva York, 2013, p. 258.
5. Jennifer Crocker y Amy Canevello, "Egosystem and Ecosystem: Motivational Perspectives on Caregiving", en *Moving Beyond Self-Interest: Perspectives from Evolutionary Biology, Neuroscience, and the Social Sciences*, ed. por Stephanie L. Brown, R. Michael Brown y Louis A. Penner, Oxford University Press, Nueva York, 2012, pp. 211-223.

6. *Ibid.*, p. 214.

7. A lo que me refiero aquí como "psicología budista" incluye principalmente la disciplina budista clásica llamada *abhidharma* (literalmente, "conocimiento manifiesto"). A grandes rasgos, los textos de *abhidharma* abordan el entendimiento de la estructura y el contenido de la experiencia humana, incluidos los roles que varias emociones desempeñan en nuestra experiencia de la felicidad y el sufrimiento. Hay, sin embargo, otra categoría del conocimiento budista clásico, conocida como *pramana*, la cual podría describirse muy ampliamente como el equivalente budista de la epistemología. Los textos de ese género suelen ocuparse de las preguntas que son la materia principal de la ciencia cognitiva contemporánea.

8. Para una síntesis excelente de la investigación científica actual sobre la motivación y sus implicaciones, véase Reed W. Larson y Natalie Rusk, "Intrinsic Motivation and Positive Development", en *Advances in Child Development and Behavior*, núm. 41, 2011, pp. 89-130.

Capítulo 5. Abrirle paso a la compasión

1. Matthew A. Killingsworth y Daniel T. Gilbert, "A Wandering Mind Is an Unhappy Mind", en *Science* 330, núm. 6006, 2010, pp. 932.

2. Universidad de Harvard, "Mind Is a Frequent, but Not Happy, Wanderer: People Spend Nearly Half their Waking Hours Thinking About What Isn't Going On Around Them", en *ScienceDaily*, 12 de noviembre de 2010, <http://www.sciencedaily.com/releases/2010/11/101111141759.htm>.

3. Véase, por ejemplo, Daniel B. Levinson, Jonathan Smallwood y Richard J. Davidson, "The Persistence of Tought: Evidence for a Role of Working Memory in the Maintenance of Task-Unrelated Thinking", en *Psychological Science* 23, núm. 4, 2012, pp. 375-380.

4. Véase, por ejemplo, John Tierney, "Discovering the Virtues of a Wandering Mind", en *New York Times,* 28 de junio de 2010, <http://www.nytimes.com/2010/06/29/science/29tier.html>.

5. En un artículo reciente, un equipo de investigadores sobre el yo escribió: "Cuando los objetos y los eventos son vistos a través de los ojos del yo, los estímulos ya no son sólo aspectos objetivos del mundo sino que se suelen teñir emocionalmente y, por tanto, se relacionan de manera más íntima con el sentido propio del yo". George Northoff, Alexander Heinzel, Moritz de Greck, Felix Bermpohl, Henrik Dobrowolny y Jak Panksepp, "Self-Referential Processing in Our Brain— A Meta-Analysis of Imaging Studies on the Self", en *NeuroImage* 31, núm. 1, 2006, p. 441. Véase también Seth J. Gillihan y Martha J. Farah, "Is Self Special? A Critical Review of Evidence from Experimental Psychology and Cognitive Neuroscience", en *Psychological Bulletin* 131, núm. 1, 2005, pp. 76-97.

6. T. D. Wilson, D. A. Reinhard, E. C. Westgate, D. T. Gilbert, N. Ellerbeck, C. Hahn, C. L. Brown y A. Shaked, "Social Psychology. Just Think: The Challenges of a Disengaged Mind", en *Science* 345, núm. 6192, 2014, pp. 75-77. Para una reseña de este estudio y su relación con nuestro invasivo estilo de vida digital contemporáneo, véase Kate Murphy, "No Time to Think", en *New York Times*, 25 de julio de 2014.

Capítulo 6. Liberarte

1. El equivalente tibetano de este término en sánscrito es *jesu tsewa*, lo que significa literalmente "cuidar de".

2. Comunicación personal con Robert McClure.

3. Amaravati Sangha, "Karaniya Metta Sutta: The Buddha's Words on Loving-Kindness", en Access to Insight (Legacy Edition), 2 de noviembre de 2013, <http://www.accesstoinsight.org/tipitaka/kn/snp/snp.1.08.amar.html>.

4. Para una lúcida presentación de la meditación de amor benevolente tal como la estudian Fredrickson y su equipo, véase Sharon Salzberg, *Loving-Kindness: The Revolutionary Art of Happiness*, Shambhala, Boston, 2002.

5. Barbara L. Fredrickson, Michael A. Cohn, Kimberly A. Coffey, Jolyn Pek y Sandra M. Finkel, "Open Hearts Build Lives: Positive Emotions, Induced Through Loving-Kindness Meditation, Build Consequential Personal Resources", en *Journal of Personality and Social Psychology* 95, núm. 5, 2008, pp. 1045-1062.

6. *Ibid.*, p. 1057.

7. B. E. Kok, K. A. Coffey, M. A. Cohn, L. I. Catalino, T. Vacharkulksemsuk, S. B. Algoe, M. Brantley y B. L. Fredrickson, "How Positive Emotions Build Physical Health: Perceived Positive Social Connections Account for the Upward Spiral Between Positive Emotions and Vagal Tone", en *Psychological Science* 24, núm. 7, 2013, pp. 1123-1132.

8. Citado en Maia Szalavitz, "The Biology of Kindness: How It Makes Us Happier and Healthier", en *Time*, 9 de mayo de 2013.

9. Panchen Lobsang Chögyen, *Lama Chöpa* (Celebrar al Guru), un conocido texto tibetano en verso.

10. Véase, por ejemplo, R. A. Emmons y M. E. McCullough, "Counting Blessings Versus Burdens: An Experimental Investigation of Gratitude and Subjective Well-being in Daily Life", en *Journal of Personality and Social Psychology* 84, núm. 2, 2010, pp. 377-389; y R. A. Sansone y L. A. Sansone, "Gratitude and Well Being: The Benefits of Appreciation", en *Psychiatry* 7, núm. 11, 2010, pp. 18-22. Para un repaso de la investigación científica sobre la gratitud y sus efectos terapéuticos, véase R. A. Emmons y R. Stern, "Gratitude as a Psychotherapeutic Intervention", en *Journal of Clinical Psychology* 69, núm. 8, 2013, pp. 846-855.

11. Thupten Jinpa (trad.), *Mind Training: The Great Collection*, Wisdom Publications, Boston, 2006, p. 301.

12. Para una introducción a esta práctica de meditación japonesa, véase *Naikan: Gratitude, Grace, and the Japanese Art of Self-Reflection*, Stone Bridge Press, Berkeley, California, 2001, por Gregg Krech, quien está asociado al ToDo Institute, un centro educativo y de retiro dedicado al *Naikan* en Vermont.

13. *The Bodhicaryavatara*, 6:21. La traducción de Oxford World Classics dice: "La virtud del sufrimiento no tiene rival, ya que, por el impacto que causa, la intoxicación desaparece y surge ahí la compasión para aquellos en el ciclo de la existencia".

14. Desmond Tutu, *God Has a Dream: A Vision of Hope for Our Time*, Doubleday, Nueva York, 2004, p. 37.

Capítulo 7. "Que sea feliz"

1. Para una amplia introducción a la teoría del apego, véase M. Mikulincer y P. R. Shaver, *Attachment in Adulthood: Structure, Dynamics and Change*, Guilford Press, Nueva York, 2007.

2. Para un repaso sobre estos descubrimientos, véase Paul Gilbert y Sue Procter, "Compassionate Mind Training for People with High Shame and Self-Criticism: Overview and Pilot Study of a Group Therapy Approach", en *Clinical Psychology & Psychotherapy* 13, núm. 6, 2006, pp. 353-379.

3. Comunicación personal con Robert McClure.

4. Acerca de aprender a distinguir entre el lenguaje de observación y de juicio, véase Marshall B. Rosenberg, *Nonviolent Communication: A Language of Life*, PuddleDancer Press, Encinitas, California, 2004, en especial el capítulo 3.

5. Tom Kelley y David Kelley, *Creative Confidence: Unleashing the Creative Potential Within Us All*, Crown Business, Nueva York, 2014, en especial la introducción y el capítulo 2.

6. Rosenberg, *Nonviolent Communication*, p. 134.

7. *Ibid.*, p. 133. Para una explicación persuasiva sobre cómo perdonarse a uno mismo —y no la culpa o la recriminación— aumenta la aceptación de responsabilidad y ayuda a recuperarnos de nuestros errores, véase Kelly McGonigal, *The Willpower Instinct*, Avery, Nueva York, 2012, capítulo 6.

8. Gilbert y Procter, "Compassionate Mind Training", p. 363.

9. John Makransky, *Awakening Through Love: Unveiling Your Deepest Goodness*, Wisdom Publications, Boston, 2007, p. 22. Para quienes tengan creencias religiosas teístas, las reflexiones presentadas en el libro de Desmond Tutu, *God Has a Dream*, en particular el capítulo 3, "God Loves You as You Are", pueden adaptarse como una práctica personal poderosa sobre la autoaceptación y la bondad con uno mismo.

10. Comunicación personal con Margaret Cullen, instructora experta de ECC y certificada en conciencia plena.

11. Comunicación personal con Leah Weiss.

12. Comunicación personal con Margaret Cullen.

Capítulo 8. Exactamente como yo

1. Kristen Renwick Monroe, *The Heart of Altruism: Perceptions of a Common Humanity*, Princeton University Press, Princeton, Nueva Jersey, 1996.

2. *Ibid.*, p. 105.

3. *Ibid.*, p. 206.

4. *Ibid.*

5. Comunicación personal con Robert McClure.

6. Piercarlo Valdesolo y David DeSteno, "Synchrony and the Social Tuning of Compassion", en *Emotion* 11, núm. 2, 2011, pp. 262-266.

7. David DeSteno, "Compassion Made Easy", en *New York Times*, 14 de julio de 2012.
8. Alexander Genevsky, Daniel Västfjäll, Paul Slovic y Brian Knutson, "Neural Underpinnings of the Identifiable Victim Effect: Affect Shifts Preferences for Giving", en *Journal of Neuroscience* 33, núm. 43, 2013, pp. 17188-17196.
9. Comunicación personal con Leah Weiss.
10. Comunicación personal con Robert McClure.
11. El "entrenamiento mental" tibetano se refiere a un género de escritura espiritual y sus prácticas asociadas, las cuales se enfocan en entrenar nuestra mente y corazón hacia una perspectiva y conducta más altruistas. Dos textos conocidos de este tipo son *Eight Verses for Training the Mind* y *The Seven-Point Mind Training*. Para una traducción al inglés de textos escogidos claves sobre entrenamiento mental, véase Thupten Jinpa (trad.), *Essential Mind Training*, Wisdom Publications, Boston, 2011.
12. Para un ejemplo de cómo aplicar el análisis de ciclos de vida a nuestra vida cotidiana y su impacto social y ambiental, visita <http://practicalaction.org/product-lifecycle-analysis>.
13. Como se encontró en una carta de 1950 y citado en el *New York Times,* 29 de marzo de 1972. Hay una versión diferente de la misma cita en Alice Calaprice, *The New Quotable Einstein*, Princeton University Press, Princeton, Nueva Jersey, 2005, p. 206.
14. Para una presentación concisa y lúcida de la práctica de *tonglen* por un maestro budista occidental contemporáneo, véase Pema Chödrön, *The Places That Scare You: A Guide to Fearlessness in Difficult Times,* Shambhala, Boston, 2001, pp. 70-78.
15. Comunicación personal con Robert McClure.
16. *The Bodhicaryavatara*, 8:104-106.

Capítulo 9. Mayor bienestar

1. Carol D. Ryff, "Happiness Is Everything, or Is It? Explorations on the Meaning of Psychological Well-being", en *Journal of Personality and Social Psychology* 57, núm. 6, 1989, pp. 1069-1081; y Carol D. Ryff y Burton Singer, "The Contours of Positive Human Health", en *Psychological Inquiry* 9, núm. 1, 1998, pp. 1-28.
2. Ryff, "Happiness Is Everything", p. 1072.
3. Comunicación personal con Edward Harpin.
4. Este estudio y sus descubrimientos son citados en Daniel Gilbert, *Stumbling on Happiness,* Alfred A. Knopf, Nueva York, 2006, capítulo 1. Los autores del estudio, E. Langer y J. Rodin, presentan formalmente sus hallazgos en "The Effect of Choice and Enhanced Personal Responsibility for the Aged: A Field Experiment in an Institutional Setting", en *Journal of Personality and Social Psychology* 34, núm. 2, 1976, pp. 191-198.
5. Anthony D. Ong, C. S. Bergeman y Steven M. Boker, "Resilience Comes of Age: Defining Features in Later Adulthood", en *Journal of Personality* 77, núm. 6, 2009, p. 1782.
6. Véase, por ejemplo, B. L. Fredrickson, M. M. Tugade, C. E. Waugh y G. R. Larkin, "What Good Are Positive Emotions in Crises? A Prospective Study of Resilience and Emotions Following Terrorist Attacks on the United States on September 11th, 2001", en *Journal of Personality and Social Psychology* 84, núm. 2, 2003, pp. 365-376.
7. *The Bodhicaryavatara*, 6:10.
8. Hooria Jazaieri, Kelly McGonigal, Thupten Jinpa, James R. Doty, James J. Gross y Philippe R. Goldin, "A Randomized Controlled Trial of Compassion Cultivation Training: Effects on Mindfulness, Affect, and Emotion Regulation", en *Motivation and*

Emotion 38, núm. 1, 2014, pp. 23-35. Un estudio en la Universidad de Emory, realizado en estudiantes que participaron en un entrenamiento de la compasión de seis semanas, similar al ECC, encontró una reducción en las respuestas subjetivas y fisiológicas al estrés psicosocial. Véase Thaddeus W. W. Pace, Lobsang Tenzin Negi, Charles L. Raison, Daniel D. Adame, Steven P. Cole, Teresa I. Sivilli, Timothy D. Brown y Michael J. Issa, "Effect of Compassion Meditation on Neuroendocrine, Innate Immune and Behavioral Responses to Psychosocial Stress", en *Psychoneuroendocrinology* 34, núm. 1, 2009, pp. 87-98.

9. James J. Gross, "The Emerging Field of Emotion Regulation: An Integrative Review", en *Review of General Psychology* 2, núm. 3, 1998, p. 275.

10. Jazaieri *et al.*, "A Randomized Controlled Trial", p. 25.

11. *Ibid.*

12. Esta línea de pensamiento es desarrollada de manera convincente en, por ejemplo, Marc Hauser, *Moral Minds: How Nature Designed Our Universal Sense of Right and Wrong,* Ecco Press, Nueva York, 2006. Aunque han surgido cuestionamientos serios respecto a la integridad de algunos experimentos de Hauser, encuentro persuasivo el argumento general del libro.

13. Dalai Lama, *Ethics for the New Millennium,* Riverhead Books, Nueva York, 1999 (trad. esp.: *El arte de vivir en el nuevo milenio*, Barcelona, Mondadori, 2000); y *Beyond Religion* (trad. esp.: *Más allá de la religión: Ética para todo el mundo*, Alicante, Dharma, 2011). Tuve el privilegio de asistir al Dalai Lama en la escritura de estos dos importantes libros.

Capítulo 10. Más valentía, menos estrés, mayor libertad

1. Daniel Kahneman, *Thinking, Fast and Slow,* Farrar, Straus and Giroux, Nueva York, 2011.

2. Charles H. Duhigg, *The Power of Habit: Why We Do What We Do in Life and Business*, Random House, Nueva York, 2012, p. 12.

3. Para un interesante recuento de los importantes descubrimientos científicos sobre neuroplasticidad y sus implicaciones para la sanación y la transformación personal, véase Norman Doidge, *The Brain That Changes Itself: Stories of Personal Triumph from the Frontiers of Brain Science*, Penguin Books, Nueva York, 2007.

4. Comunicación personal con Margaret Cullen.

5. Para un recuento revelador de los hallazgos científicos contemporáneos sobre cómo nuestras emociones afectan nuestra vida y pensamientos, véase Richard J. Davidson y Sharon Begley, *The Emotional Life of Your Brain: How Its Unique Patterns Affect How You Think, Feel and Live—And How You Can Change Them*, Hudson Street Press, Nueva York, 2012.

6. El capítulo 6 de *The Way of the Bodhisattva*, de Shantideva, contiene una magistral presentación de la psicología de la tolerancia y su cultivo. Para una exposición detallada de este importante capítulo, véase Dalai Lama, *Healing Anger: The Power of Patience from a Buddhist Perspective*, trad. Thupten Jinpa, Snow Lion, Ithaca, Nueva York, 1997.

Capítulo 11. El poder de uno

1. Del poema de John Donne, *Devotions upon Emergent Occassions*. El verso completo dice: "Nadie es una isla por completo en sí mismo".

2. Comunicación personal con Matthieu Ricard. Ricard ha publicado recientemente, en francés, un libro fundamental sobre altruismo, titulado *Plaidoyer pour l'altruisme: La force de la bienveillance*.

3. Comunicación personal con Janina L. Scarlet. Este estudio interno fue conducido por Scarlet para medir los efectos del entrenamiento de la compasión usando, entre otras, la Escala de Satisfacción Laboral, la Escala de Conflicto Interpersonal, y la Escala de Compasión por Uno Mismo. Los cursos fueron impartidos por Robert McClure y Edward Harpin, dos importantes miembros de Sharp HealthCare, ambos entrenados como instructores expertos de ECC.

4. Para más información sobre aprendizaje emocional social (SEL, por sus siglas en inglés) y sus componentes clave, véase <http://www.casel.org/social-and-emotional-learning>. Para una revisión reciente del impacto de los programas de SEL, véase J. A. Durlak, R. P. Weissberg, A. B. Dymnicki, R. D. Taylor y K. B. Schellinger, "The Impact of Enhancing Students' Social and Emotional Learning: A Meta-analysis of School-Based Universal Interventions", en *Child Development* 82, núm. 1, 2011, pp. 405-432.

5. L. Fook, S. B. Goldberg, L. Pinger y R. J. Davidson, "Promoting Prosocial Behavior and Self-Regulatory Skills in Preschool Children Through a Mindfulness-Based Kindness Curriculum", en *Development Psychology*, 10 de noviembre de 2014.

6. Otras fuentes para el programa Zone de Paix incluyen adaptaciones de prácticas básicas de respiración y visualización derivadas del budismo, y el programa de Sura Hart y Victoria Kindle Hodson para escuelas basado en CNV, titulado *The No-Fault Classroom: Tools to Resolve Conflict & Foster Relationship Intelligence,* PuddleDancer Press, Encinitas, California, 2008. La doctora Tara Wilke se incorporó al programa Zone de Paix en 2010 y junto con Sophie ha ayudado a desarrollarlo aún más.

7. Rosenberg, *Nonviolent Communication*, p. 52.

8. Dalai Lama, *Beyond Religion*, capítulo 1.

9. Para una descripción de esta investigación sobre la compasión en un entorno organizacional, visita <www.thecompassion lab.com>.

10. Lawrence Mishel y Alyssa Davis, "CEO Pay Continues to Rise as Typical Workers Are Paid Less", Economic Policy Institute, breviario #380, 12 de junio de 2014.

11. Véase, por ejemplo, Thomas Piketty, *Capital in the Twenty-first Century*, Harvard University Press, Cambridge, Massachusetts, 2014. Para una excelente crítica de un Premio Nobel de Economía, que identifica y evalúa algunos de los planteamientos claves del libro de Piketty, véase Paul Krugman, "The Piketty Panic", en *New York Times*, 25 de abril de 2014; y "Is Piketty All Wrong?", en *New York Times*, 24 de mayo de 2014.

12. Citado en Michael Manton, *Camellia: The Lawrie Inheritance*, Camellia plc, Kent, Reino Unido, 2000.

13. Charles Handy, *Camellia: A Very Different Company*. Publicación interna de Camellia Foundation, 2013.

14. *The Bodhicaryavatara*, 8:102.

AGRADECIMIENTOS

La filosofía budista reconoce que detrás incluso de un evento singular hay múltiples causas y condiciones, y que es imposible conocerlas todas. Así que, mientras me siento a escribir estas líneas para decir "gracias" a quienes han ayudado a hacer posible este libro, soy muy consciente de que se me escaparán muchos nombres.

Antes que nadie, me gustaría agradecer a Su Santidad el Dalai Lama por su liderazgo experto en la promoción de la compasión en el mundo, y por mostrarnos siempre qué significa vivir en pensamiento y acción. Mi difunto maestro monástico, Kyabje Zemé Rinpoché, me guio en las ricas tradiciones filosófica, psicológica y meditativa del budismo. No puedo imaginar cómo habría podido escribir este libro sin la presencia de estos dos maestros en mi vida.

El Centro para la Compasión, el Altruismo y la Investigación Educativa (CCARE, por sus siglas en inglés) de la Universidad de Stanford también ocupa un lugar importante en el trasfondo de este libro. Expreso aquí mi reconocimiento a James R. Doty, director de CCARE, por invitarme a ser miembro fundador del centro y darme la oportunidad de desarrollar lo que después se transformó en el Entrenamiento para el Cultivo de la Compasión (ECC). Margaret Cullen, Erika Rosenberg y Kelly McGonigal —tres destacadas maestras de psicología y meditación— hicieron contribuciones invaluables para el posterior desarrollo del programa como las primeras instructoras del ECC. Después se sumaron Monica Hanson y Leah Weiss. La Red Omidyar, por conducto del HopeLab, apoyó generosamente para el entrenamiento de dos nuevas legiones de instructores del ECC. Edward Harpin y Robert McClure establecieron una sólida presencia del ECC en la Sharp HealthCare de San Diego. Jeanne L. Tsai, Birgit Koopmann, Philippe R. Goldin y Hooria Jazaieri en Stanford llevaron a cabo estudios científicos acerca de los efectos del ECC. Mis más profundo agradecimiento a todos ustedes, ya que sin su activa intervención, el ECC no sería lo que es hoy.

Me gustaría agradecer a mi agente, Stephanie Tade, por su apasionada fe en este libro y por darme el valor necesario para completarlo. Agradezco a Caroline Sutton, mi editora en Hudson Street Press, quien ha sido muy generosa con su tiempo, atención y comentarios. Sus atinadas notas en mis dos borradores me mantuvieron en busca de una mayor claridad y cohesión. Agradezco a dos personas que también han sido cruciales en la escritura de este libro. Leah Weiss me ayudó con la investigación y la recopilación de historias de los instructores del ECC, además de leer cuidadosamente mis borradores en distintas etapas. Tuve la fortuna de recibir la ayuda de Stephanie Higgs a última hora. Le dio fuerza al texto al mismo tiempo que suavizó la voz, afinó las narraciones y me hizo llenar los huecos: Stephanie me ayudó a que mi manuscrito final fuera maravilloso.

Estoy en deuda con dos amigos cercanos que leyeron los borradores en varias etapas y me dieron una muy valiosa retroalimentación: K. C. Branscomb Kelley y Jas Elsner. De hecho, K. C. fue quien, durante varios años, me animó a escribir un libro para el público en general. Agradezco a Gordon Fox y a Simon Turner por sus contribuciones a la historia del Camellia Group; a Zara Houshmand por su ayuda en la edición de la primera parte de este libro; y a los participantes del curso de ECC que compartieron sus inspiradoras historias, las cuales he citado en el libro. Dos colegas, Richard Davidson, un compañero de la junta directiva del Instituto Mente y Vida, y Brian Knutson, un colega de la Universidad de Stanford, leyeron amablemente el último manuscrito y me aconsejaron cosas que me ayudaron a afinar mi presentación de los estudios científicos. Aunque reconozco sus consejos, es mía toda la responsabilidad por cualquier carencia en mi lectura de la ciencia.

También quisiera reconocer a Nita Ing y la Ing Foundation por su generoso patronazgo del Instituto de Clásicos Tibetanos, el cual fue de gran ayuda durante parte de mi escritura. Por último, pero no menos importante, agradezco a mi familia. Mis hijas, Khando y Tara, me retaron a compartir más aspectos de mi vida privada con el público. Mi esposa, Sophie, escuchó con paciencia cada capítulo mientras lo escribía, y sus observaciones me ayudaron a mantener el curso. Su constante amor y presencia estabilizadora forman parte de mi mejor karma.

Independientemente de lo bueno que surja de la creación de este libro, y por medio de él, que cada uno de nosotros experimente la calidez, el valor y la alegría perdurable de la compasión genuina.

Esta obra se terminó de imprimir
en el mes de octubre de 2025,
en los talleres de Diversidad Gráfica S.A. de C.V.
Ciudad de México